# 한국 무교의 이해

PARK Il-young
*UNDERSTANDING KOREAN SHAMANISM*

© Benedict Press, Waegwan, Korea 1999

한국 무교의 이해
1999년 12월 초판 ㅣ 2012년 7월 3쇄
지은이 · 박일영 ㅣ 펴낸이 · 이형우
ⓒ 분도출판사
등록 · 1962년 5월 7일 라15호
718-806 경북 칠곡군 왜관읍 왜관리 134의 1
왜관 본사 · 전화 054-970-2400 · 팩스 054-971-0179
서울 지사 · 전화 02-2266-3605 · 팩스 02-2271-3605
www.bundobook.co.kr
ISBN 89-419-9922-5 94230
ISBN 89-419-8651-6 (세트)
값 11,000원

종교학 총서 9

# 한국 무교의 이해

박일영 지음

분도출판사

# 머 리 말

필자는 3대째 가톨릭 집안에 태어났다. 초등학교를 졸업한 직후 천주교 신부를 양성하는 예비 신학교라 할 수 있는 소신학교에 진학하여 중·고등학교 6년의 과정을 보냈다. 그 후 본격적인 신학대학 과정에서도 학업의 대부분을 엄격한 신앙과 정통신학의 연마와 훈련에 힘썼다. 그런데 스위스에 유학을 하고, 귀국하여 대학에 교편을 잡고 학문활동을 하는 오늘에 이르기까지 20여 년간 엉뚱하게도 한국의 무교巫敎(shamanism)를 공부하느라 진력하고 있다. 이러한 필자의 이력을 대하면서 많은 사람들이 고개를 갸우뚱한다. 곧바로 미신과 동일시되고, 마음 답답한 무식쟁이들이나 기웃거릴 소위 "무속"巫俗과는 전혀 무관할 것 같은 배경을 지닌 사람이 어쩌다 그 지경(?)이 되었는가 하는 눈치이다. 아닌게 아니라 필자 스스로도 가끔은 자신이 신기해진다.

어린 시절 필자는 두메 산골에서 자라났다. 지금껏 간직하고 있는 어린 시절의 기억 중에는 풍물패에 대한 것이 있다. 울긋불긋한 복장을 갖추고, 커다란 깃발을 앞세우고, 요란한 타악기들을 두드리면서 걸립을 하느라 이 집 저 집을 돌아다니는 풍물패가 필자에게는 매우 무서운 대상이었다. 지금 와서 돌이켜 생각해 보면, 아마도 전통문화나 민간신앙에 대하여 미신시하고 마귀놀음이라고 가르쳤던 교회의 영향이 아닌가 한다. 그 무서운 "마귀들이 내 근처에서 놀고" 있으니 어린 마음에 얼마나 무서웠겠는가. 문 뒤에 숨어 숨을 죽이고서 풍물패들이 어서 멀리 사라지기를 기다리곤 했던 것이다. 보수적인 신앙에 충실했던 집안과 교회 환경 때문에 전통문화나 토착종교에 대한 필자의 인식은 본격적인 학문에 입문할 때까지도 대략 이러한 수준에 머물렀다. 그런 필자가 이제 수십년간 무교를 본격적으로 연구하고 있는 것은 삶의 아이러니라고나 할까.

필자는 스위스 프리부르Fribourg 대학교에 제출한 박사학위 논문 「민중·무교·문화순응. 무교의 종교성과 그리스도교의 실천」(1988)에서 다음과 같은 점에 착안하였다. 한국의 모순된 시대상황이라는 맥락에서 이해된 종교의 모습은 그 모순과 부조리의 한가운데서 온몸으로 부대끼며 지혜로운 삶의 길을 개척해 온 주인공 민중의 종교문화적 바탕에서 우선적으로 이해되어야 하리라는 것이다. 그런 맥락에서 우선 민중의 끈질긴 저력에 원동력으로 작용하는 종교성을 밝히는 작업에 착수하였다. 그런데 민중의 아픔과 슬픔에 동참하는 종교로서 무교가 지닌 영성靈性은 그리스도교의 성사聖事적 성격과 상통한다고 볼 수 있다. 즉, 하느님으로부터 오는 선물인 은총恩寵으로 인간을 인간답게 하는 공동체의 종교행위가 바로 성사에서 나타나고 있다. 그리하여 오늘을 사는 한국인의 삶의 조건에 맞는 종교들의 문화적 적응과 사회적 실천을 위해서는 무교라는 기층적 종교현상을 알아야 한다는 것이다. 특히 종교의 토착화는 무교 제의를 통하여 나타나는 민중의 종교성을 심층적으로 파악하고 나서 이루어져야 한다고 보았다. 이러한 자세가 오늘에 이르기까지 필자가 시도하는 종교 연구의 기본적인 방법론을 형성하고 있다.

본서에서 앞으로 살펴볼 무교에 대한 현상적 이해, 이론적 해석 그리고 종교간의 만남을 위한 실천적 제언 등은 이상과 같은 인식과 작업의 테두리 안에서 이루어지고 있다. 필자는 한국 무교에 대한 이러한 기본적 인식과 자세를 박사학위 취득 이후 지금까지 10여 년간 가톨릭계 대학들에서 맡은 한국 무교 관련 강의와 국내외 학술회의나 간행물에 발표한 연구 결과들을 통하여 피력할 기회를 종종 가지게 되었다. 특히 월간 『레지오 마리애』의 지면을 빌려 1994년 2월부터 1996년 1월까지 24회 연속 한국 무교에 대하여 정리하고 소개할 기회를 가진 것은 필자로서는 큰 행운이었다. 『레지오 마리애』의 장기 연재가 이렇게 본서를 책으로 묶는 결정적 계기를 마련해 주었다. 이제 그간의 강의록이나 연구 결과들을 다시 정리하고 보완하여 한 권의 책으로 엮고 나서 보니 아직도 여전히 여러 모로 부족한 점을 절실히 느끼게 된다. 차차 보완해 나가야 할 것으로 안다.

　이제 새로운 세기, 새로운 천년을 맞이하면서 우리 모두가 필요로 하는 가장 중요한 덕목의 하나는 저마다 다른 사람들이 지닌 다양한 가치를 인정하는 일이 아닌가 한다. 종교 문제로 국한해서 보면 그것은 종교들 사이의 상이성과 저마다의 타당성을 존중해 주는 새로운 영성의 계발이기도 하다. 그리스도교의 입장이라면 그리스도교의 전통을 보존하는 동시에 이웃 종교들과 더불어 하느님의 뜻을 실천해 나가는 일이라고 표현할 수 있겠다. 그리스도인이 할 일이란 일차적으로 하느님의 뜻이 드러난 예수의 인물됨과 행적에서 비전을 얻고 그분과 동행하면서 거기에 동의하도록 사람들을 설득하는 일이기 때문이다. 이러한 관심사의 실현이 바로 신학과 종교학이 겹쳐지는 제3의 영역으로서 "종교신학"이 제시하는 바람직한 종교의 길이기도 하다.

　제2차 바티칸 공의회(1962~1965) 이후 가톨릭 교회가 타종교에 대하여 호의적으로 자세를 전환한 사실은 세간에 비교적 잘 알려져 있다. 특히 민간신앙이나 민중종교에 대한 최근의 개방적인 자세는 두드러진 내부 변화의 모습이요 외적 적응의 몸짓이다. 무교를 비롯한 민중종교에 대한 한국 가톨릭 교계의 동향도 1980년대를 전후하여 상당한 변화의 모습을 보이고 있다. 교회 관계 간행물이나 학술행사들에서 전통 토착종교로서 무교의 비중과 영향력을 인정하는 언급들이 등장하고 있다. 그런가 하면 가톨릭계 종합대학들이나 신학대학의 커리큘럼 안에 무교 관련 강좌의 개설도 빼어놓을 수 없는 현상이다. 마침 올해 1999년은 그리스도교로서는 매우 귀중하고 희귀한 기회인 구세주 강생 2000년 대희년을 준비하는 기간중에서 성부의 해이다. 성부의 해에 이루어내야 할 중요한 사업 내용 중에는 "타종교와의 대화"가 들어 있다.

　필자가 본서에서 제시하는 관심사도 역시 이러한 종교신학의 테두리에 든다고 하겠다. 본서는 이러한 필자의 관심사를 본격적으로 표명한 첫번째 단행본이다. 여건이 되는 대로 계속하여 『한국 무교와 그리스도교. 두 종교의 만남』, 『굿떡과 굿덕. 굿의 그리스도교적 해석』, 『토착화와 비옥화. 한국의 종교와 현대의 선교』, 『한국 전통종교와 그리스도교. 상호선교를 향하여』 등을 내어놓을 예정이다. 여러분들의 관심과 질정을 기다린다.

　본서가 이 정도의 모습이나마 갖추기까지 많은 분들의 도움을 받았다. 우선, 종교학 연구에, 좁게는 샤머니즘 연구에 입문하도록 필자를 석·박사 과정에서 전심전력 이끌어준 스위스 프리부르Fribourg 대학교 리카르트 프리들리Richard Friedli 교수의 은덕을 잊을 수 없다. 이제서야 그분의 학은學恩에 조금이나마 보답하는 셈이다. 다음으로, 필자가 한국 무교의 전체적인 윤곽을 잡고 이론적 기틀을 닦을 수 있도록 마련해준 이는 한양대학교 조흥윤 교수이다. 마침 유럽에 유학하던 시절 가까운 곳에서 접촉할 기회를 얻은 이후로 꾸준히 교류해 오면서 그분의 민족학적 연구로부터 무교 현상 전반을 이해하는 데 많은 도움을 받았다. 특히 본서의 제1부는 많은 부분에서 그분의 연구에 의존하고 있음을 밝혀둔다. 한국 무교라는 종교 현장에서 만난 여러 만신(무당)들도 잊을 수 없다. 혹여 필자의 좁은 소견으로 그분들의 선의를 그르치는 부분은 없는지 여전히 조심스럽다. 미비한 점이 아직 많은 본서를 '종교학 총서'에 기꺼이 넣어주었을 뿐 아니라 원고 전체를 진지하게 검토하여 건설적 조언을 아끼지 않은 길희성 교수와 편집위원들에게도 머리 숙여 감사드린다. 끝으로, 한결같이 품위있는 책을 출판하느라 애쓰는 정한교 편집장을 위시하여 분도출판사 관계자 여러분들의 노고에도 깊은 감사의 말씀을 드린다.

1999년 여름, 원미산 기슭에서<br>지은이

# 차 례

머리말 ················································································· 5

## 제1부: 무교巫敎라는 종교 현상

① 무교란 무엇인가? ························································· 14
② 한국 무교의 흐름 ························································· 22
③ 무당巫堂 ········································································· 31
   1. 무당의 명칭 ···························································· 31
   2. 무당의 유형 ···························································· 33
   3. 성무成巫 과정 ·························································· 37
   4. 무당 수업 ································································ 39
   5. 무당의 활동 ···························································· 41
④ 신도信徒 ········································································· 45
   1. 단골판의 형성 ························································ 45
   2. 단골(신도) 성립의 계기 ········································ 48
   3. 신도의 신앙 실천 ·················································· 50
⑤ 신령神靈 ········································································· 52
   1. 신령의 종류 ···························································· 53
   2. 신령의 형성 ···························································· 61
   3. 신령의 기능 ···························································· 65
⑥ 점占 ··············································································· 70
   1. 점의 역사 ································································ 70
   2. 점을 보는 계기 ······················································ 71
   3. 점의 종류 ································································ 72

4. 점의 과정 …………………………………………… 74
　5. 점복의 과제 ………………………………………… 76
⑦ **부적**符籍 …………………………………………… 77
　1. 부적의 개념 ………………………………………… 77
　2. 부적의 작성 ………………………………………… 79
　3. 부적의 종류 ………………………………………… 80
⑧ **치성**致誠 …………………………………………… 82
　1. 치성의 개념 ………………………………………… 82
　2. 치성의 종류 ………………………………………… 82
　3. 치성의 기능과 과제 ……………………………… 85
⑨ **굿** …………………………………………………… 87
　1. 굿의 개념 …………………………………………… 87
　2. 굿의 역사 …………………………………………… 89
　3. 굿의 유형 …………………………………………… 90
　4. 굿의 구성 …………………………………………… 94
　5. 굿의 지역적 특징 ………………………………… 97
　6. 신神굿 사례 연구 — 원미동 내림굿 …………… 101
　7. 집굿 사례 연구 — 북한산 재수굿 ……………… 110
　8. 마을굿 사례 연구 — 치리섬 별신제 …………… 122
　　1) 별신제의 배경 ………………………………… 122
　　2) 별신제의 준비 ………………………………… 124
　　3) 별신제 진행 절차 ……………………………… 127
　　　(1) 개관 ………………………………………… 127
　　　(2) 첫날 ………………………………………… 129
　　　(3) 둘째 날 …………………………………… 131
　　　(4) 셋째 날 …………………………………… 135
　　　(5) 넷째 날 …………………………………… 139

## 제2부: 무교에 대한 해석

- ⑩ 무교의 생명관 ·········································· 142
  - 1. 생명의 주재자, 삼신 ······························· 142
  - 2. 현장 자료상의 삼신과 생명 ······················ 144
  - 3. 문헌 자료상의 삼신과 생명 ······················ 149
  - 4. 생사生死의 관계에서 본 삼신 ···················· 154
  - 5. 삼신이 보여주는 생명 이해 ······················ 157
- ⑪ 무교의 인간관 ·········································· 159
  - 1. 인간의 출생 ·········································· 159
  - 2. 인간의 성性 ··········································· 161
  - 3. 결혼과 가정 ·········································· 164
  - 4. 죽음의 문제 ·········································· 165
- ⑫ 무교의 내세관 ·········································· 167
  - 1. 사령死靈 ··············································· 167
  - 2. 저승(來世) ············································ 169
  - 3. 사령제死靈祭 ········································· 171
  - 4. 상례喪禮의 의미와 목적 ·························· 175
- ⑬ 무교의 영성: 굿정신 ································· 178
  - 1. 민중의 공감 — 공동체적 종교성 ··············· 179
  - 2. 한풀이와 한맞이 — 삶의 성사성 ··············· 180
  - 3. 의례 공동체의 연대감 — 종교의 현장성 ······ 182
- ⑭ 무교의 구원관 ·········································· 185
  - 1. 한풀이와 조화/평화 ································ 185
  - 2. 굿떡과 굿덕 ·········································· 186
  - 3. 제상이자 밥상인 굿상 ···························· 188
  - 4. 재수, 구원의 길 ····································· 189

## 제3부: 무교와 이웃 종교

**⑮ 무교와 한국 전통종교의 교섭** ········· 196
  1. 무교와 불교 ········· 196
  2. 무교와 유교 ········· 201
  3. 무교와 도교 ········· 204
  4. 무교와 신종교 ········· 206
**⑯ 무교와 그리스도교의 만남** ········· 213
  1. 무교와 그리스도교의 첫 만남 ········· 216
  2. 전래 초기 천주교와 무교의 관계 ········· 218
  3. 서양 선교사들의 무교에 대한 시각 ········· 221
  4. 한국 그리스도인들의 무교를 향한 애증 ········· 223
**⑰ 무교와 그리스도교의 대화** ········· 225
  1. 예수와 바리데기 ········· 226
  2. 한풀이 그리고/혹은 그리스도풀이 ········· 227
  3. 굿과 미사 사이에 ········· 230
  4. 종교 안의intra-religious 만남 ········· 234

맺음말: 상호선교적 관점에서 본 무교의 전망 ········· 237


참고 자료 ········· 241

제 1 부

## 무교라는 종교현상

이 책의 첫 부분에서는 한국의 가장 오래된 토착종교에 대한 이해를 돕기 위해 무교巫敎라는 종교현상 전반에 대하여 다룬다. 그러한 작업을 수행하기 위하여 역사적 문헌들과 민족지 자료들의 도움을 받는다. 그리고 그간 종교학을 위시하여 민속학이나 인류학 또는 문학 등 다양한 분야에서 이룩된 연구 성과들을 근거로 기술한다. 물론 필자가 지난 1980년대 초 이래 "종교신학적" 관심을 가지고 꾸준히 관찰해 오고 있는 현장 자료들도 필요에 따라 동원하기로 한다.

## 1

## 무교란 무엇인가?

이 땅에는 무당을 중심으로 신행信行되는 아주 오래된 종교현상이 있다. 이러한 한 가지 종교현상을 가리키는 용어는 그런데 여러 가지가 있다. 그 중에서 "무교"라는 용어에는 한국 문화의 토양 속에 가장 먼저 뿌리내린 민중의 종교를 타종교와 동격으로 존중하고 배려한다는 의도가 들어 있다(유동식 1975). 그래서 이 책에서는 원칙적으로 무교라는 용어를 채택하여 사용하기로 한다. 그러나 이러한 종교현상을 가리키는 용어로 일제시대 이래 지금까지 가장 흔하게는 "무속"巫俗 내지 "무속신앙"巫俗信仰이라는 말을 사용해 오고 있는 실정이다(최길성 1978; 김태곤 1979 등). 그밖에 무당들 스스로가 신앙 현장에서 부르는 명칭을 존중한다 하여 그냥 "무"巫라고 부르는 경우도 있다(조흥윤 1983). 1997년말에 결성된 "한국 샤머니즘 학회"의 경우에서 보이듯이, 최근에는 국제적 차원에서의 공동연구와 교류관계를 염두에 두고 "샤머니즘"shamanism이라고 명명하기도 한다. 한국의 무교를 부르는 명칭이 이렇게 다양하듯이, 전세계적으로도 "샤머니즘"이 과연 무엇인가에 대한 논란이 끊이지 않고 있다.

"샤먼"shaman이니 "샤머니즘"이니 하는 용어는 원래 한국어와 동일한 언어계통인 알타이Altai어족語族에 속하는 퉁구스Tungus어에 그 기원을 두고 있다(Casanowicz 1924, 419). "샤먼"의 어근語根은 알타이어의 동사 어근 "샤-"sha-에서 유래하는데, 그 의미는 "알다"라고 한다(Hultkrantz 1973, 27). 보통 사람들이 모르는 신(령)들의 특수한 사실을 "아는 자"라는 뜻이라고 해석할 수 있다. 우리 말에서도 "살다, 사뢰다, 사르다, 사랑하다" 따위의 "사-"로 시작하는 동사들이 무엇인가를 인식한다는 의미와 상통한다고 볼 때, 공통점이 유추

될 수도 있다고 본다. 퉁구스인들은 샤먼이라는 말로써 특정한 부족의 종교 기능자를 뜻한다. 이들 샤먼은 특별한 신령들과 친밀한 관계를 유지하는 자들로 알려져 있다. 이들은 그러므로 신령들을 불러 제 몸에 모시고 그 신령들이 자기 몸을 통해 인간들에게 말을 하도록 할 수 있다고 여겨진다. 이러한 과제를 수행하기 위해 샤먼은 몰아경沒我境 내지는 탈아경脫我境(ecstasy)에 돌입한다. 엄밀한 의미에서는 시베리아·북아메리카·중앙아시아의 토착민들 사이에서 이상과 같은 종교적 기능을 행사하는 능력을 갖춘 사람들만을 샤먼이라고 한다(Schröder 1955, 852, 862-5).

그러나 최근 들어 샤머니즘이라는 용어는 세계 여러 문화권 안에서 다양한 종교적 과제들을 취급하는 사람들과 그 제도에 구별 없이 마구 사용되는 경향이 늘고 있다. 즉, 신비가·주술사·주술의呪術醫(medicine-man) 등에게도 "샤먼"이라는 호칭을 남용함으로써 혼란을 가중시키고 있다(원광대학교 민속학연구소 1972, 138-46; Motzki 1974).

탈아경과 함께 신들림을 의미하는 빙의憑依(possession)라는 샤먼의 종교현상은 각 민족과 샤먼 각자의 개인적 기질에 따라 그 정도에 차이가 난다. 여하간에 순수한 샤먼은 신령에 대한 종교적 체험을 한 사람들만을 일컫는다. 그러나 샤먼이 처한 주변 여건에 따라 조금씩 변형되기도 한다. 한 가지 예를 들자면, 한국 남부지방에서 집안 대대로 이어지는 무당인 소위 "세습무"

한국 남부지방의 세습무.
함께 굿을 하는 부녀 무당
(강원도 강릉, 단오제: 1984년 6월)

[1] 무교란 무엇인가? 15

는 무당 개인의 소명 체험보다 무당 집안의 세습적 전래를 더 중시한다.

샤먼의 신령체험 내지 소명체험의 첫 증상은 샤먼 후보자의 지속적인 정신장애와 육체적 고통이다. 한국 무교에서는 이러한 현상을 신병神病 혹은 무병巫病이라고 부른다. 이러한 무당이 되는 증후군症候群(syndrome)은 샤먼의 직능을 수행함으로써 차차 극복된다. 영국 여성 사회인류학자 챠플리카는 이러한 무당의 신병 현상을 "북극권의 히스테리"라고 보았다(Czaplicka 1914, 307). 덴마크 인류학자 올마르크스는 챠플리카의 이론을 받아서, 샤먼의 강신체험 내지 종교체험을 "북극권에서 생존의 위협을 받는 생활조건으로 말미암아 희생된 현상"이라고 해석하였다. 그럼으로써 종교현상을 종교현상 자체로 보기보다는 다분히 서구우월주의적인 왜곡된 시각을 드러내 보였다(Ohlmarks 1939).

한자문화권인 동북아시아에서는 이러한 원초종교적인 신앙체계를 무巫(고대의 글자 모습은 㐺)라고 표기한다. 이 글자의 본래 뜻은 소매가 긴 옷을 입은 의례 집전자인 무당이 신령들을 즐겁게 만들어주기 위해서 춤을 추는 형상이라고 한다(許愼 1977, 100).

긴 소매의 신복神服을 입고 춤을 추는 강신무 (서울 미아리 향천사, 황해도 진오귀굿: 1997년 8월)

엘리아데 같은 종교학자들에 의하면 한국을 위시하여 중국·일본·몽골 등 동북아시아의 이러한 신앙체계는 북만주 지역에 분포하는 퉁구스족의 종교를 대표로 하는 시베리아형의 샤머니즘에 속한다는 것이 중론이다(Eliade 1951, 4). 앞에서도 보았듯이, 한국의 민간신앙 중에서 무당을 중심으로 하는 토착적 종교현상을 흔히 "무속"이라고 부른다. 그러나 분명한 모습을 갖추고 있는 종교현상에 대하여 편견을 가지고 명칭을 정하는 일은 바람직하지 못하다고 본다. 최근의 한국 종교학계나 민속학계, 인류학계에서는 이러한 종교현상을 종교현상으로 존중하여 무교巫敎라고 부르든가, 현장에서 흔히 통용되는 명칭대로 무巫라는 글자 하나로만 호칭하기도 한다. 하지만 개별 종교의 명칭을 굳이 민간 습속의 일부분으로 폄하하거나, 그 종교 신봉자들이 사용하는 명칭만을 사용해야 한다고 편협하게 고집할 필요는 없다고 본다. 특정 종교의 명칭은 당사자들이 정하기보다는 그 종교를 대하는 다른 사람들이 지어주는 경우가 비일비재하다. 타종교와 마찬가지로 한국의 대표적 종교들을 부르는 "~교敎"라는 일반적 관례에 따라 "무교"라고 칭함이 가장 적합하다고 필자는 생각한다. 그리하여 이하에서는 한국의 샤머니즘적 종교현상을 총칭하여 무교라 부르기로 하겠다. 엄격한 의미에서 가장 순수한 형태의 샤머니즘이라고 알려진 시베리아의 샤머니즘과 비교해서 한국의 무교는 그 틀이 상당히 고정되어 있다. 그 중에서도 특히 남부 지방의 무교는 강하게 의례화儀禮化한 모습을 보인다. 그래서 임석재(1903~1998)는 한국의 무교를 한국 고유의 독특한 종교현상이라고까지 본다. 그러므로 무교는 샤머니즘과 동일시할 수 없으며, 굳이 서양 말로 번역하자면 "무이즘"muism이라고 표기해야 한다고 주장하기까지 하였다(Yim 1978, 175). 그러나 시베리아와 한반도의 무교shamanism가 가지고 있는 이러한 차이는 서로 다른 역사적이고 지리적인 배경을 감안해서 보아야 할 것이다. 시베리아의 샤머니즘과 다른 한국 무교의 변형은 지리-기후적 차이로 인한 전이와 타종교와의 교섭에 따른 편차로 봄이 타당할 것이다. 예를 들면, 세계의 시작에 대하여 말하는 창세신화가 시베리아의 영향을 강하게 받은 북방식 "천지창조형" 신화와 남부의 "우주개벽형" 신화가 보여주듯이 한반도 내에서마저도 남과 북이 서로 다르다.

또 하나 주목해야 할 현상은 시베리아의 샤머니즘이 사양길을 걷는 반면에, 한국의 무교는 여전히 활발하게 살아 있는 종교현상이라는 점이다. 한국 무당들의 전국 조직인 "대한승공경신연합회"의 통계에 따르면, 전국적으로 등록된 무당의 숫자가 팔만여 명에 이른다고 한다(1995년 8월 기준). 게다가 무당들은 점차 학력이 높아지고 평균 연령은 낮아짐으로써 일종의 현대화 양상을 보인다. 최근에 이르러서는 더 나아가 한국 무교가 제도종교로의 발돋움을 시도하는 기미마저 보인다. 각 지역 무당 대표자들이 1988년 5월 경기도 남이섬에 모여 "천우교"天宇教의 창교를 선포하기에 이르렀고, 같은 해 11월에는 소략한 형태이긴 하나 『천우교 교리서』까지 발간하였다.

역사적으로 보아도 한국의 무교는 가장 오래된 종교현상임을 부인하기 어렵다. 한국 무교의 신화적 유래를 단군신화에까지 소급하여, "단군"이라는 명칭이 고대에 하늘에 제사를 지내던 제관인 천관天官이며, 몽골어에서 하늘이나 천신天神을 뜻하는 "텡그리"tengri와 관련이 있다는 주장도 있기는 하다. 이러한 주장이 비교언어학적으로 아직 분명하게 증명되지 않아 전폭적으로 받아들이기에는 무리가 따른다. 그렇다고 하더라도, 무교신앙이 한국 종교의 가장 오래된 형태의 적어도 한 부분임은 한국 고대종교를 다루는 다방면의 전문 연구자들 사이에도 의견이 일치하는 사실이다.

그러나 한국 무교를 대하는 사람들이 이제까지 보이고 있는 태도는 주로 왜곡과 편견으로 점철되어 있다. 근대적인 학문연구 방법론을 동원하여 한국 무교를 체계적으로 연구하려 한 첫 시도는 서양인 선교사들에 의해 이루어졌다. 그러나 가톨릭과 개신교를 막론하고 이들 초기 서양인 선교사들은 서구문화로 채색된 그리스도교의 외형적 교세확장이라는 조급하고 편협한 "전도" 목적에 따라 한국 종교 전반에 걸친 연구를 진행하였다. 그렇게 함으로써 이들 선교사들의 연구는 질 낮은 호교론의 수준을 넘어서지 못했으며, 한국의 전통적 종교 모두를 무신론 아니면 미신으로 폄하하였다. 특히 민중종교 내지 민간신앙의 대표격인 무교는 이들로부터 공격의 주된 대상이 되어 처음부터 하루빨리 극복되어야만 할 미개한 원시적 미신으로 매도되었다(달레 1979, 219-22: Clark 1929).

이어서 일제 식민 당국은 식민지 정책의 효과적인 수행을 위하여 민중종교인 무교를 연구하였다. 조선총독부가 직접 나서고 전국의 경찰조직을 동원하여 방대한 자료를 수집하였다. 뒤이어 당시 경성제국대학(현재 서울대학교)의 일본인 교수 아키바秋葉隆나 아카마츠赤松智城가 사회인류학적 연구를 치밀하게 수행하였다(秋葉隆·赤松智城 1937/38). 그러한 연구의 결과 일제 식민 당국은 종교를 통한 피식민지 민족의 결속을 두려워하게 되었다. 그래서 그들은 "비위생적"이라는 이유 등으로 굿판을 뒤엎기 예사였으며, 무교 현상 전반에 대하여 혹세무민의 사이비 종교요 유사 종교라고 몰아세우면서 내내 극심한 탄압으로 일관하였다.

해방 이후 한국 무교에 대한 연구는 몇몇 국문학자들의 구비문학에 대한 관심에서 출발하여 산발적으로 진행되어 오다가, 1970년대 들어서서 종교학·문화인류학·정신분석학·심리학·연극학·사회학 등의 현대 학문 이론에 의거해서 여러 방면의 내·외국인 학자들에 의해 그 연구가 본격적으로 행해지고 있다. 그러나 그 중에서도 특히 그리스도교 계통 학자들의 연구 자세는 대부분 여전히 거부와 배척으로 일관한다. 민중의 의식 속에 들어 있는 현실도피라든지 기복행위 따위 무교의 부정적 요소들을 과장하여 부각시키고, 무교는 한국에서 극복되고 소멸되어야 할 현상이라고 주장하는 것이다.

반면에 또 다른 일부 그리스도교 계통 학자들은 무교가 한국문화의 근저를 이루며, 그리스도교가 한국에서 효과적으로 뿌리를 내려 토착화하는 데 중요한 구실을 할 것으로 본다. 이러한 상반된 평가는 한국의 그리스도인들이 토착 민중종교에 대하여 그들 내부에 상호 모순되는 태도를 갖고 있음을 잘 보여준다. 그렇기 때문에 지금까지도 많은 그리스도인들이 제대로 알아보려고 하지도 않은 상태에서 무교를 필두로 하는 한국의 민중종교 내지 민간신앙 일체를 하루바삐 청산해야 할 미개한 미신이라거나, 아니면 정반대로 대단한 가치를 지닌 문화의 모태母胎(matrix)라고 막연히 그리고 성급하게 주장해 왔던 것이다.

한국 그리스도교계의 무교를 바라보는 사정이 일반적으로 이러하다면, 민중종교 내지 민간신앙을 보는 그리스도교 전체의 태도는 어떠한가 알아 볼 필요가 있겠다. 그것은 바로 전세계 그리스도인들이 민간신앙에 대하여 기본적으로 어떠한 태도를 지녀야 할지 그 지침을 정해 주기 때문이다. 그와 관련하여 교황 바오로 6세(1963~1978 재위)는 1975년에 발표한 회칙「현대의 복음선교」Evangelii Nuntiandi에서 다음과 같이 말하고 있다.

> 수세기를 통하여 이루어진 가톨릭 국가나 다른 포교지역에서 신과 신앙을 찾고자 하는 특수한 표현을 볼 수 있습니다. 이러한 표현은 오랫동안 순수한 것이 못 된다고 때로는 무시해 왔습니다. 그러나 오늘에는 이러한 표현들을 어디서나 다시 생각해 보기에 이르렀습니다. … 만일 그런 것들이 적절히 선도되고 특히 복음선교의 방향으로 선도된다면 가치있는 것이 될 것입니다. 민간신앙은 순박하고 가난한 사람들만이 알아볼 수 있는 하느님께 대한 갈망을 표현하고 있습니다. 그러한 신앙은 신앙을 위해서라면 헌신과 영웅적 희생도 할 수 있는 것을 보여줍니다. 그리고 하느님의 부성·섭리·사랑·현존 등 하느님의 속성을 이해할 수 있는 예리한 감수성도 볼 수 있을 뿐만 아니라 다른 데서는 보기 드문 인내심, 일상생활에서의 십자가의 의의, 해탈, 귀의심, 신심 등 내적 자세도 볼 수 있습니다. 그러기에 나는 민중의 종교심이라고 하기보다 민간신앙, 즉 민중의 종교라고 기꺼이 부르고자 하는 것입니다. … 선도만 잘 된다면 이 대중적 신앙심은 오늘의 일반 대중들이 그리스도를 통하여 점차적으로 하느님과의 참된 상봉을 이루게 해 줄 것입니다(48항).

비교적 길게 인용된 이상의 글은 현대 그리스도교가, 그 중에서도 특히 가톨릭 교회가 개별 문화권의 민중종교 내지는 민간신앙에 대하여 어떠한 태도를 지녀야 할지 그 지침을 정해 주는 공식 문헌이라고 하겠다. 가톨릭 교회는 여러 문화에 복음을 융화시킴으로써 전체 교회가 더욱 풍부한 자기 표현 방법을 얻을 수 있다고 거듭 말하고 있음을 그후의 문헌들에서도 어렵지 않게 발견하게 된다. 이제 그리스도 교회가 타종교나 민간신앙에 대하여 적극적 관심을 보이고 긍정적 평가를 내린 것이라 할 수 있다. 이러한 자세의 변화는 민족들간에 퍼져 있는 다양한 전통문화와 고유종교를 보존하면서 저마다의 문제를 안고 있는 오늘의 현대세계에 그리스도교를 적응시키려는 노력인 셈이다.

굿청의 모습 (경기도 부천. 내림굿: 1984년 10월)

# 한국 무교의 흐름

한국 무교의 유래는 "단군신화"에까지 거슬러올라가는 것으로 관련 학자들은 보고 있다(유동식 1975, 25-35). 물론 단군 이야기가 신화인가 역사적 사실인가에 대한 논란이 지금도 학계에서 끊이지 않고 있다. 그러나 아직까지의 통설대로 적어도 건국 시조로서의 단군은 신화적 존재라고 할 때, 종교의 세계에서 신화의 의미부터 짚어볼 필요가 있겠다(김열규 1982, 2-53). 신화의 기능을 종교학적인 면에서 볼 때 세 가지 정도로 분류할 수 있다. 먼저, 윤리적으로는 신들의 이야기를 통하여 의례儀禮를 포함한 인간사人間事 모두의 규범적 전형典型을 확립하는 기능을 한다. 다음으로, 사회적 의미에서는 동일 문화권에 속하는 인간은 같은 신의 피조물 내지 후손으로 상정됨으로써 해당 사회를 통합하고 그 사회 지배자의 통치권을 강화하는 역할을 수행한다.

단군상 - 한국 최초의 무당? (서울 미아리, 향천사 굿당: 1997년 8월)

마지막으로, 종교적 의미에서 볼 때 신화는 인간의 "궁극적 관심"(Tillich 1947, 23)을 상징적으로 표현한다.

이렇게 보면, 고조선의 통치자인 단군은 정치권력과 종교적 권위를 한몸에 지닌 절대통치자라고 해석할 수 있다. 그러한 권위의 근거는 바로 땅으로 보내진 천신의 후손이라는 점이다. 땅으로 강림한 천신 환웅은 지모신地母神 웅녀와 결합하여 새로운 형태의 지배자를 창출하는데, 이러한 인물이 바로 단군이다. "하늘"의 아들임을 내세워 지배자의 위치를 강화하는 메커니즘은 고조선뿐만 아니라, 부여와 고구려로 이어지는 주몽의 신화라든가 신라의 혁거세 신화에도 한결같이 공통적으로 드러난다. 여기서 "하늘"은 구체적인 공간 개념이라기보다, 포괄적인 개념으로서 이 세상 모든 현상을 다스리는 "힘의 등장"(力顯, Kratophanie)을 말한다(정진홍 1985, 59-68).

한국의 제례나 풍속을 기록한 가장 오래된 기록은 중국 진晉나라의 진수陳壽라는 사람이 쓴「삼국지」三國志 위지魏志 동이전東夷傳의 기록이다. 이 기록에 의하면, 부여에서는 북을 쳐서 신을 맞이하는 영고迎鼓라는 제천의례가, 고구려에는 시조 동명왕에게 제사지내는 동맹東盟이 있었다. 예에서는 춤으로써 하늘에 제사 지내는 무천舞天이 있었으며, 진한에서는 하늘에 제사지내는 성역인 소도蘇塗에서 밤낮 없이 음주가무로 신들을 즐겁게 했다는 기록이 남아 있다. 이러한 의례 풍속들은 당시 정치-종교적 지도자였던 무巫에 의하여 주도되었다(陳壽 1994). 이들 지도자들이 무당이었다는 구체적 증거는 고려시대의 승려 일연一然(1206~1289)이 기록한「삼국유사」三國遺事 권 제일卷第一 신라 제2대 남해 차차웅(4~24 재위)조에서 찾을 수 있다. 이 기록은 우리 나라의 역사 기록에 무巫라는 용어가 처음 나타나는 문헌이기도 하다:

> 남해南海 거서간은 또한 차차웅大大雄이라고도 한다. 이것은 존장尊長을 칭하는 말인데, 오직 이 왕만을 일컫는다. … 신라에서는 왕을 거서간이라 하니 … 혹은 귀인貴人의 칭이라 한다. 혹은 (왕을) 차차웅 또는 자충慈充이라고도 하였는데, 김대문金大問은 말하기를, 차차웅은 국어에 무당을 의미하는 말이니,

세상 사람들이 무당은 귀신을 섬기고 제사를 숭상하므로 그를 외경하여 마침내 존장을 자충이라 한다 하였다(李丙燾 1982, 36, 197).

전승에 의하면 기원전 1세기에 한반도에는 삼국이 형성된다. 즉, 신라(기원전 57) · 고구려(기원전 37) · 백제(기원전 18)의 순으로 나라가 세워진다. 이들 국가들은 4세기경 중국에서 유입된 권위적인 유교 이데올로기에 의거하여 전제 왕권을 강화해 나간다. 그리하여 왕들은 점차 정치권력에만 치중하며 종교적인 측면은 차차 전문 무당들이 담당하게 된다. 무당들은 이때부터 두 종류로 나뉘는데, 왕의 자문역 내지 보좌관으로 기능하는 "나라 무당"(國巫, 師巫, 神巫)과 민중종교 전통을 형성하는 서민층 상대의 "민간 무당"이 그것이다. 그러나 국정 자문역으로서 나라 무당의 위상은 세월이 지나면서 점점 약화되는 현상을 보여준다. 「삼국사기」三國史記에 나타나는 몇 가지 예를 살펴보자.

예 1) 「삼국사기」 권 제13卷第十三, 고구려본기高句麗本紀 제1第一 유리명왕琉璃明王:
유리왕 19년(서기 1) 8월에 왕은 하늘에 제사지내려 하였다. 제물로 쓰려 한 돼지가 (놓여) 달아나자 왕은 탁리託利와 사비斯卑란 자에게 명하여 그 돼지를 잡으라고 한다. 두 사람이 그 돼지를 어느 연못에서 발견하고 칼로 그 돼지의 다리 근육을 끊었다. 왕이 그 말을 듣고 진노하여 말하기를, "제천祭天할 희생犧牲을 어찌 함부로 상할 것이냐" 하고, 드디어 두 사람을 굴속에 넣어 죽였다. 9월에 왕이 편치 못하자 "무당"이 말하기를, 탁리와 사비가 준 병환이라 하였다. 임금이 그를 시켜 사과하게 하니 병환이 나았다(李丙燾 1983, 原文篇 133. 國譯篇 221-2 참조).

예 2) 「삼국사기」 권 제15卷第十五, 고구려본기 제3第三 차대왕次大王:
고구려 제7대 왕인 차대왕은 그의 재위 3년(148)째 되던 해 7월에 사냥을 나갔다. 그때 하얀 여우 한 마리가 뒤따라오며 울었다. 왕은 그 여우를 활로

쏘았으나 맞지 않았다. 왕이 "무사"巫師에게 길흉吉凶을 물었다. 무사가 대답하기를, "여우는 본래 불길한 징조인데 그 중에서도 흰 여우가 더욱 그렇습니다. 이것은 하늘의 경고입니다. 그러니 왕은 하늘의 경고를 겸허히 받아들여 자신을 돌이켜 생각하고 덕을 닦아야 할 것입니다. 만일 임금이 덕을 닦으면 화禍를 바꾸어 복福을 이루게 할 수 있습니다"라고 대답하였다. 왕이 말하기를, "흉하면 흉하고 길하면 길할 뿐이어늘, 먼저는 불길하다 하면서 또 복이 될 수 있다 하니 이 무슨 거짓말이냐" 하고 그를 죽였다(李丙燾 1983 原文篇 147. 國譯篇 247 참조).

예 3) 「삼국사기」 권 제28卷第二十八, 백제본기百濟本紀 제6第六 의자왕義慈王:
백제의 마지막 의자왕 20년(661)에 왕궁에서는 귀신이 나타나 "백제는 망한다, 백제는 망한다"라고 크게 외치고는 곧 땅속으로 사라졌다. 왕이 괴이하게 여겨 사람을 시켜서 땅을 파보게 하였더니 삼척三尺 가량 깊이에서 거북이 한 마리가 나왔다. 거북이 등에 글이 쓰여 있는데, "백제는 보름달 같고, 신라는 초생달 같다"라고 되어 있었다. 왕이 이를 무자巫者에게 물었더니 그가 대답하기를, "보름달과 같다는 것은 찼다는 것이니, 차면 기울 것이요, 초생달과 같다고 함은 아직 차지 않았다는 것이니, 차지 않으면 점점 찰 것이다"라고 하였다. 왕이 노하여 그를 죽였다(李丙燾 1983 原文篇 247. 國譯篇 423 참조).

이상 세 가지 역사적 사례事例는 국정 자문역으로서 무당의 위상이 차츰 쇠락하는 과정을 보여준다. 자문 내용이 왕의 마음에 들지 않으면 그들은 마침내 죽음까지도 각오해야 하였다. 유교·도교·불교 등이 한국에 전래되면서 한국 무교의 역사도 많은 변화를 가져온다. 유교 내지 유학의 한반도 전래는 한사군(기원전 108~서기 313)의 설치와 관련이 있으며, 도교는 대개 7세기 초 이 땅에 들어온 것으로 알려져 있다. 무교 의례의 정형화는 바로 유교에서 영향을 받았음이 주지의 사실이고, 도교에서는 옥황상제라든가 칠성신七星神 등이 무신巫神의 세계에 유입되었다.

불교는 중국과 문화교류를 해오던 고구려(372)나 백제(384)에는 별 어려움 없이 유입되었다. 그러나 신라(528)에는 이차돈의 순교 등 상대적으로 심한 저항을 겪은 후에야 불교가 공인된다. 토착종교인 무교를 배경으로 하는 기성 귀족층과 외래종교인 불교를 통하여 지배권의 강화를 꾀하는 신흥 왕족과의 갈등은 왕족의 부분적인 승리로 일단락된다. 그것은 불교 사찰에 무교의 신령들을 받아들인다는 타협을 통하여 이루어진다(서영대 1991. 241-55). 그래서 지금도 산신각山神閣은 불교 사찰의 가장 높은 장소에 위치하고 있다. 사찰의 중심부에는 물론 본존불을 모시는 대웅전이 위치하지만, 제일 높은 곳은 산신에게 내어준다는 지리상의 절묘한 배합인 것이다.

신라가 삼국을 통일하는 데 결정적 역할을 한 화랑花郎은 귀족 자손들의 청소년 단체였다. 화랑도의 이념은 무·불·도·유교에 두루 근거하고 있으나, 그 중에서도 근본 바탕은 유오산수遊娛山水하며 심신을 단련하는 무巫의 정신이었다. 현재도 경상도 일부 지방에서 남자 무당을 "화랑, 화랭이"

불교 사찰 내의 산신각 – 무·불 습합의 대표적 사례 (강원도 대관령, 대관사: 1984년 6월)

라고 부르는데, 신라시대의 화랑과 무관하지 않다고 보는 사람들도 있다(유동식 1975. 82-97). 「삼국유사」에는 화랑의 우두머리를 화주花主라 한다고 하였다. 지금도 경상도 지방에서 마을굿인 별신제를 지낼 때 마을의 종교적 대표자를 "화주"라고 부른다(뒤의 ⑨ 8 "처리섬 별신제" 참조).

고려 왕조(918~1392)는 처음부터 종교혼합적syncretistic이었다. 겉으로 나타난 지배 이데올로기는 불교였으나, 실제 내용상으로는 여러 종교의 요소들이 뒤섞어 있었다. 연등회라든지 팔관회가 불교를 빙자한 무교적 종교행사였다든가, 태조의 훈요십조(943)가 천신신앙·용신龍神신앙·산신山神신앙을 강조한 것은 모두 이러한 고려 왕조의 종교혼합적인 성격을 잘 보여준다 (「高麗史」卷二, 太祖 26.4). 신라말 도선道詵(827~898)에 의하여 체계화된 풍수참위 風水讖緯는 고려에 와서 특히 활성화된다. 풍수참위설은 무의 기반 위에서 도교의 음양오행과 불교의 업業(karma) 사상이 혼융되어, 생전과 사후를 막론하고 땅과 대기의 기운이 인간에게 영향을 끼친다는 이론이다. 이러한 기운은 마치 유동체流動體(fluidum)처럼 퍼지는데, 어떤 방향으로든 흘러갈 수가 있다. 이러한 땅과 대기의 기운은 산이나 강물로 막을 때 보존할 수도 있다. 이렇게 유동하는 기운은 바람(風)과 물(水)을 타고 전해진다. 이러한 풍수참위의 생각은 신라말에서 고려를 거쳐 오늘날까지도 한국의 무교신앙에 강한 영향을 끼치고 있다(최창조 1993; MBC TV 1993.8.26).

고려에서는 나라 무당과 민간 무당의 분화도 심화된다. 나라 무당은 천신제·시조제 등 국가의 중요한 행사가 있을 때 동원된다. 인종조에는 무당 300여 명을 동원하여 기우제를 지낸 기록이 있다(유동식 1975. 126-8). 그러나 이러한 종교적인 역할도 차츰 불교·도교·유교 등과 분담하게 되면서 그 영향력이 약해져 간다(조흥윤 1983. 22). 특히 유학자들의 비판이 거세지면서, 무교는 사회적 역기능을 담당하는 것으로 간주되어 음사淫祀로 매도되기도 한다. 저주술로서의 흑주술黑呪術(black magic)이 등장하는 것도 이 때이다. 흑주술의 등장은 한편으로는 왕가와 지배층의 권력투쟁에 휘말리면서 상대방을 주술의 힘을 빌려 해코지하려는 원의의 발로라 하겠다. 다른 한편으로는 사회의 양극화로 촉발된 불평등에 대한 의식이 민중 속에 차차 깨우쳐지면서 이러한 사회불의를 향한 불만과 동시에 이를 뻔히 보면서도 개선할 수 없다는 무력감이 상대방에 대한 저주로 표출되었다고 보인다. 이규보李奎報(1168~1241)의 「동국이상국집」東國李相國集에 들어 있는 시 「노무편」老巫篇은 그 당시 무의巫儀가 오늘날과 거의 흡사한 모습을 보임으로써, 이 때 벌써 무교가 유교의 영향을 받아 강하게 의례화하고 정형화했음을 보여준다(최길성 1985. 38-47). 고려말에 이르면 무당은 수도 개경으로부터 축출되는 운명을 겪으며 국교로서의 기능을 완전히 상실해 간다. 그 결과 이 때부터 무교는 민간신앙을 전담하면서 민중에 더욱 밀착하게 된다.

조선(1392~1910)은 유교를 국교로 표방한 국가였다. 무당은 사회 최하층으로 전락하여 8천민의 하나가 되었다. 조선조의 무당에 대한 멸시나 사회적 차별은 오늘날까지도 이어지는 관습이 되었다. 그러나 왕족 여인들에 의하

유교식 제사를 지내는 제관들 뒤에 무당들이 도열해 있다. 무교와 유교의 습합을 보여준다. (강원도 강릉, 단오제: 1984년 6월)

여 무당은 다시 왕궁에 출입하게 된다(유동식 1975. 196-203). 결과적으로 조선의 왕녀들은 지배층 종교와 민중종교의 고리역을 담당하게 된다. 이렇게 보면 조선의 무당 박해는 제한된 박해였으며, 은근한 차별과 멸시였던 것으로 보인다. 한편으로 그러한 현상은 무교가 이미 안정된 지배 이데올로기로서의 유교를 위협할 만큼 적수가 되지 못한다는 강자의 아량일 수 있겠다. 다른 한편으로는 민중들이 가지는 불만을 어느 정도 분출시키는 언로言路의 구실을 무교가 하였다고도 할 수 있다. 그 당시 양반세력이 체제 도전적 성격이 다분히 들어 있는 굿이나 탈춤을 장려하고 즐기기까지 하였다는 사실은 그러한 심증을 굳혀준다(장정룡 1998).

국가와의 관계에서 보면, 조선의 무당들은 구병救病 활동에 치중한다. 현 보건복지부에 해당하는 동서활인원(뒤에는 동서활인서)이 무당들에 의하여 주도되었다. 궁중에서도 왕족들이 병이 나면 무당을 초청하여 굿을 벌인 기록도 여러 군데 보인다(이능화. 1927. 12. 16). 고종 황제(1864~1907 재위) 비인 명성황후는 전국적으로 무당들의 조직화를 시도하기도 하였다. 그러한 조직화를 본격적으로 추진하기 위하여 어느 무당에게 "진노군"이라는 직위까지 수여하면서 작업을 진행하였으나, 일제 낭인들의 황후 시해로 뜻을 이루지 못하였다(최길성 1969. 57-8).

일제의 강제 병합기에 식민 당국은 한국인들의 민족의식 말살정책의 일환으로 민중종교를 탄압하게 된다. 민중의 유대감을 강화하는 무교적 종교 신앙은 일제 식민 당국에게는 눈엣가시와도 같은 존재였다. 그들은 우선 전국 경찰조직이나 학교 교사 등을 동원하여 방대한 자료를 수집하고, 사회인류학 등의 방법론으로 무교를 철저히 연구하였다(秋葉隆·赤松智城 1937/38).

그렇게 치밀한 연구를 거친 후에 일제 당국은 민중종교 의례에 사용되던 굿 음식과 같은 제수祭需를 비위생적이라는 등의 허울로 트집을 잡았고, 굿판을 순사의 구둣발로 뒤엎는 따위의 심한 탄압으로 일관하였다. 이렇게 되자 식민 당국의 감시하는 눈을 피할 요량으로 무교 의례가 간소화될 수밖에 없었다.

1945년 해방 이래 현대의 상황은 급변하였다. 서양식 모델에 따른 무비판적인 산업화와 현대화의 추진은 전통적 가치체계에 대한 소실을 비롯한 근본적인 문화변동acculturation을 겪게 하였다. 이러한 현상은 6·25 한국전쟁으로 더욱 가속화하였다. 특히 미국식 가치체계에 따라 성장한 세대에게 "무교는 부끄러운 미신"이라는 등식이 설득력을 가지게 된다. 그래서 전통 종교인 무교는 하루빨리 버리고 극복해야 할 대상으로만 치부되고 있다. 무교 현장 내부의 현실도 이에 못지않다. 무당의 수련 기간은 세태에 편승하여 점점 단기화되는 경향이며, 무의巫儀를 진행하는 시간도 자꾸 단축되기만 한다. 요즘 무당들은 종교적 수련이나 희생보다 물질적 성공에만 관심이 가 있다고 전통 무당들이 개탄하는 소리도 심심찮게 들린다. 그들 전통 무당들은 단골 신도들의 신앙 태도도 전 같지 않다고 한다. 성주신·조왕신·터주대감을 집에 모시는 이들은 적어지고, 무당들의 정기 의례인 진적굿에 참가하여 정성을 드리는 신도들도 뜸해진다고 한다. 한 무당을 정해놓고 다니는 제도인 단골판마저 사라지고, 어느 무당이 용하다면 그리로 우르르 몰려다니는 일이 다반사로 일어나고 있다는 것이다.

　한편으로, 이즈음 고유문화에 대한 관심과 함께 현대의 무교는 새로 득세하는 경향이 있다. 전국 무당 조직인 "대한승공경신연합회"大韓勝共敬信聯合會에 의하면, 무당들은 숫적으로 증가하면서 고학력화의 현상과 동시에 물질적으로 현저한 향상의 모습을 보이고 있다는 것이다. 이 연합회는 『한국민속문화신문』이라는 제하의 주간신문을 창간하여 발행하고 있기도 하다. 민족주체적인 관심과 함께 무교를 연구하는 이들도 다양한 학문방법론에 의거해 무교에 접근함으로써 그 연구가 본격적으로 행해지고 있다. 이러한 일련의 작업들이 내실있는 전통의 축적이 되기를, 그래서 이 땅의 종교문화의 창달에 크게 기여하는 계기를 마련하기를 기대해 본다.

③

# 무 당

종교의 삼대 요소를 흔히 경전과 의례와 조직이라고 말한다. 이 세 가지를 모두 갖추어야 한 종교로서 온전한 꼴을 구비했다고 보는 것이다. 그런데 한국 민중종교의 대표격인 무교에는 경전이 기록되어 있지 않고 조직도 정비되어 있지 않다. 소위 「무경」巫經이라는 것이 있으나, 그것은 구비전승된 내용을 단순히 받아쓴 형태이지 공인된 종교 경전은 아니다. 그리고 무당巫堂들의 전국조직인 "대한승공경신연합회"大韓勝共敬信聯合會라든가 그 이전의 "숭신인조합"崇神人組合 따위는 모두 무당들의 친선단체 내지 이익단체이지 종교적 기능을 하는 순수한 의미의 종교 교단조직은 아닌 것이다. 종교인류학이나 종교사회학의 연구 결과에 따르면, 이렇게 공인 경전이 따로 없고 해당 종교의 창시자도 분명하지 않으며 조직이 정비되어 있지 않은 종교에서는 전문 종교적 기능을 행사하는 인물이 주도적 위치를 차지한다 (Thiel 1984, 126-37; Wach 1951, 382-7). 한국의 무교에서도 마찬가지이다. 종교 기능자인 무당은 한국 무교를 이해하는 데 결정적 역할을 한다.

## 1. 무당의 명칭

우선 무당의 명칭부터 보기로 하자. 무당에 관한 명칭은 성별이나 지역에 따라 매우 다양하다. 1929년 당시 조선총독부 촉탁으로 한국의 민간신앙을 연구한 무라야마村山智順가 저술한 『조선의 무격』朝鮮の巫覡이라는 책에 이미 55개에 이르는 다양한 무당의 명칭이 수록되어 있음을 볼 수 있다. 전국에

걸친 무당 명칭에 관한 조사의 결과, 여자 무당의 대표적 명칭으로는 무당巫堂·만신萬神·선관仙官·법사法師·무녀巫女·명도明圖·점占장이·당골·보살菩薩 등이 보고되어 있다. 남자 무당에게는 박수·복수卜帥·점장이·재인才人·화랑花郞·광대廣大·신장神將·신방神房·심방 따위의 명칭들이 빈번하다고 소개되어 있다(村山智順 1929, 19-51).

이렇듯이 다양한 무당 명칭의 어원을 살펴보자. "무"巫라는 한자의 뜻은 이미 앞에서도 밝혔듯이 "긴 소매의 옷을 입고 춤을 추는 사람"을 형상화한 고대형 한자에서 유래하며 "그 춤으로 신령들을 즐겁게 해주는 사람"이라는 의미를 담고 있다(許愼 1977, 100). 또 다른 해석으로는, 윗부분의 가로 획은 "하늘"을, 아랫부분의 가로 획은 "땅"을 뜻하며, 그 사이 양편의 사람 "인"人자 두 개는 이 세상에 사는 인간들의 온갖 상황을 의미한다고 한다. 인간의 힘으로 풀 수 없는 문제들을 무당이 하늘에 빌어서 푸는 상징적 모습이 바로 세로 획이라는 말이다. "당"堂이라는 글자는 "사당祠堂·국사당國師堂" 등의 용례에서 보듯이 집을, 그 중에서도 "기도하는 집"을 가리킨다. 그렇다면 "무당"이란 본래 무인巫人이 기도하는 집이라는 뜻일 터이다. 여기서 다시 뜻이 전이轉移되어 무巫 자신을 가리키는 용어가 되었다(Lee 1981, 2-3). 마치 "국수집, 빵집"이 집 자체보다는 국수를 뽑고 빵을 굽는 "사람"을 그의 기능에 빗대어 가리키는 명칭(technonym)이듯이 말이다. 한편 무당들이 굿을 할 때 여럿이 어울려 한다는 데서, 집합명사의 의미를 가지는 "당"黨이라는 글자를 쓴 것이 아닌가 하는 가설도 있다.

무당에 관한 여러 명칭 가운데 가장 널리 분포되어 있는 것은 여자의 경우 "무당"이고 남자의 경우 "박수"이다. 이러한 명칭들의 어원을 비교언어학적 관점에서 한국어가 속하는 알타이어족에서 찾아보려는 시도들도 있다. 무당은 몽골어에서 무당mudang을 뜻하는 우다간udagan과 관련이 있을 것으로 보며, 박수baksu는 퉁구스어의 박시baksi라든지 카자크-키르기스어의 박사baqça라는 말과 상통한다고 본다(秋葉隆·赤松智城 1938, 27.39). 무당들이 스스로를 부르는 자칭으로는 "기자祈者, 신 모시는 이, 신의 제자" 등이 쓰인다.

## 2. 무당의 유형

무당의 유형은 흔히 한강을 경계로 하여 그 이북 지방의 강신무降神巫와 이남 지방의 세습무世襲巫로 나뉜다. 이러한 분류는 무당이 되는 과정인 성무成巫 과정에서 강신무는 무당 후보자의 직접적 신령체험인 신병神病에 의거하며, 세습무는 무당 집안의 가계 세습에 의거한다는 데 따른 것이다. 그렇지만 사실상 이러한 신통神統과 가통家統의 경계는 모호하다. 사례연구를 해보면, 일례로 황해도 강신무의 경우 가계 세습의 흔적으로 보이는 현상이 나타난다. 즉, 강신무인 "만신"萬神 집안 조상들 중에는 이미 무당이 많은데, 이러한 현상을 무당들 스스로는 "만신부리"라고 한다는 것이다. 집안에 무당이 되는 뿌리(根據)가 있다는 뜻이겠다. 반대로 세습무의 경우에 무업巫業을 중단할 때는 신병과 유사한 현상이 드러나는 것이 실제로 면담조사를 통하여 확인된 적도 있다. 경남 통영 지방에서 무업을 하였던 세습무

굿에서 춤을 추고 있는 여러 무당 (대구 팔공산, 산신제: 1996년 4월)

P(1933~1993)는 사회적으로 천대받는 무업을 그만둘 요량으로 이발업도 해보고 고깃배도 타보았으나 번번이 실패하였고, 계속되는 원인 모를 두통에 시달리다 결국 무업을 재개한 연후에야 이러한 증상이 모두 없어졌다고 한다. 강신무의 결정적 특징인 신병의 예를 몇 가지 살펴보자.

예 1) 1930년대 아키바의 조사보고:
경기도 양주군에 거주하는 무녀 K(76세)는 열두 살이 되었을 때 식욕이 전혀 없고 방에 누워만 있고 싶은 증상이 나타났다. 어느 날 밤에 학을 탄 신령이 나타나 그녀의 머리채를 휘어잡고 흔든 후에 다시 나가는 꿈을 꾸었다. 다음 날에는 누군가가 밖에서 자기를 부르는 듯한 소리를 들었다. 그러자 그녀는 발가벗은 채로 뛰어나가 삼십여 리 정도 떨어진 어느 농가에 다다르게 되었다. 거기에는 짚더미가 있었는데 그녀는 그 위로 올라가 지쳐 쓰러질 때까지 미친 듯이 춤을 추고 손뼉을 쳤다. 마침내 그녀는 그 짚더미 속에서 명도明圖와 무당 방울을 찾아내었다. 이 무구巫具들은 근방에서 죽은 무당의 아들이 그 속에 숨겨놓은 것들이었다고 한다. 그녀는 이 무구들을 자기 집으로 가져와서 신당에 모시고 몸주(守護神)로 받들고 있다(秋葉隆·赤松智城 1938, 50).

예 2) 1960년대 최길성의 조사보고:
경기도 양주군에 거주하는 무녀 C(1908년 생)는 스물한 살부터 삼 년간 병을 앓았다. 어느 날 그녀는 번개를 삼키고 비행기를 타는 꿈을 백주에 꾸었다. 때때로 그녀는 지붕 위를 날아다니는 꿈을 꾸기도 하였다. 어느 날 밤 꿈에는 그녀가 삼지창과 청룡도가 양편에 하나씩 세워져 있는 푸른 대문 앞에 서 있었다. 이 집이 그녀의 것이라는 소리가 어디선가 들려왔고 그녀는 그 집 안으로 들어갔다. 거기서 그녀는 무신도巫神圖가 석 점 걸려 있는 것을 발견했다. 또 한번은 다음과 같은 환상을 본 적도 있다: 무당이 굿할 때 입는 겉옷인 노란 "몽두리"를 입고 부채와 방울을 든 남자가 "너의 때가 되었다. 나를 따라오너라"라고 말을 건네왔다. 그래서 그녀는 그 남자를 따라갔고 어느 늙은 무당의 집에 도달하였다. 이런 경험들을 한 후에 그녀는 결국 서울 홍제동에 있는 할미당에서 병굿을 하게 되었다. 굿을 하는 동안에 그녀가 갑자기 일어나서 펄쩍펄쩍 뛰기 시작하였다. 그러고 나자 굿을 하던 무당이 그 자리에 있는 사람들의 점을 봐주라고 하였고, 그녀는 그대로 하였다. 나중에 그녀 자신도 무당이 되었다(조흥윤 1997. 123에서 재인용).

예 3) 1990년대 필자의 조사보고:

무녀 U(1920~1993)는 황해도 옹진의 유복한 가정에서 태어났다. 그녀 나이 육칠 세쯤 되었을 때 이웃에 살던 일본인 순사는 그녀가 하도 예뻐서 양녀를 삼아 일본으로 데리고 갔다. 그녀는 일본에서 열여섯 살까지 자라났다. 그때부터 그녀는 횡설수설 뜻 모를 이야기를 하기 시작했고 의식을 잃는 일도 자주 일어났다. 거기다가 심한 향수에 시달렸다. 그녀의 건강은 고향으로 돌아오고 나서야 조금 나아졌다. 열여덟이 되고부터는 의식을 잃는 일이 계속하여 일어났다. 하루는 어느 죽은 무당의 무덤 근처에서 무구들을 파내기도 하였다. 이러한 일들이 결국 신병으로 판명되었다. 당시에 이름을 날리던 박수 김기백과 만신 최만리에게 내림굿을 받고 무당 수업을 하였다. 그녀의 첫 결혼은 그녀가 무당임이 발각되면서 일년 만에 파경을 맞았고, 1960년에 강령 탈춤 기능 보유자인 P(1908~1992)와 재혼하였다. 그녀는 오십여 명의 신자식을 거느린 큰 무당으로 만년에는 주로 서울에서 활동하였다

(박일영 1988. 80-6; 국립민속박물관 1995 참조).

정신분석학자인 김광일에 따르면, 이러한 신병은 평소에 억눌려온 심리의 투사投射 현상이라고 본다. 자력으로는 해결하지 못하는 심리적 억압의 기제를 초인간적 존재인 신령들의 이름을 빌려서 풀고자 하는 원의願意의 발로라는 것이다. 하와이 대학에서 사회인류학을 가르친 김영숙 교수에 따르면 무당들에게는 다음과 같은 공통점이 드러난다. 첫째, 한국의 무당들은 부모라든가 배우자 혹은 자식 때문에 어려서부터 남다른 고생을 하였다.

둘째, 부모나 남편을 혐오하는 등 콤플렉스가 강하다. 셋째, 비상한 기억력을 보이는 데서 보듯 지능이 뛰어나고 그림·노래·춤 등 예술적 소양으로 나타나는 감수성이 예민하다. 넷째, 정상적 교육과정을 거치지 못하였다. 다섯째, 정신장애나 신체 고통의 증후군으로 흔히 "신병"이라고 하는 강력한 개인 신비체험을 하고 있다. 여섯째, 무당 노릇을 함으로써 이 병이 낫는다. 일곱째, 사람들을 끌어모으는 매력, 통솔력을 갖추고 있다(H. Kim 1979, 235-40).

이렇게 강신무의 결정적 특성인 신병에 걸리게 되면, 당사자는 무당 후보자로 인정되고 "내림굿"을 받고 나서 본격적으로 무의 세계에 입문하게 된다. 내림굿에 대하여는 뒤에 다시 자세히 다룰 예정이다. 무당이 되고 나서는 자기 집에다 개인 신당神堂을 꾸며놓고 몸주신들을 섬기게 되며, 내림굿을 베풀어준 신神어머니나 신아버지를 중심으로 신으로 맺어진 새로운 가족관계 속에서 신부모-신자식, 신어머니-신딸, 신언니-신동생 등의 관계를 정립해 나가게 된다. 신병과 관련하여 한 가지 특이한 현상으로 조사보고되는 바로는 "인다리"라는 것이 있다. 사람으로 다리를 놓는다는 의미이다. 이 용어는 무당 소명을 받은 자가 끝까지 무당되기를 거부할 때 가까운 가족 중에 한 사람이 죽음으로써 신령의 강력한 경고로 해석되는 일을 말한다.

세습무의 경우에는 집안 대대로 무업巫業을 하게 된다. 어려서부터 굿판에 따라다니며 자연히 무교 현장의 분위기에 젖어 자라나는 것이다. 일례로 진도 씻김굿의 기능 보유자인 P는 세 살 때부터 무동舞童으로 굿판에 뛰어들었다고 한다. 1993년에 작고한 통영의 P는 8대째 무업을 하였으며, 역시 얼마 전에 작고한 제주도의 남자 무당 A 심방은 24대째 무당이라는 족보를 가지고 있었다. 세습무권에서는 신병 체험자라도 무당의 집안에서 태어나지 않은 사람들은 정규 무당으로 입문할 기회가 없어 주로 "점바치"로서 보조무당의 역할을 하여 왔다. 이것을 "비가비"(非甲)라고 한다. 정식 무당 집안이 아닌 가계의 무업자라는 뜻이다. 그러나 이즈음에 와서는 세습무 집안에도 가업을 이어가려는 경우가 드물고 지역적 폐쇄성도 많이 희석되어, 신병 체험자들이 "(무형문화재) 전수생"이라는 명칭으로 세습무의 뒤를 이어 후계자로 양성되고 있는 실정이기도 하다. 다른 한편으로는 강신무권의 남하로 세습무의 영역이 전반적으로 줄어들고 있는 것도 이즈음의 현황이다.

## 3. 성무成巫 과정

무당이 되는 과정은 세습무와 강신무의 경우에 판이하다. 남부지방에 분포하면서 집안 대대로 이어지는 무당의 유형인 세습무의 경우에는, 무당이 되는 과정에서 특별한 제의적인 입문식入門式(initiation-ceremony) 혹은 입사식入社式이 따로 없다. 무당 집안에 태어나서 자라가는 과정중에 가족을 따라다니면서 무업을 자연히 배우게 된다. 그가 속한 세습 무가世襲巫家의 우두머리로부터 충분한 경지에 이르렀다고 인정되면, 어느 날 굿판에 들어서서 한 부분을 맡아 진행하게 된다. 맡아서 진행한 "굿거리"가 끝나고 나면, 집안의 무당 선배들이나 굿판에 모인 회중會衆으로부터 평가를 받게 된다. 여기서 합격 판정을 받으면 한몫을 제대로 하는 무당으로 대우를 받기 시작한다.

북부지방에 널리 퍼져 있으면서 개인의 종교체험에 의거하는 강신무의 경우에는, 무당 후보자가 정식으로 무당의 사회에 일원으로 들어가는 제의적인 입사식이 존재한다. "내림굿" 내지 "강신降神굿"이라는 굿의 종류가 바로 이러한 입사식에 해당된다. 남다른 정신-신체적 증상을 보이던 무당 후보자의 증후군이 "신병"이라는 판정을 받으면, 무당 후보자는 굿을 주재해줄 신어머니나 신아버지를 정하고 나서, 생기복덕生氣福德을 가려 길일吉日을 선정한다. 날짜가 잡히면 무당 후보자는 내림굿에 대한 준비의 일환으로 "동냥"을 다닌다. 가까운 이웃으로 다니면서 굿에 소용되는 물건들인 쌀·초·실 등이라든지 경비를 손수 염출하는 것이다. 되도록 여러 집에서 동냥을 하는 것이 "굿덕"을 보는 데 좋다고 한다. 이렇게 동냥을 하는 데는 두 가지 의미가 있다고 본다: 하나는 굿에 소용되는 많은 경비를 조달한다는 의미이고, 또 다른 의미는 새로운 무업 전문가의 출현을 홍보하는 효과가 있다는 것이다. 모든 준비가 끝나면 내림굿이 진행된다. 내림굿은 보통 여러 날이 걸리게 마련이다. 내림굿의 자세한 절차는 나중에 굿을 다루는 항목에서 다시 자세히 보기로 한다. 굿이 진행되는 동안에는 이웃에서 동냥을 주었던 사람들과 굿을 주관하는 큰무당의 "신자식"들이나 단골들도 함께 굿판에 참여한다. 새로 내린 "애기무당"의 점괘라든지 축원은 특별한 효험이 있다고 믿으므로, 내림굿이 있다고 하면 애써 참석하려는 신봉자들도 많다.

큰무당과 후보자 사이에 서로 인연이나 기질이 잘 맞지 않는 경우에는 내림굿이 한 번으로 끝나지 않고, 주재 무당을 바꾸어서 다시 (경우에 따라서는 여러 번) 하는 경우도 있다. 필자가 현장조사를 한 내림굿 중에는

내림굿 장면. 신어머니가 새 무당의 옆에서 의례 거행을 도와주고 있다. (경기도 부천, 황해도 내림굿: 1984년 10월)

심지어 한 무당 밑에서 수업을 받으며 몇 년을 지내다가도 다른 무당의 문하에 들어가서 새로 내림굿을 하는 경우도 있었다. 내림굿이 끝나고 나면 그때부터 본격적인 무당 수업에 들어가는 셈이다. 새로 탄생한 애기무당은 오랜 수련기간을 거치면서 조무助巫의 단계를 거쳐 숙련된 "큰무당"으로 성장한다. 큰무당이 되었다는 표시는 다른 무당으로부터 함께 굿을 하자는 초청을 받아 정식으로 한몫을 하게 되면서부터이다. 무당 수업이 시작되면서 새 무당은 흔히 별칭으로 불린다. 예를 들면 "짱꿰, 오토바이, 째보 며느리, 꺽다리, 구미 만신, 우씨 아주마이, 인천 할마이" 등등이다. 이러한 별칭을 사용하는 목적은 우선, 사회적 차별을 심하게 느끼는 무당들이 자기 보호를 위하여 신분을 감추는 한편, 상호간의 친밀감을 드러내는 데 있다. 더 깊은 의미로는, 묵은 보통 인간으로부터 벗어나서 무당이라는 새로운 특출한 인물로 바뀐 인격 전환에 대한 자의식의 표시라고 볼 수 있다. 일국의 왕으로 즉위를 하거나, 가톨릭 교회에서 세례를 받는다든가, 수도 서원을 할 때, 또는 교황이 될 때에 새로운 이름을 부여받는 의도와 같은 이치이다.

## 4. 무당 수업

무당들이 흔히 하는 말에 "영검靈驗은 신령이 주나, 재주는 배워야 한다"라는 말이 있다. 이러한 경구에는 무당 수업과 관련하여 두 가지 본질적인 요소를 내포하고 있다. 첫째, 신령의 소명으로 무교의 세계에 발을 들여놓게 되는 종교경험이고, 둘째는 무당 전통에 대한 숙련이다. 가무와 기예를 중시하는 세습무는 말할 나위 없지만, 강신무의 경우에도 전통적으로 오랜 기간에 걸친 다양한 수련을 통하여 비로소 한 숙련된 무당이 태어난다. 내림굿을 받고 나면 신령의 힘으로 점복을 할 수는 있지만, 한국 무교의 가장 중요한 구성부분인 굿을 하는 제대로 된 무당이 되기 위해서는 각고의 노력이 있어야 한다. 갖가지의 무당춤을 추는 법, 악기 다루는 일, 노래(巫

歌 또는 神歌) 외우기, 의상(巫服 또는 神服) 짓기, 굿상 차림, 조화造花를 만들고 한지를 오려 갖가지 장식을 만드는 전지剪紙, 부적符籍, 점복 그리고 신부모神父母를 모시는 일에 이르기까지 배워야 할 일은 수없이 많다. 이러한 수업 내용들이 지역별로, 구역별로 또 서로 다르다. 일례로 서울 지역 전통 무당들의 경우에는 세 가지 유파로 나뉘는데, 각심절파・노들파・구파발파 등이다. 이들 사이에는 춤사위도 다르고 굿상을 꾸미는 장식의 방법도 저마다 다르다(조흥윤 1997. 131-6).

무당 수업과 관련하여 흥미로운 사실 하나는 점복과 관련된 기술로 "더듬이"라고 하는 것이 있다. 일종의 유도심문 기술이다. 무당들은 때때로 점괘가 떠오르지 않을 때 이 방법을 사용한다. 굿 중간에나 따로 점을 볼 때 점을 보아주어야 할 사람의 가족관계나 신상문제들을 주변 사람들을 이용하여 교묘히 알아내는 방법이다. 그렇게 얻은 정보들을 마치 신령의 이야기인 양 꾸며서 알려주고 해결책을 제시하는 것이다.

그러면 이러한 모든 무업 관련사항들을 무당은 어떻게 배우는 것일까? 춤・장고가락・부적 등에 대하여 무당들은 때때로 꿈속에서 신령들로부터 직접 배운다고 한다. 강렬한 종교적 체험과 무당 수업 사이의 밀접한 관계를 보여주는 표현이라고 새길 수 있겠다. 그렇기는 하나 무당 수업에서 결정적 역할을 하는 것은 바로 새 무당의 신부모이다. 내림굿을 마친 새 무당은 시간이 나는 대로 자기 신부모를 찾아가서 무업에 관한 여러 가지를 관찰하거나 의심나는 사항들을 물으면서 무교의 세계에 익숙해지기 시작한다. 새 무당의 수업 태도가 진지하다고 판단하게 되면, 신부모는 그를 크고 작은 무의巫儀에 대동하게 되고 다른 무당들에게도 소개하게 된다. 이제 점점 숙련된 무당으로서 그는 서너 명의 다른 무당들과 한 팀을 만들게 되어, 큰 굿을 독자적으로 거행할 수 있게까지 된다. 무당으로서 독립을 하고 난 다음에라도 그는 신부모를 언제나 친부모 모시듯 극진히 섬겨야 한다. 예를 들어, 신자식이 어떤 굿을 의뢰받아 주도적으로 집행하게 되면 그는 반드시 신부모를 초청하여 상좌에 모셔야 한다. 굿이 끝나고 나면 수

입의 일부를 신부모에게 바쳐야 함은 물론이다. 그리고 신부모의 수호신인 몸주의 기념일이나 봄·가을의 정기적 제의인 진적굿 등에 빠짐없이 참여하고 도와드려야 한다. 신부모가 죽으면 상·제례를 담당하여 치른다. 그러나 무당의 세계도 오늘날의 각박한 세태에 예외는 아니어서 이상과 같은 원칙을 제대로 지키는 이들은 이제 드물다고 한다.

## 5. 무당의 활동

무당의 활동을 크게 나누면 신령을 모시는 일과 신도를 돌보는 일로 나눌 수 있다. 신령 모시는 일 중에는 개인 신당에서 몸주신을 섬기는 일이 일상적인 활동이 된다. 무당의 사가私家에서 방 한 켠을 치우거나 아예 방 하

무당 집 안의 신당 (서울 종로, C 무녀의 신당: 1997년 8월)

나를 전부 내어, 개인적으로 모시는 신령들을 위한 공간으로 활용하게 된다. 이렇게 마련된 개인 신당에서 무당은 자기가 모시는 신령들에게 매일 아침 일찍 공을 드린다. 향을 피우고 정화수를 갈아놓은 다음에 정성을 들여 빈다. 새로운 과일이나 곡식이 시장에 나오면 그러한 곡식이나 과일을 장만하여 올린다. 특별한 음식을 장만한 날에는 그 음식을 올리기도 한다. 신을 처음 받은 날 따위의 특별한 기념일에는 산에나 강 혹은 바다에 가서 신령들에게 정성을 들이고 제물을 바친다.

　신도들을 돌보는 일도 중요한 일과이다. 무교 신앙에는 그 나름으로 축제일이 있다. 이러한 날들이 오면 무당은 단골 신도들을 모아놓고 대개의 경우 치성을 드린다. 큰 축일의 경우에는 본격적 무의巫儀인 굿을 하기도 한다. 예를 들면, 무당이 봄·가을에 자기 수호신에게 정기적으로 봉헌하는 "진적굿" 같은 것이다. 이러한 모임에서 무당은 단골 신도들이나 그들이 새로 데려온 사람들의 점을 보아주거나 부적을 "내려" 준다. 여기서 무당은 단골들의 문제점을 파악하여 해결책을 제시한다. 어떤 식으로 기도를 하라든가, 문제가 상대적으로 심각하면 치성을 드리거나 굿을 하라는 식이다. 굿 중에서도 내림굿이나 진적굿 따위의 무당 자신을 위한 굿은 무당의 집에서 하는 경우가 많고, 신도들을 위한 굿은 보통 산속이나 강가 등 외딴 곳에 따로 마련되어 있는 굿당에 가서 하게 된다. 서울 인근의 경우, 최근에는 굿당의 수효가 다시 늘어나는 경향을 보인다. 1980년대 초반까지 인왕산 국사당 등 서너 개로 명맥을 유지하던 굿당이 1990년대에 들어서면서 십여 개 이상으로 늘어났다. 심지어는 대단위 아파트 단지 부근에도 굿당이 들어서고 있는 실정이다. 굿당에서 굿을 하게 되는 계기는 일반적인 경우 대개 남들에게 별로 알리고 싶지 않은 집안의 궂은 일들과 관계가 있어서 집안 일이 공개적으로 알려지기를 꺼리는 때문으로 보인다. 그러나 무당들이 내세우는 명분으로는 산이나 강가 혹은 바닷가가 일반 집안보다 신기神氣가 세기 때문이라고 말한다. 점·비손·부적·치성·굿 등 무의 전반에 관하여는 뒤에 각각 항목을 달리하여 자세히 논하기로 한다.

무당의 사회생활은 대체적으로 폐쇄된 범위 내에서 이루어진다. 그들은 자신들이 인간세계보다는 신들의 세계에 속한다는 귀속감을 갖고 있다. 그 때문에 그들은 신부모의 상·제례에는 온갖 정성을 보이나, 친부모의 임종이나 장례에는 참석하지 않는 관례가 있다. 게다가 사회적 차별도 여전히 심한 편이다. 무당이나 박수라는 명칭이 주는 어감이 그러할 뿐 아니라, 그들의 자녀들을 "무당 자식"이나 심한 경우에는 "무잽이 새끼"라고 부르는 일은 이들에 대한 사회적 편견이 얼마나 심한지를 잘 보여준다. 그리하여 무당들은 일반 사회와는 동떨어져서 동료 무당들, 굿당의 당주나 당지기, 무악을 담당하는 재비, 무신도를 그리는 환쟁이 등 무업 관련 업종 종사자들끼리의 폐쇄된 사회를 형성하게 된다. 강신무의 경우에는 신부모·신자식 관계를 중심으로 소위 신계神系사회를, 세습무의 경우에는 혈연을 기준으로 단골 조직이 이루어진다. 이밖에도 무당들의 자치단체 성격으로 이루어진 사회단체들이 있어 왔다. 이러한 사회단체 조직으로는 다음과 같은 기구들을 대표적으로 들 수 있겠다. 조선조의 경우에는 전라도의 신청神廳, 수원의 경기재인청京畿才人廳, 서울의 노량진 풍류방風流房, 제주도의 심방청, 함경도의 스승청 등이 유명하였다. 일제 강점기인 1920년에는 숭신인

서울 시내 굿당의 모습 (서울 북한산, 굴바위당: 1998년 4월)

조합崇神人組合이라는 관변단체가 결성되기도 하였다. 그밖에도 신리종교神理宗敎·교정회矯正會·성화교聖化敎 등이 있었다. 1970년에 발족한 대한승공경신연합회大韓勝共敬信聯合會가 지금은 무당들 그리고 유관업 종사자들의 전국 조직으로 활동하고 있다. 조직은 회장·부회장·사무국·총무부·조직부·선전부·기획부·감찰부·부녀부가 있다. 전국 조직 밑에는 시·도 지부, 시·군 지부 및 읍·면·동 지부가 있으며, 회장 자문기구로는 고문과 운영위원회가 있고, 감독기구로는 감사가 있다. 무당 회원들에게 회원증을 발급하며, 입회비와 월회비를 징수한다.

대한승공경신연합회 소속 무당들의 자체 행사 모습 (대구 금호강, 용왕 수륙제: 1994년 8월)

④

# 신 도

한국의 무교신앙 체계 내에서 "단골" 신도信徒의 의미는 무시할 수가 없다. 현존하는 무교에 이야기를 국한할 때에 단골 신도라고 하면 주로 특정한 무당에게 신봉자의 자격으로 꾸준히 찾아오는 여성들을 지칭하게 된다. 그렇지만 실제로는 그 신봉자의 가족 전체를 의미한다. 왜냐하면 여성들이 무당에게 가져오는 문제들이 대부분 자기 자신에게만 해당되는 문제라기보다는 주로 가족 전체의 문제이기 때문이다. 남편이 건강하고 돈을 많이 벌어 출세를 할지, 자식들은 부모 말 잘 듣고 좋은 대학에 들어갈지 등등이 이들의 주관심사이다. 모든 무당은 많든 적든 단골(신도)들을 거느리게 된다. 원칙적으로 무당들이 상대하는 신봉자들은 바로 이들 단골이라는 범주에 드는 지역이라든가 사람들에 국한된다고 할 수 있다. 이들 지역적이거나 인격적인 단골의 범주를 무교 현장에서는 흔히 "단골판"이라고 부른다.

## 1. 단골판의 형성

한국 무교에서는 무당의 고정적 신도들을 흔히 "단골"이라고 일컫는다. 거꾸로 신도들이 주로 상종하는 무당을 부를 때도 단골, 당골네 혹은 단골 무당이라는 표현을 쓴다. 그렇다면 지금 쓰이는 "단골"이라는 용어는 무당만을 뜻하는 것도 아니고, 그렇다고 신도만을 지칭하는 것도 아니다. 그보다는 오히려 무당과 신도간에 고정적이고 지속적으로 이어지는 "관계"를 지칭하는 개념으로 보아야 할 것이다. 신도의 처지에서는 지속적으로 상대하는 무당이 단골이요 당골네이며 단골 무당이 될 터이고, 무당의 편에서 보면 고정적으로 찾아오는 신도들이 단골(신도)인 셈이다. 이제까지 한국 무교를 연구한 저서들 속에서 흔히 무교의 신도들만을 유독 단골이라고 명명해 온 것은, 그들의 연구가 무당에 편향되어 있음을 단적으로 보여주는 증좌證左이다. 무당의 진술만을 따르다 보니, 상대적 개념인 단골이라는 용어를 무당이 신도를 지칭하는 개념이라고 일방적으로 판단하고 말았던 것이다. 참고로, 제주도의 무교사회에서는 얼마나 오래 단골관계를 유지해 왔는가에 따라서 상단골·중단골·하단골이라는 구분을 짓기도 한다.

단골이라는 무교 용어는 한국의 가장 오래된 문헌 신화인 단군 이야기와 연관이 있다는 주장을 펴는 학자도 있다. 단군이 바로 정치권력과 종교적인 권위를 한몸에 지닌 원시사회의 지도자인 "무왕"巫王(shaman-king)이었다는 것이다. 그리고 단군이니, 단골이니, 당골네 등의 용어는 알타이어계에서 하늘과 관련이 있다는 주장이다. 즉, 몽고어 등에서 하늘 내지는 하늘의 신(天神)을 뜻하는 "텡그리"와 일맥상통한다는 말이다. 하늘과 관련이 있는 사람, 하늘의 뜻을 알고 남들에게도 그 뜻을 전해주며 하늘을 섬기는 인물이 바로 단골이고 단군이라는 말이다.

전통적으로 무당들에게는 "단골판" 혹은 "단골권"이라고 불리는, 활동 대상으로 하는 단골(신도)의 범위가 정해져 있다. 과거에는 이러한 단골판이 자연 마을이라는 경계와 일치되어 있었다. 지금도 일부 지역에서는 이러한 지역 위주의 단골 권역이 존속하고 있다. 전라도 진도 같은 곳은 지금도 면 단위를 기준으로 6~7개의 단골판으로 나뉘어 있어서, 지역 분할 단골판의 대표적인 경우이다. 이곳에서는 해당 지역에서 단골 무당만이 자신의 영향력을 행사할 수 있다. 이러한 규칙을 어기고 남의 단골판에 들어가서 몰래 굿을 하다 발각되면 무구를 모두 빼앗기고 매를 맞는 경우까지 있다고 한다. 단골판은 경우에 따라서는 무당들 사이에 매매되기도 한다.

이러한 지역 위주의 단골판은 서울·경기 지역에서는 형성되지 않았다. 거기에는 역사적이고 지리적인 연유가 있다고 볼 수 있다. 역사적으로 보면 특히 조선시대 무당들이 정부당국으로부터 끊임없는 박해를 받음으로 해서 한 곳에 정착하지 못하고 계속 이리저리 옮겨다녀야 했다는 데서, 지역적으로 고정된 신도 단체를 형성하지 못한 첫째 이유를 찾을 수 있다. 다음으로 서울과 같은 대도시에서는 인구의 유동 현상이 심하다는 점도 지역적으로 안정된 신봉자들을 확보하는 데 어려움으로 작용했다. 이러한 경우에는 다른 형태의 단골판이 형성된다. 그것은 특정 무당의 사람 됨됨이나 신통력에 따라 신봉자들이 모이는 일종의 인물 위주 "단골권圈"이다.

이렇게 보면 한국 무교의 세계에는 두 종류의 단골판이 이어져 왔음을 알 수 있다. 즉, 지역 위주의 단골판과 인물 위주의 단골판이다. 지역 위주의 단골판은 오늘날의 세력 판도에 기준해서 보면 세습무 계열의 남부지방에 분포하면서, 가무와 의례에 비중을 두는 "사제적 형태의 지역 공동체" priestly territorial community를 형성한다고 볼 수 있다. 반면에 인물 위주의 단골판은 강신무 계열의 북부지방에 주로 분포하면서, 강력한 종교체험을 중시하는 "예언자적/카리스마적 형태의 인물 공동체" charismatic personal community를 형성한다. 그리스도교의 경우에, 전례를 중시하는 가톨릭 교회가 지역을 기준으로 사목 단위를 형성하는 데 비해서, 하느님의 말씀을 강조하는 개신교가 목사라든지 교회 구성원들에 따라 인물 위주의 교회 단위를 형성하는 사실과도 흥미있는 비교가 될 수 있겠다.

이즈음 수도권 지역의 인물 위주 단골판의 규모는 대개 한 무당을 단위로 할 때 사오십 명 (내지 가구) 정도이다. 단골의 규모를 알아볼 수 있는 가장 신빙할 만한 자료는 무당이 확보하고 있는 단골 신도들의 이름・생년월일・주소 등이 기록되어 있는 "축원책"과 무당의 개인 신당에 보관되어 있는 "명다리"의 숫자이다. 명다리는 단골의 장수長壽를 기원하여 "신의 풍파 소멸" 따위의 내용을 적어서 무당의 신당에 보관하는 천의 종류이다. 대체적으로 보아 물론 단골의 규모가 클수록 무교의 세계에서 인정받는 큰 무당이며, 경제적으로도 풍족하다고 할 수 있다. 그러나 반드시 그렇기만 한 것은 아니다. 무당들의 주 수입원이 되는 굿을 하게 될 경우에 무당들은 보통 서넛이 짝을 이루어서 한다. 그러므로 어떤 무당이 동료 무당들과 원만한 인간관계를 유지할 경우에 동료들이 주문받은 굿에 자주 초청을 받게 된다. 그렇게 되면 자신이 직접 관리하는 단골 신도의 수는 상대적으로 소수라 할지라도 수입이 많아지고 명성도 얻게 된다.

## 2. 단골(신도) 성립의 계기

무당이 기도할 때는 언제든지 축원책에 올라 있는 단골 신도를 위해 빌어 주게 된다. 그러면 한 무당의 단골 신도는 어떠한 경로를 통해 형성되는가? 지역 위주의 세습무권에서는 단골판도 무당 집안의 가계 세습에 의해 전해진다. 그러나 인물 위주의 강신무권에서는 단골관계가 성립되는 데 몇 가지 가능성이 있는데, 다음 네 가지 정도를 대표적으로 들 수 있다.

첫째는 상속에 의해서이다. 여기서 말하는 상속은 신도 쪽에서의 상속과 무당 편에서의 상속 양면을 포함한다. 즉, 대를 이어가면서 한 무당이나 신도를 고정적으로 상대하는 경우이다. 어떤 이유에서든 어느 가정의 주부가 한 무당의 단골 신도가 되면, 그 딸이나 며느리에 의하여 계속 그 무당을 찾게 된다. 다른 한편, 무당들은 자신의 신부모로부터 단골 신도의 전부 또는 일부를 물려받는 경우가 많다. 노老무당의 경우 연로하거나 임종이 가까워서 무업巫業을 계속할 수 없게 되면, 자기 신자식들의 성품과 능력을 고려하여 그들에게 자기가 평생 상대하던 단골 신도들을 인계하게 된다. 이러한 경우에는 "(대)물림굿"이라고 하여 신자식들과 단골 신도들을 모두 모아놓고, 노무당이 평생 닦아온 무업의 모든 기능을 마지막으로 과시하면서 일종의 인수인계를 하기도 한다. 이러한 상속에 의한 관계가 무교의 세계에서 단골이 형성되는 가장 중요한 계기로 작용한다. 단골 신도들 편에서는 오랜 기간 교류하면서 집안 사정과 조상들의 문제까지 잘 아는 무당을 더욱 신뢰할 수 있기 때문이다. 무당 편에서도 그렇게 오랫동안 자기가 섬기는 신령들에게 정성을 들이고 빌어주었던 가족이 계속 자기에게 남아 있기를 자연히 바라게 된다.

둘째는 "명다리"에 의해서이다. 앞에서도 잠깐 언급했듯이, 엄밀한 의미에서는 장수를 축원하는 내용을 써서 무당에게 보관하는 천을 명다리라고 한다. 그외에도 단골 신도의 정성을 표시하는 유사한 행동으로서 이러한 명다리의 범주에 드는 태도들이 있다. 이러한 실천행위로는 무당에게 필요한 도구인 명도明圖·제기祭器·종·바라 등속이나 무당이 입는 "신복"神服 혹은 한지나 색종이 등의 재료를 제공하면서 봉헌물 위에 직접 봉헌자의 이름을 쓰거나 또는 함께 바치는 천 위에 제공자의 이름과 기원문을 적는 일 따위가 여기에 속한다. 명다리를 바친 나이 어린 단골 가족이 잘 자라서 결혼을 하게 되면 명다리는 간단한 예식과 함께 무당에 의하여 태워진다. 그후에 신혼부부는 새로운 단골 가족으로서 무당의 축원책에 등재된다.

수호신인 몸주를 위하여 봄철에 정기적으로 행하는 꽃맞이굿의 "칠성거리"에서 주재 무당이 단골 신도의 "명다리"를 양손에 들고서 놀리고 있다. (서울 장승백이, U 만신집: 1984년 4월)

단골이 되는 셋째 경우는 "굿덕"(神事厚德)을 본 후이다. 즉, 자력으로는 해결할 수 없다고 여겼던 집안의 중대한 문제에 대하여 무당과 상의하거나 굿을 한 후에 효력을 보았다고 여기는 경우이다. 난치병을 앓는 병자가 "병굿"을 한 후에 나았다든가, 자식이 없는 부부가 무당과 상의하여 자식의 점지를 관장한다는 "삼신"에게 빌어 자식을 낳았다고 생각하는 경우에 그들은 대부분 독실한 단골 신도가 된다고 한다.

넷째는 주위의 소개에 의해 단골이 되는 경우이다. 무당의 주위 인물들이나 기왕의 단골 신도의 소개나 추천에 의해 무당을 방문한 후에 단골이 되는 것이다. 어느 무당이 용하다고 그의 단골 중 하나가 열심히 선전을 해대면 그의 친지들이 호기심 반, 기대 반으로 서너 명씩 짝을 지어 그 무당을 찾아오게 된다. 그러나 이렇게 찾아오는 사람들은 대부분 그다지 절실한 문제들을 안고 있는 것도 아니면서, 무당의 능력을 이리저리 시험하려 들기 때문에 무당들이 별로 달가워하지 않는 부류들이다. 요즈음에는 우리 것을 소중히해야 한다는 민족 자주의식의 확산과 함께 무당들이 "무형문화재"로 지정을 받는다거나, 텔레비전의 오락·교양 프로그램에 심심찮게 등장하는 덕분에 매스컴을 타고 유명해지는 경우도 있어서, 대중매체 덕분에 많은 수의 단골 신도를 확보하는 무당들도 없지 않다. 이상에 소개한 방법들로 형성된 단골관계는 원칙적으로 무당이 죽음으로써 해소되어 신봉자들은 뿔뿔이 흩어지게 된다. 무당이 죽기 전에 신자식들에게 대물려진 단골들도 십중 팔구는 다른 무당을 찾아가게 된다고 알려져 있다.

## 3. 신도의 신앙 실천

앞에 소개한 단골 성립의 계기들 중에서 명다리를 바치는 경우를 제외하고는 단골 신도가 되기 위한 특별한 종교의례가 있는 것은 아니다. 그러나 전통적으로 무교신앙을 실천하는 단골들은 집안에서 제석·터주·몸주대감 등의 수호신령들을 섬긴다. 서울 지역의 경우 "몸주"는 조선시대 병사의 군복인 전복을 상자 속에 넣어놓는 형태이다. "제석"은 집안 식구들의 수명장수를 관장하는 신령으로 쌀을 가득 담은 항아리인 "제석단지"로 상징된다. "터주"는 집터를 보호해 주는 신령으로서 전통 가옥의 경우 뒷마당에 세워놓은 볏단의 형태인데, 이것을 "터주가리" 또는 "텃대감 난가리"라고 한다. 그 안에는 역시 쌀을 담은 항아리를 두어 신체神體로 삼는다. 단골 신도의 가족은 부엌이나 마당에 작은 제상을 차려놓고 이들 수호신들에게 집안의 화평和平을 위하여 두 손을 비비면서 기원을 한다. 이러한 기도 형태를 "비손", "비나리" 또는 지역에 따라 "비념"이라고 한다. 그외에 구렁이·두꺼비·돼지·족제비 등의 동물을 섬기는 가족도 있다. 집안 식구들의 꿈에 자주 등장하는 동물이나, 혹은 집수리를 하다가 예기치 못한 장소에서 발견한 뜻밖의 동물을 그 집안 생계를 보살펴주는 수호신으로 여겨 받드는 것이다. 이러한 생업生業의 수호신을 "업"業 또는 "어비"(業主神)라고 한다.

  단골 신도들이 무당을 대하는 종교적 태도를 통해서도 신앙 실천의 정도를 가늠해 볼 수 있다. 열성적인 단골 신도들은 무당이 주기적으로 거행하는 기도 모임에 참여한다. 자신들의 신앙 내력에 따라 어떤 단골들은 산신에게 드리는 "산치성"에만 참여하는가 하면, 또 다른 단골들은 용왕에게 드리는 "물치성"에만 참여하기도 한다. 그밖에도 음력으로 매월 초하루에 무당의 집에서 개최되는 집회에 참석한다. 무당이 주재하는 모임에 갈 때에는 신령들에게 바칠 향·초·과일 등속과 얼마간의 돈을 지참한다. 정기적인 행사가 아니더라도 단골들은 집안에 문제가 있을 때에 신령의 뜻을 알아보고 해결책을 찾기 위하여 무당을 찾게 된다. 그러면 무당은 점을 쳐서 신령의 뜻을 알아본 후에 상응하는 처방을 제시한다. 사태의 경중에 따라 비손을 하라든지, 부적을 내려서 몸에 지니게 하거나, 치성을 드리거나 혹은 굿을 하라고 일러주게 된다.

⑤

# 신 령

　무교에서는 신앙의 대상이 되는 무신㊀神이 무교 자체의 고유한 신관에 따라 생성소멸하기 때문에 무교의 체계 안에서 어떠한 신을 어떻게 보는가 하는 문제는 무교신앙을 다루는 데에 있어서 핵심적인 요소로 작용한다. 무교가 고래로 민간층에 살아 있는 종교현상으로 자리매김하고 있다는 사실은 무교의 신관이 바로 전통적인 한국인의 신관을 알아보게 하는 지름길이 된다.

　한국 무교에는 수많은 신령神靈들이 존재한다. 평생을 무교 연구에 바친 김태곤(1937~1996) 교수는 한국 무교의 신령들에 대하여 전국에 걸쳐 조사한 자료를 토대로 273종의 무신들을 열거하기도 한다. "만신"萬神이라는 명칭이 드러내듯이 무교에는 정말로 많은 신들이 있다. 앞에서 무당을 다룰 때에 이미 언급했듯이, 만신이라는 말은 본래 한강 이북의 강신무 중에서 여자 무당에 대한 호칭이다. 문맥상으로 보아 만신이라는 호칭은 "오만 가지 신령을 모시는 이"라는 뜻으로 풀이함직하다.

　그렇기는 하지만 신령들이 많다고 하여 이러한 신령들이 모두 인간에게 직접적으로 관계된다고 할 수는 없다. 이 세상에 수십억의 인구가 살고 있고 또 그보다 훨씬 더 많은 사람들이 살다가 죽었지만, 서로 관계를 맺는 사람들은 극히 적은 숫자에 한정되듯이, 특정인에게 연관이 되는 신령들도 한정된다고 무교 관계자들은 말한다. 마치 인간의 세상이 밝은 양지쪽이라면, 신령들의 세계는 그러한 인간세계의 그림자와 같다는 말이다(人陽神陰). 인간세상에 위계질서가 있어서 높은 위치에 있는 사람과 그 밑에 있는 사람이 다르듯 신령들의 세계도 마찬가지이다.

52　제1부: 무교라는 종교현상

## 1. 신령의 종류

무교의 세계관에 따르면, 이 세상에 현재 살고 있는 사람 이외의 삼라만상 안에 신적인 힘이 들어 있다고 여겨진다. 신적인 힘의 위계질서에 따라 볼 때 하느님이 지고신至高神으로서 최상위에 위치하여 우주만물을 다스린다. 그렇지만 한국의 무교에서 섬기는 하느님은 자신의 능력을 하위 신들에게 양도한다. 그러므로 구체적인 인간사에는 이렇게 지고신의 능력을 양여讓與받은 신령들이 직접적으로 간여한다. 인간 편에서 볼 때, 하느님 스스로는 "한가한 신" deus otiosus으로서 뒷짐을 지고 물러나 있는 형국이다. 이러한 이치에서 인간의 생활 환경이나 직업, 관심사에 따라 관련되는 신령의 종류나 계층이 달라진다고 할 수 있다.

신령들에 관한 이야기(神話)는 국내에서 생겨나기도 하고 외국에서 유입되기도 하다가, 해당되는 신령이 사람들의 관심 밖으로 밀려나면 그러한 신화와 신령은 슬며시 사라져 버리기도 한다. 이렇게 무교의 신령들은 생성소멸되는 존재이다. 이러한 신령들은 살아 있는 사람들과 함께 실존적인 경험을 함께 나눈다고 여겨진다. 그래서 인간사에 직접 관여하는 신령들은 구체적인 형상을 띠고 무신도巫神圖로 그려져서 개인 신당이나 무교 의례를 집전하는 공공장소인 굿당에 모셔진다. 그러나 지고신인 하느님과 최하위의 잡귀·잡신은 현실적인 인간사에 직접 맞닿는 부분이 거의 없다. 그래서 구체적인 형상화가 이루어지지 않는 까닭에 무신도로 그려지지 않는다. 지고신인 하느님을 형상화하지 않는 이유로는 절대 존재에 대한 기휘忌諱 현상으로 보려는 학자도 없지 않다. 그러나 그렇게 해석한다면 잡귀·잡신을 형상화하지 않는다는 점까지 포함하는 설득력 있는 설명이 되지 않는다. 무신도 중에 간혹 "천신"이 나타나는 경우가 있으나, 그것은 불교의 영향을 다분히 받은 중간적인 존재로서, 말하자면 부처님의 심부름을 하는 기능신, 33천天의 신들에 해당된다고 볼 수 있겠다.

5 신령 53

오늘날도 한국인들의 삶에 여전히 무시 못할 영향을 끼치고 있는 민중종교로서 무교는 기본적으로 우주적 종교성에 근거한 다신론polytheism 내지는 단일신론henotheism의 신관을 가진다고 할 수 있다. 단일신론이란 현대 종교학의 창시자 막스 뮐러Max Müller가 처음 주장한 이론으로, 특정한 상황에서 한 신을 주신主神으로 공경하지만 다른 신들의 존재나 그 신들에 대한 숭배를 거부하지 않는 신관이다. 다른 말로는 선택적 일신론 또는 교체일신론 kathenotheism이라고도 한다. 스리랑카의 예수회 소속 신부로서 신학자이자 민중불교 연구가인 알로이시우스 피에리스Aloysius Pieris, S.J.의 주장을 원용하자면, 무교가 내세우는 신령들은 원시 자연사회의 신앙체계 안에서 인간이 대자연의 요소들과 우주적인 친교를 이룸으로써 사회적 조화를 꾀하는 종교성의 발현이다. 피에리스에 따르면, 이러한 원시종교의 "우주적 종교성"

산신의 상징인 호랑이 무신도
(서울 북한산, 삼곡사 굿당: 1984년 3월)

cosmic religiosity은 고등종교의 "초우주적meta-cosmic 종교성"과 상호 보완되어 인간의 삶을 완성한다고 한다.

그러나 이즈음 유구한 정신문화를 홀대하고 성급한 효율성만을 앞세우는 세태를 반영하기나 하듯이, 과거에 엄존하던 신령들의 질서도 무교의 세속화와 함께 무너져 가고 있다. 무교의 전문가들인 무당에게서 신령에 대한 관심은 점차 줄어들고 있으며, 경우에 따라서는 고객(단골)에 대한 전시효과로서만 마지못해 무신을 받들고 있지 않은가 하는 의구심을 토로하는 연구자들도 없지 않다. 무교의 신봉자들에게서도 실상은 과히 다르지 않다고 본다. 시속時俗을 따라 이리저리 옮겨다니는 단골들의 경망한 태도를 개탄하는 늙은 무당들의 이야기가 바로 그런 점을 시사한다.

지옥을 다스리는 시왕의 무신도 - 불교로부터 받은 영향 (서울 장승백이, U 만신집: 1984년 4월)

이렇게 우려되는 실상을 차치하더라도, 한국의 무신들 사이에 위계가 존재한다는 사실에 대하여는 무교신앙의 현장에서나 무교 연구자들 사이에 견해가 일치된다. 다만 그 분류에 있어 서로 조금씩 차이가 나고 있기는 하다. 먼저 일제시대에 한국 무교를 연구한 일본인 학자 아카마츠는 ① 천상령天上靈 ② 영웅령英雄靈 ③ 시조령始祖靈 ④ 무조령巫祖靈 ⑤ 가택신家宅神 ⑥ 토지령土地靈 ⑦ 풍신風神 ⑧ 방위신 ⑨ 무령巫靈 ⑩ 생로병사에 관한 귀신 ⑪ 타계령他界靈 ⑫ 성스러운 나무 ⑬ 신령한 동물(靈獸) ⑭ 떠돌아다니는 신(遊離靈) ⑮ 몸에 붙어다니는 신(隨身靈) 등 열다섯 종류의 무신에 관한 신통론神統論을 제시한다. 아카마츠에 따르면, 결국 한국의 무신들은 "교체일신교적 경향" 交替一神教的傾向(kathenotheistic tendency)을 따른다는 것이다.

아카마츠는 자신의 이론을 내세우면서 그보다 앞서 1920년대에 한국 무교를 연구한 미국인 선교사들의 이론을 비판한다. 먼저, 클라크Charles A. Clark는 일종의 시원유일신론始原唯一神論(proto-monotheism, Urmonotheismus)을 도입하여 한국 무교의 신통을 설명하려고 시도하였다. 클라크에 따르면, 한국 민간신앙 일반이라든가 무교에서 하느님은 본래 유일신적인 최고신이었는데, "고대형의 무교"(古神敎)가 차차 다신교로 타락해 가는 과정(退行)중에 하느님도 점차 "희미한 지고신"으로 전락하고 말았다는 것이다. 이 이론은 독일 출신 종교인류학자로 신언회神言會(SVD) 소속 가톨릭 신부였던 슈미트Wilhelm Schmidt의 "종교퇴행론"을 그대로 한국의 무교에 적용시킨 내용이다. 또 다른 미국인 선교사 언더우드Horace G. Underwood는 한국 무교란 다신多神 가운데 한 주신主神을 두고 있는 교체일신교 형태라고 주장하였다. 그에 반하여 아카마츠는 교체일신론 내지 단일신론이라고 번역되는 헤노테이즘henotheism을 맨 처음 주장한 막스 뮐러의 원래 의미대로 "특정신을 번갈아 하나씩 최고의 신으로 섬기는 신앙"이라는 입장에서 한국 무교의 신앙 형태를 규정하였다. 즉, 무신들의 계보는 다신 속에서 한 변함없는 최고신이 아니라, 최고신이 그때그때 한 구체적 기능신으로 바뀌는 경향을 띤다고, 즉 교체일신교적 경향을 지닌다고 주장하였다.

근래 들어 국내 학자들에 의하여 무교의 민족지民族誌(ethnography) 자료가 정리되면서 제시되는 신통론은 김태곤과 조흥윤의 설을 대표적으로 꼽을 수 있겠다. 먼저 김태곤은 20여 년에 걸쳐 전국적으로 수집한 현장 자료를 바탕으로 한국 무신의 성격을 세 종류로 분류한다. 첫째, 자연신自然神 계통이다. 여기서는 천상신天上神・지신地神・산신山神・수신水神 등 162종을 들고 있다. 둘째, 인신人神 내지는 영웅신英雄神 계통이다. 여기에는 왕신王神・장군신將軍神・대감신大監神・무조신巫祖神 등 90종을 든다. 셋째, 자연신이나 인신 어디에도 들지 않는 걸립신乞粒神・부정신不淨神・가뭉신・측신厠神 등 25종을 열거한다.

한편 조흥윤은 주로 서울 지역 전통무傳統巫들을 조사한 결과, 무신의 위계질서가 무당의 계급에 따라 일곱 가지로 달라진다고 주장한다. 첫째 계급인 "선관・보살"의 신령은 옥황천존・일월성신・칠원성군 등이다. 둘째

성황당의 산신도 (강원도 대관령, 국사성황사당: 1984년 6월)

계급인 "전내"의 신령은 관성제군·소열황제·와룡선생 등이다. 셋째 계급인 "박수·만신"의 신령은 최영 장군·별상·별성 등이다. "별상"은 왕족 중에서 비운을 겪은 사람이다. 광해군·연산군처럼 왕위를 지키지 못했거나 왕권 계승자로서 왕위에 오르지 못한 사도세자 등이다. "별성"은 천연두를 의인화해서 부르는 명칭이다. 다른 이름으로는 "호구별성마마"라고도 한다. 넷째 계급인 뒷전 무당의 신령은 걸립·말명·맹인신장 등이다. 다섯째 계급인 넋대신 혹은 넋무당의 신령은 열대왕(十王)·저승사자 등이다. 여섯째 계급인 태주방의 신령은 일곱째 계급인 명도의 신령과 마찬가지로 어린아이 죽은 귀신인 애기씨이다.

이상에 소개한 이들의 연구결과를 종합해 보면, 한국 무신들의 서열을 그 출신 계통에 따라 다음과 같은 네 계층으로 분류해 볼 수 있겠다.

"신장거리"에서 장군신을 받아 작두를 타는 무당 (서울 장승백이 U 만신집. 꽃맞이굿: 1984년 4월)

첫째는 천신 계통이다. 여기에는 천신·천상신·천신대감신天神大監神·천왕신天王神·옥황천존玉皇天尊·"삼신"·단군신·성주신·제석신帝釋神·일신日神·월신月神·성신星神 및 산신山神계의 여러 신들이 속한다.

둘째는 외래신外來神 계통이다. 여기에는 소열황제신昭烈皇帝神·와룡선생신臥龍先生神·상산 조장군신上山曺將軍神 등 전통적으로 중국계 신령들이 속한다. 그러나 필자의 최근 조사에 의하면 서해안 지역 무당들에게서는 한국전쟁 때 인천 상륙작전을 감행했던 미국인 맥아더Douglas MacArthur(1880~1964) 장군도 봉안된다. 인천에서 활동하는 황해도 출신의 C 무녀가 진행하는 재수굿에서는 "서해 바다 매가도 장군님"이 장군거리나 신장거리에 등장한다.

셋째는 토착신土着神 계열이다. 최영 장군·별상·군웅軍雄·창부·별성 등이 여기에 속한다. 군웅은 위대한 전공을 세운 영웅이나 전장에서 비참하게 죽은 이의 혼령이다. 재래의 전통신들이 외래신들보다 하위에 놓인다는 사실이, 열강에 둘러싸인 한반도의 지정학적 위치와도 무관하지 않게 보인다.

넷째는 잡귀·잡신 계통이다. 정신正神의 반열에 들지 못하는 온갖 "뜬귀신"들, 즉 걸립·말명·맹인신장·넋대신 등이 이러한 계층에 속한다.

이렇게 보면 천신 계통 중 일부 신령들의 명칭은 최고신의 존재를 암시하는 듯하다. 예를 들면 천신·천왕신·옥황천존·제석신 등이다. 옥황천존은 옥황상제玉皇上帝라고도 불리는데, 도교에서 차용한 개념이다. 옥황천존은 그 명칭상으로만 보아서는 하늘신 또는 하느님과 동일시된다. 그러나 한국 무교의 세계에서는 인간에게 무병장수를 베풀어주는 신으로 상정되기도 한다. 제석 혹은 제석신은 본래 불교 용어로 수미산須彌山 꼭대기의 도리천忉利天에 거처하는 천왕 내지는 천신이다. 이러한 신의 명칭은 이 땅에 불교가 전래된 이후 한국 재래의 하느님 신앙과 접합되었을 가능성이 있다. 그러나 현행 무교의 세계에서 역시 기능상으로는 풍농豊農과 풍산豊産의 신으로 상정된다. 이렇게 보면 천신 계열의 무신들도 그 명칭상에서는 최고신의 흔적을 희미하게나마 간직하고 있으나, 그 기능면에서는 명백하게 기능신적인 특징을 나타내고 있다. 이러한 신들은 그 명칭으로 보아서는 "뒤로 물러앉은 신"으로서 지고신의 존재를 암시하다가도, 때에 따라서는 구체적인 기능신으로 분화되어 나타난다. 그런 모습은 사라졌던 신의 복귀현상으로서, 인간사에서 멀리 떠나갔던 신령들이 인간세상에 다시 다가오는 것으로 해석된다.

무교신앙의 체계 안에서 이렇게 다양한 모습으로 나타나는 신령들은 인간 혼자서 감당하지 못하는 인생의 모순과 부조리, 애매모호한 크고 작은 사건들, 풍부하면서도 역설적인 인생의 체험들을 종교적으로 해결해 주는 역할을 떠맡는다. 기본적으로는 초인간적인 힘의 총체로 인식되는 신령은 필요에 따라, 다양한 크기와 깊이의 당면과제에 맞추어서, 꼭 그만큼한 정도로 인간사에 관여함으로써 구체적인 기능신의 모습으로 나타난다. 그러나 초인간적인 힘을 빌려 해결해야 할 급박한 상황이 발생하지 않는 평상시에는 셈이 빠른 인간들에게 하느님은 계시기는 틀림없이 계시지만, 다만 막연히 멀리 계시는 분으로서 푸대접을 받고 있는 것이다.

여성황 무신도 (강원도 강릉 시내, 국사여성황사당: 1984년 6월)

60 제1부: 무교라는 종교현상

## 2. 신령의 형성

한국 무교의 체계 안에서 신령의 주된 형성 요인은 원한怨恨이라고 통상적으로 주장되어 왔다. 하지만 이러한 주장은 무교신앙의 현장을 치밀하게 관찰하여 볼 때 그대로 따르기에는 무리가 있다. 이하에서는 한恨 내지는 원한이 과연 한국 무신들의 형성 요인인지에 관하여 다시 한번 살펴본 이후, 무신들의 생성 동기를 분석해 보기로 한다. 한이 신령 형성의 주원인이라고 하는 주장의 내용은 대체로 다음과 같다. 우선 무신의 계통을 천신 · 자연신 · 인격신 등으로 나누어 놓는다. 다음에 인간사에 관여하는 신은 주로 인격신이며 이들 인격신의 공통점은 역사상 실재한 인물들이다. 그리고 이들의 공통점은 살아 생전에 원한을 품고 억울하게 죽은 사람들이라는 것이다. 이렇게 억울하게 한을 품고 죽은 인물들을 신으로 모시는 이유는 "세상을 살면서 억울하고 한 맺힌 일이 있는 사람들은 모두 나에게로 오라"는 뜻이라고 해석한다. 그렇기 때문에 가난한 사람들, 억눌리고 하소연할 데 없는 사람들을 어루만져 주는 유일한 종교가 민간의 무교신앙이라고 덧붙인다. 소위 기성 고등종교들이 해결해 주지 못하는 민중의 원의願意를 무교신앙이 구체적이고 실질적으로 해결해 준다는 말이다. 바로 그 점이 무교가 수천 년 동안 이 땅에서 지속되어 온 끈질긴 생존력 내지 지속력의 핵심이라고 말한다.

그러나 한국의 무교가 신행信行되는 현장을 주의깊게 접근해 보면, 원한이 신령 형성의 직접적이고 결정적인 동기라는 주장에는 선뜻 동의할 수 없다는 결론에 이른다. 민족학의 방법론을 동원하여 한국 무교를 연구하는 조흥윤은 서울지역 전통 무당들을 조사한 결과, 신령 형성의 일곱 가지 가능성을 제시한 바 있다: 첫째, 이성계 같은 왕조의 창건자; 둘째, 최영 같은 영웅적 삶을 산 자; 셋째, 사도세자(일명 뒤주대왕)처럼 비극적 운명의 왕족; 넷째, 도교의 옥황상제같이 타종교로부터의 수용; 다섯째, 관우의 스승인 옥천대사의 경우와 같이 기존 신령과의 관계; 여섯째, "바리데기" 같은 무당의 조상(巫祖); 일곱째, 천연두신 "마마"와 같은 전국적 규모의 재앙을 열거하고 있다. 이러한 일곱 가지 가능성에다 보태어 여덟째 가능성으로 제시될 수 있는 동기는 여러 신령이 복합하여 한 신령을 형성하는 가능성이다. 즉, 천연두신과 처녀귀신이 합하여 ― 천연두로 죽은 처녀신이라는 ― 한 강력한 신령을 합성하는 "호구별성"과 같은 예도 있다. 이러한 모든 가능성들을 관찰하여 보면 한 공통요소를 지닌다는 점이 발견된다. 그것은 곧 신앙 공동체의 감정이입empathy 내지는 사회적 공감sympathy이다. 그래서 신령들은 신앙을 공유하는 인간 공동체의 공감 여부에 따라서 생성소멸과 흥망성쇠의 길을 걷게 된다. 같은 이유에서 신령들에 관한 이야기인

"바리공주" 무가를 구송하는 무녀 (서울 공간사랑, 통영 오구새남굿: 1984년 4월)

서사무가敍事巫歌 또는 "본本풀이" 따위의 무교 신화는 특정한 시기에 생겨나거나 다른 신화와 복합되거나 국외에서 유입되어 영향 범위를 넓혀간다. 그러다가 공동체의 공감대 약화와 함께 무교신앙의 현장에서 슬며시 사라지기도 한다. 이러한 무교 신화에서는 주인공으로서 특정 신령이 등장하고 그 신령의 유래와 활동을 중심으로 하나의 줄거리가 엮어지며, 그러한 줄거리는 무의巫儀인 굿에서 구송된다.

사회적 공감 혹은 영향력이라는 기준을 설정해 놓고 볼 때, 신령들의 영향력과 영향력을 행사하는 범위는 반비례 관계인 것으로 보인다. 먼저, 가신家神 계통인 조상신 · 성조신城造神 · 터주신 등의 영향 범위는 특정 집안으로 국한된다. 여기서 말하는 조상신은 좁은 의미의 집안 조상신을 뜻한다. 본래 무교에서는 조상의 범위가 유교에 비하여 한층 포괄적이다. 유교에서는 문중門中의 선대先代에 속하는 죽은 이가 까다로운 규정과 과정을 거쳐서 조상이 된다. 무교에서는 당사자와 관련있는 죽은 모든 이를 조상으로 여기는 경향이 있다. 굿에서 조상거리를 진행하면 죽은 조부모 · 부모 외에도 죽은 남편 · 아내 · 아우 · 자식도 모두 등장한다. 덧붙여서 넓은 의미에서는 무당의 원조元祖신화인 "바리공주"나 출생을 관장하는 삼신신화의 "당금아기"에 관한 서사무가도 역시 기능적인 측면에서 보면 조상의 이야기라고 할 수 있겠고, 태조 이성계처럼 국조國祖가 신령이 되기도 한다. 무신의 세계에서 가신 계통은 이렇게 영향력이 미치는 범위가 가장 좁은 대신에 영향력의 농도에서는 가장 강력하고 진한 것으로 나타난다. 필자가 참여하여 관찰한 무교 의례에서는 예외없이 조상거리가 참석자들의 호응도가 가장 높은 제차祭次였다. 당사자들이 최고의 관심을 보인다는 이야기는, 바꾸어 말하면, 해당 신령들이 제의 참가자들에게 제일 큰 영향력을 행사한다고 해석할 수 있다.

다음으로, 지역신 계통인 서낭신 · "골매기" 등의 영향력과 영향 범위는 앞서 다룬 가신과 다음에 논할 천신의 중간에 위치한다. 지역 수호신이라는 의미의 골매기(고을막이) 안에는 인격신으로서의 장군신들도 포함될 수 있을 터이다. 예를 들면 인천지역 무당들의 굿에서 거론되는 "서해 바다 임 (경업) 장군님"과 같은 경우는 한편으로 어업의 수호신으로서 직능과 관계 되면서 다른 한편으로는 서해 바다라는 지역 내지 수역水域과 관련된다.

마지막으로, 하늘신인 천신은 영향 범위가 가장 넓은 반면에 영향력은 막연하고 미미한 것으로 추정된다. 이러한 추정을 뒷받침하는 증례로 다음 두 가지 현상을 언급할 수 있겠다.

첫째, 지고신인 하느님은 굿을 비롯한 무의에 등장하지 않는다. 영고 · 무천 · 동맹 등 고대 제의에서 하늘에 제사지냈다(祭天)는 기록이 전해 오고, 날이 가물어 기우제를 지낼 때에 조정에서 무당을 대대적으로 동원해서 하늘에 빌었다는 이야기가 없는 것은 아니다. 거기다가 역사적 기록만이 아니라 천제天祭의 장소들이 지금도 곳곳에 남아 있기는 하다. 강화도 마니산의 "참성단"이나 광주 무등산과 강원도 태백산의 "천제단" 등은 여전히 하늘에 제사지내는 장소이다. 이러한 현상들이 물론 사라진 최고신의 자리를 대신 차지한 더 현실적이고 구체적인 하위의 기능신들이 해결해 주지 못하는 근원적이고 궁극적인 관심사에 대한 해답의 추구라고 여길 수도 있다. 그렇지만 그와 같은 생각은 민중의 삶의 현장과 유리된 지식인의 박제화된 논리에 머무를 공산이 크다. 더 치밀한 현장 조사라든가 문헌 연구가 선행 되어야 하겠으나, 지금까지 필자의 현장 참여 관찰의 결과 천신 계통의 신령을 대상으로 하는 의례에 참가하는 사람들의 자세는 마지못한 구색 갖추기의 요식행위라는 인상이 짙다.

둘째, 지고신인 하느님은 구체적으로 형상화되지 않음으로 해서 무신도로 그려지지 않는다. 반면 사람들의 공통 관심사에 관여하면서 살아 있는 사람들과 실존적 경험을 나누는 정규 신령들(正神)은 무신도로 그려짐으로써 형상화되고 무교 의례(巫儀)의 중심부에 자주 등장한다. 정신의 범위에 들지 못하는 잡귀 · 잡신들은 무신도로 그려지고 봉양되지는 않으나 무의에서는 주변부인 초입의 "부정치기"와 마무리 단계의 "뒷전풀이"에서 풀어 먹여지며 달래어져서 인간에게 해를 끼치지 않도록 조처된다. 잡귀 · 잡신이 살아 있는 사람들의 관심사에 별 도움을 주지는 못하지만 해를 끼칠 수는 있으므로, 인간에게 해를 끼치지 않도록 달래고 누르는 셈이다. 천신은 무당 위계상 선관계급에서 모시며, 굿을 담당하는 만신계급에서 모시는 신이 아니라고 한다. 하지만 현장조사를 해보면, 선관에게서도 천신은 구체적으로 형상화되지 않는다. 무신도 중에 간혹 "천신"이 나타나는 경우가 있으나, 그것은 앞에서도 논한 바와같이, 불교의 33천에 속하는 기능신으로서의 천신으로 보인다. 구체적으로, 제석신이 불교 천신 중의 하나이나, 한국 무신의 세계에서 풍농과 풍산의 신으로 상정되는 것이 그 좋은 예이다.

다른 한편 지고신인 하느님의 형상이 그려지지 않는 것은 지고자·절대자에 대한 두려움 내지 외경·전율의 발로가 아닌가 하는 해석이 있을 수 있다. 마치 유태인들이 히브리 성서를 읽으면서 "야훼"라는 이름을 발설하지 못하고 "아도나이"라고 기휘忌諱를 한 것처럼 일종의 터부tabu로 보는 견해이다. 하지만 한국 무교신앙 체계 안에서 신을 두려워하기만 하는 것이 아니다. "신을 부린다"라는 표현을 쓸 정도로 신령들이 피동적 성격도 띤다고 할 때, 더 나아가서는 "하느님, 맙소사!" 등 지고신의 이름을 그렇게 거리낌없이 입에 올린다고 할 때, 단지 외경심을 이유로 형상화하지 못했다는 주장은 설득력이 모자란다고 보인다. 이 부분은 필자로서도 계속하여 관심을 갖고 현장을 확인하며 문헌을 천착하여 더 깊은 논의를 거쳐야 할 과제로 남겨둔다.

## 3. 신령의 기능

무교신앙의 체계 안에서는 여러 종류의 신령들을 받들고 있다. 자연신·인격신·기능신이 공존하거나 중복되어 나타난다. 평상시에 절대타자 내지 궁극원리로서 인식되는 하늘신이 특별한 때는 의인화되어 옥황상제·제석신·하느님 등 인격신으로 의식되는가 하면, 때에 따라서는 최영 장군과 같은 역사상의 구체적 인물이 사후에 신격화神格化(deification)되기도 한다.

한국 무신의 성격은 기본적으로 정착형 문화의 특징적 신관인 천지개벽형天地開闢型의 성격을 띠는 것으로 보인다. 그래서 "무로부터의 창조"creatio ex nihilo라는 성격을 갖는 이동형 문화권의 우주창조형宇宙創造型 신관과는 유형상 차이가 난다. 농경문화권에 속하는 한국 무교의 신관은 특히 남부지방으로 내려갈수록 정착적인 요소를 지닌다. 우주의 기존 질서를 "이미" 그리고 "스스로 그렇게"(自然) 있어온 것으로 전제하면서, 부조리한 현실에 대한 상대적 개혁, 즉 "후천개벽"後天開闢을 추구하는 형태이다. 샤머니즘이라는 동일한 유형 안에서일지라도 신령의 성격은 문화권의 편차에 따라 달라진다. 먼저, 시베리아의 샤머니즘은 이동형 문화권의 특징인 우주창조형의 신관을 바탕으로 한다. 그래서 시베리아의 샤머니즘은 샤먼의 천계여행天界旅行(cosmic voyage)을 기반으로 형성되는 이동형 샤머니즘Wanderschamanismus이 그 기본형을 이룬다. 반면에 한국의 무교신앙은 무당의 접신接神 또는 빙의憑依를 근간으로 한다(Besessenheitsschamanismus).

한편 좀 다른 이론도 제기되고 있다. 최근 옛 소련이나 몽골·중국 등 북방 지역과 교류의 길이 열리면서, 많은 연구자들이 시베리아나 몽골의 샤머니즘 현장을 접할 기회가 생겨나고 있다. 이들 중 일부 연구자에 의하면, 시베리아의 샤머니즘도 한국의 경우와 다르지 않게, 무당에 의한 신령의 접신 현상이 이루어지고 있다는 것이다. 시베리아 샤먼의 천계여행이란, 한마디로, 예전의 서구인 연구자들이 몇 차례에 걸친 중역重譯으로 인해 실상을 제대로 파악하지 못한 데 따른 곡해의 결과라는 주장이다.

그런 점을 충분히 감안하더라도, 지역별 편차는 분명히 존재한다. 한반도의 무교신앙 안에서만 국한하여 살펴보더라도 남부와 북부의 신관 형태는 상당한 차이가 난다. 일례로 우주의 시작을 말해주는 소위 "창세신화"의 내용을 담은 무가巫歌를 한번 살펴보자. 함경도 무가인 "창세가"創世歌는 미륵과 석가를 내세워서 이 세상에 대한 주권 쟁탈의 모습을 묘사한다. 이 이야기는 지리상으로 이동문화권과 정착문화권의 경계지역이라는 지리적 특성을 반영하였다고 보인다. 그리하여 불교적 용어를 원용하여 우주의 시작을 설명하는 중에 이동문화권의 천지창조형 신관과 정착문화권의 우주개벽형 신관이 서로 맞부딪치면서 일으키는 갈등구조를 내포하는 것으로 해석할 수 있을 것이다(김헌선 1994, 225-47).

그와는 달리 경상도 통영의 "천지순환지법"天地循環之法에 의하면 세상의 시작을 이렇게 묘사하고 있다. 아득한 옛날부터 이미 있어온 세상의 순환이치를 이야기하면서 그 순환의 주역은 "석가세존님"이라고 말이다(박복개 1984 필사본). 세상의 시작을 묘사하는 이 두 가지 무가의 제목이 시사하는 바도 창조형(창세가)과 개벽형(천지순환지법)의 차이를 보여주고 있다. 함경도의 창세가와 경상도의 천지순환지법으로 살펴본 한국 무신의 성격에는 남쪽으로 내려올수록 정착형으로서 후천개벽의 성격이 더 분명하게 투영되고 있음을 알 수 있다. 그러한 신화에 내포되어 있는 의미들은 민중종교들의 일반적 특징과 일치하는데, 열거하자면 다음과 같다: 현실(先天世界)에 대한 불만과 부정, 새로운 세계(後天世界)에 대한 기대, 현재의 실패나 좌절에 대한 극복, 그리고 새로운 세상에서 충족되는 행복 등이다.

한국 무신들은 거의 모든 신령들이 다소간 하늘신의 성격을 가지고 있다. 그리고 무당의 종교체험에 있어서 가장 기본적인 요소인 "죽음과 재생"이 신령 형성에 있어서도 기본 요건이 되고 있다. 종교학의 용어를 빌려서 말한다면 "돌아온 영웅"héro revenant 내지는 "대극합일"對極合一(coincidentia oppositorum)의 의식구조이다. 하늘님·장군님·신령님·군웅 등 무엇이라고 불리든지간에 지극히 존귀한 존재가 가장 비천한 존재가 되어 이 세상의 온갖 간난고초·부조리·고통·모순·한 따위, 한마디로 비구원의 상황(죽음)을 몸소 겪고 나서 존귀한 본래의 자리로 되돌아간다(재생, 거듭남). 그런데 이렇게 고통의 상황을 극복하고 되돌아온 지고자, 즉 돌아온 영웅은 이전과는 달리 구원의 능력을 갖춘 존재(구세주)로서 귀환한다. 무당들의 말대로 "재수사망을 섬겨주는 이"가 되어 돌아오는 것이다. 여기서 "재수" 또는 "재수사망"이라는 말은 "금전에 대한 운수"라든가 "부와 행복"이라고 통상적 의미로 제한하기보다는 "조화를 통하여 회복된 인간의 총체적 완성"이라고 좀더 깊은 의미로, 즉 구원론적 시각에서 볼 수 있다. "구원 능력을 갖추고 이 세상으로 되돌아온 지고자"라는 언거言述은 "어떻게 이 세상의 고난과 위난을 극복할 수 있는지 그 가능성과 모범을 범부 필부들에게 보여주는 존재"라는 의미이기도 하다.

이러한 성격을 지니는 무신들은 위에서 아래로 수직적으로 "내려"오기도 하고, 옆에서 수평적으로 "건너"오기도 한다. 대체로 보아 공감 범위는 좁으면서 영향력의 밀도는 강력한 가신 계열이 살아 있는 이들과 가까이 있으면서 구체적인 삶의 전거典據(paradigm)로 기능한다. 이러한 신령들은 수평적으로 "건너"오며, 맴을 도는 춤을 추어 무당에게 접신되면서 인격 전환의 상징을 보여준다. 그 반면 공감 범위가 넓은 신들은 수직적으로 "내려"오는데, 이들은 천신 강림의 상징으로 작용하는 듯하다. 무당이 펄쩍펄쩍 뛰는 도무跳舞 뒤에는 이들 천신 계열의 신들이 빙의된다.

무교의 신령들은 그 자체로 선하다거나 악한 성격을 띠지 않는 것으로 알려져 있다. 이러한 무신의 성격을 윤리성의 결여로 성급하게 규정짓는 경우도 있으나, 그러한 시각에서 보기보다는 민중종교의 일반적인 특징으로 해석함이 더 설득력 있어 보인다. 즉, 인간의 대우 여하에 따라 신령의 기분이 달라진다는 말이다. 거기서 신령들에 대한 인간본위적 성격이 드러난다. 굿판에서 흔히 듣는 대로, 인간들이 신령님네들을 모시기도 하고, "놀리기" — 놀게 해주기, 즐겁게 해주기 — 도 하며, 달래거나 "부리기"까지 하는 것이다. 그리하여 신령과 신령 사이에 또 신령과 인간 사이에 알력이 없고 신의 풍파가 거세지 않도록, 그리고 삼라만상이 조화롭도록 온 힘을 기울이는 것이다. 이러한 의식구조 속에서 무교신앙의 특징인, 생존하는 인간 이외의 만물 속에 인간을 능가하는 신적인 힘이 드러난다(力顯, Kratophanie)고 보는, 초인간적인 힘에 관한 신앙을 발생시키고 있다.

이러한 특성을 지니는 신령들은 세 단계의 과정을 거쳐서 무교신앙의 최종 목표인 조화에 이르는 기능을 수행한다. 첫째 단계는 한恨의 인식이다. "살이 끼었다"라든가 "탈이 났다" 혹은 "억울(語屈)하다" 등으로 표출되는 무력함과 원한의 감정, 해방을 필요로 하는 상황 인식, 비구원의 세계에 대한 경험, 조화와 평화의 필요성을 느끼게 만드는 비조화·반평화의 대조 경험에 대한 깨달음이다. 무교의 대표적 의례인 굿에서 한의 인식은 특히 신과 인간의 의사소통 과정의 하나로서 비극적인 분위기가 주조를 이루는 "공수"에서 드러난다. 둘째 단계는 한의 해결방안 모색이다. 앞의 단계에서 인식한 비인간적인 상황에 대한 해결, 즉 "한풀이"의 과정이다. 무교의례(巫儀)에서는 한의 극복에 대한 암시가 흔히 "덕담"德談으로 나타나며, 여기서는 이제 희극적인 분위기가 주조를 이룬다. 첫단계에서 상극相剋관계에 있던 세계가 이제 상생相生의 세계로 접어드는 셈이다. 마지막 셋째 단계는 최종 목표인 조화의 획득, 말을 바꾸자면 평화, 즉 구원과 해방의 확보이다. 잃어버린 "재수"의 복원이다. 인간과 신령, 신령과 신령 사이의 알력이 해소되고 완전한 조화가 이루어진 결과로써 구현되는 인간의 해방과 역사의 총체적 완성이라는 말이다. 이렇게 볼 때 한국 무교의 연구에서 이제껏 그렇듯이 중요시되어 왔던 한의 역할은 한정적이며 일시적일 수밖에 없다. 그것은 최종 목표인 "재수" 좋은 조화와 평화, 통일과 일치로 가기 위한 해방과 구원의 과정상에서 극복해야 할 장애요소일 뿐인 것으로 드러난다.

  무교신앙의 체계 안에서 이렇게 다양한 모습으로 드러나는 신령들은 인간 혼자 감당하지 못하는 모순과 부조리, 애매모호한 크고 작은 사건들, 풍부하면서도 역설적인 인생의 부조리한 체험들을 종교적으로 해결해 주는 기능을 떠맡는다. 기본적으로는 초인간적인 힘의 총체로 인식되는 신령은 필요에 따라 다양한 정도의 당면과제에 맞추어서 꼭 그만큼의 정도로 인간사에 관여함으로써 구체적인 기능신의 모습으로 나타난다. 그러나 초인간적인 힘을 빌려야 할 급박한 상황이 없을 때에는 막연히 멀리 계시면서 망중한을 즐기는(?) "한가한 분"으로 여겨진다.

# ⑥
# 점

한국 무교의 신앙체계 안에서 신앙 내용을 중요성에 따라 단계별로 추려보면, 점占/무꾸리, 비손/비념/비나리, 부적, 치성 그리고 굿으로 이루어진다. 단골 신도들은 점/무꾸리의 결과에 따라서 그들이 어떠한 신앙행위를 구체적으로 할지 정하게 된다. 간단하게 혼자 또는 무당과 함께 손을 비비면서 하는 기도인 비손/비나리를 하든가 치성을 드리거나, 사안이 심각하다고 판명될 때에는 굿을 하도록 결정하는 것이다. 이에 비해 부적은 임시방편이거나 여타의 의례를 거행하는 데 부수적으로 동원되어 효력 강화의 방안으로 쓰인다.

## 1. 점의 역사

고래로 인류는 미지의 불안에서 벗어나고자 미래의 일을 추측하거나 예단豫斷하는 기술을 시도해 왔다. 서양에서도 오래 전부터 별을 보고 미래사를 예측하는 점성술占星術(astronomy)이 발달했는가 하면, 지하수나 광맥을 찾기 위해 "점치는 막대기"(占杖)를 사용하기도 한다. 우연히 성경을 펼쳐 눈에 들어오는 구절을 읽음으로써 앞일을 점치는 개전점開典占도 널리 유포되어 있다. 동양에서도 일찍이 다양한 점법占法이 발달했다. 한자문화권에서는 동물의 뼈나 거북이 등껍질의 모양을 가지고 점치는 복卜과 함께, 대나무 등을 이용한 산술적 결합을 역경易經에 결부시켜 점치는 서筮의 방법이 발달했다. 거북이 등껍질의 갈라진 모양을 살펴보는 일차적 행위가 복卜이라면, 그러한 행위를 입(口)으로 해석하는 다음 단계의 작업(卜 + 口)이 점占인 셈이다. 반면에, "서"筮란 대나무(竹) 가지들이 만들어내는 상징 속에서 신의 뜻을 읽어내는 무당(巫)의 무꾸리 행위를 보여주는 합성문자이다.

우리 나라의 점복도 오랜 역사를 지니고 있다. 우리 나라에 관한 가장 오랜 기록인 중국측의 역사서「삼국지」위지 권30 동이전 부여조에 따르면, 부여에서는 전쟁이 일어나면 소를 잡아 하늘에 제사를 지내고 나서, 희생으로 바친 소의 발톱으로 점을 쳤다. 발톱이 벌어지면 패전할 흉조요, 붙으면 승전의 길조로 판단했다고 한다. 우리 나라측 기록으로는「삼국사기」고구려 유리왕조에 점복 기사가 나온다. 왕이 병들자 그 원인을 국사 자문 역할을 맡은 무당인 사무師巫에게 점치게 하니, 유리왕이 신하를 억울하게 죽인 탓이라는 점괘가 나와, 억울한 원혼을 달래는 제사를 지냄으로써 왕의 병이 치유되었다는 기록이다. 신라에서는 점복占卜을 담당하는 전문가를 일관日官이라 부르고, 그들이 소속한 관청을 관상감觀象監이라고 불렀다.「삼국유사」에는, 경덕왕 때 하늘에 해가 둘이 나타나는 기이한 사태가 벌어지자 일관에게 해명하도록 하는 기사가 보인다. 고려시대에는 천문을 담당하는 관청인 태사국太史局과 그외의 점사占事를 담당하는 태복감太卜監이 있었다. 조선시대에도 점복은 성행했다. 나라에서는 서운관書雲觀을 두고 점사 일반을 다루도록 했다.

## 2. 점을 보는 계기

무교 신봉자들은 혼자 해결할 수 없다고 판단되는 문제가 집안에 발생하면 한강 이북의 강신무가 주종을 이루는 북부지방에서는 무당에게, 남부의 세습무 분포 지방에서는 점장이(점바치)에게 찾아가게 된다. 점을 보는 주제는 점을 보러 온 당사자의 개인적인 문제는 별로 없다. 대부분 가정 공동체의 인간관계에서 발생하는 "집안" 문제가 주종을 이룬다. 주로 가정주부들이 점집을 찾게 되며, 방문 시간은 늦은 오전이나 이른 오후 시간으로, 가사家事에서 가장 한가한 시간이 된다. 점을 보려고 하는 사람들의 출생 연·

월·일·시, 즉 사주四柱를 음력으로 알려준 후, 점사를 전후해서 "복채"를 낸다. 1990년대 중반을 기준으로 복채는 대략 오천 원에서 삼사만 원에까지 이른다. 일부러 점을 보러 가는 경우 이외에도 무당 집에서 정기 집회를 한 후라든가, 치성을 드린 후, 혹은 굿을 하는 중간중간에도 점을 보는 기회는 다양하게 있다.

## 3. 점의 종류

무교신앙의 테두리 안에서 점은 그 지향에 따라 여섯 가지로 나누어 볼 수 있다. 첫째는 신수점/재수점이다. 앞에 놓인 문제의 길·흉을, 즉 재수가 있을지 불행을 가져올지를 미리 알아본다. 둘째는 병점病占이다. 병의 원인을 찾아내고 그에 따른 처방, 즉 치유방안을 찾는다. 셋째는 대인점對人占이다. 기다리는 사람이 언제 올지 또는 잃어버린 사람을 언제 어디서 찾을 수 있는지를 알아본다. 넷째는 운세점運勢占이다. 계획한 사업의 성공이나 실패를 미리 알아본다. 다섯째는 태점胎占이다. 임신이나 출산에 관계되는 일을 다룬다. 여섯째는 실물점失物占이다. 잃어버린 물건의 행방을 찾는다.

이상에 열거한 일상적인 점말고도 치성을 드리거나 굿을 하는 중간중간에 치는 점도 다양하다. 무당이 사용하는 칼이나 방울에다가 굿상의 쌀을

굿에서 깃점을 보는 장면 (서울 북한산, 삼곡사 굿당: 1984년 3월)

붙여서 그 숫자를 세어 짝수면 길조요 홀수면 흉조라고 해석하는 "쌀점" 혹은 "쌀산算"이 있는가 하면, "사슬세우기"라는 점법도 있다. 삼지창이나 칼 위에다가 제물로 사용하는 돼지고기나 닭고기들을 꿰어 공중에 세워놓는다든가, 물동이 가장자리에 술병이나 무구巫具들을 수직으로 높다랗게 세운다. 남다른 능력을 대중들에게 보임으로써 무당의 신통력을 과시하고 또한 신령들이 현재 거행하고 있는 무의巫儀를 흡족히 받아들이는지 여부를 판가름하는 점법이다. "신장기점"神將旗占도 있다. 적·백·황·녹(원래 청)·청(원래 흑)색으로 된 오방신장기五方神將旗를 둘둘 말았다가 그 중에서 깃대 하나를 뽑아 재수를 점치는 방법이다. 그밖에 강신무가 굿 중에 신들려서 신령의 말을 전하는 "공수"도 일종의 신점神占이라고 할 수 있다.

이렇게 무교신앙 내용 안에서 직접 만나게 되는 점 이외에도 민간에서 다양한 점법들이 사용되고 있다. 자연현상이나 인생사 전반에 관한 일들이 해몽·택일·풍수 등에 의해 점쳐진다. 그리하여 점복의 종류도 다양하다. 자연현상을 관찰하는 점, 특정 인물이 지닌 특징이나 꿈 등에 의한 점, 그

군웅거리에서 "사슬세우기"를 하는 무당. 통돼지를 삼지창에 꿰어 공중에 고정시켜 보임으로써 굿거리가 신의 마음에 들었는지를 확인하는 절차 (서울 우이동, 전씨당: 1984년 3월)

리고 인체나 기물에 신령이 직접 길흉화복을 알려주는 신점이 있으며, 그 밖에도 줄다리기 등의 승부를 겨루어 소속 집단의 길흉이나 농사의 풍흉을 점치는 승부점이라든가, 얼굴 생김새나 손 모양 등을 보아 해당 인물의 길 흉화복·수명·귀천을 점치는 관상점이 있다. 마지막으로 작괘점作卦占은 음 양오행이나 주역을 근거로 수리통계적數理統計的으로 길흉을 판단하는 점법이 다. 우리 나라에 가장 널리 유포되어 있는 작괘점서는 「토정비결」土亭秘訣이 다. 토정土亭 이지함은 16세기 조선조 선조 시절 제가잡학諸家雜學에 능통했 던 인물이라고 한다. 토정의 점법은 사주 중에서 연(太歲)·월(月建)·일(日辰) 만을 가지고 삼괘三卦를 조합하여 간소한 방식으로 운수를 설명한다.

## 4. 점의 과정

점을 치는 도구인 점구占具는 옻칠한 소반에 팔괘八卦가 그려진 점상,「만세 력」萬歲曆이나「책력」冊曆 혹은「역경」따위의 점책, 옛날 엽전이나 한 줌의

승부점의 일종으로 마을 사람들이 두 패로 나뉘어 줄다리기를 해서 그 해 농사의 풍흉을 점친다. (강원도 삼척, 죽서문화제: 1986년 2월)

쌀 그리고 염주 등이다. 그러나 이러한 도구가 강신무에게는 장식품에 불과한 경우가 많다. 왜냐하면 강신무는 신령에 씌워서, 특히 자신의 수호신인 몸주에 씌워서 신점을 치기 때문이다.

　무당에게 접신이 되는 신호는 대부분 몸에 마치 전기 쇼크가 오듯이 심한 떨림(戰慄)이다. 예를 들면 양손을 깍지끼고 심하게 부들부들 떨거나, 머리를 좌우로 격렬히 흔들고, 얼굴을 씰룩거리면서 움칠움칠 떨든지, 얼굴색이 새하얗게 핏기가 없어지거나, 혹은 척추가 불에 덴 듯 화끈거린다든가 하는 등의 표시가 나타난다. 때로는 들어오는 신령의 종류에 따라 몸의 상이한 부위가 제각기 다른 반응을 나타내기도 한다. 경기도 부천에서 활동하는 박수 K씨의 경우, 양손을 깍지끼고 뒤통수를 잡고 흔들면 일월성신日月星辰이 들어오는 표시요, 왼쪽 어깨가 뜨끔거리면 산천신, 오른 어깨가 뜨끔거리면 아무개 신이라고 하는 따위이다. 루돌프 오토Rudolf Otto는 종교의 핵심으로 "성聖스러움"을 이야기하면서, 그 가장 큰 특성이 매혹과 전율의 신비mysterium fascinans et tremendum라고 한 바 있다. 오토의 해석대로라면, 신내릴 때 무당의 모습은 종교체험 중에서 바로 전율의 신비를 보여주는 한 단면이라고 볼 수도 있겠다. 이렇게 신령에 씌우게(憑依) 되면 점괘를 주기 시작한다. 빙의 현상 중에도 숙달된 무당은 의식을 잃지는 않는다. 경우에 따라서 무당이 접신될 때 의식을 잃거나 까무러치기도 한다. 이런 경우 사람들에게 흔히 강력한 인상을 주며, 언뜻 보아서는 아주 대단한 접신 현상인 것으로 보인다. 그러나 전통 무당들에 따르면, 그것은 강신 현상이 강하게 일어났기보다는 내림굿에서 허주虛主가, 다시 말하여, 잡귀잡신이 제대로 벗겨지지 않은 "선무당", 즉 미숙련 무당이기 때문이라고 평한다.

　숙련된 큰무당은 빙의 상태에서 반쯤 의식이 있는 듯한 몽롱한(?) 상태에서 점사占事를 다룬다. 마치 예술가들이 비몽사몽간에 훌륭한 예술작품을 창작하듯이 말이다. 이러한 상태는 무의식 상태라기보다는 "초의식"超意識(Über-Bewußtsein) 상태라고 부를 만하다. 이러한 초의식 상태로 전환하기 위해서나 그러한 초의식 상태를 지속시키기 위한 정신집중의 일환으로 무당들은 경우에 따라 염주를 한 손에 들고 계속 손가락 사이에 굴린다거나, "불사佛師 부채"를 계속하여 천천히 흔들면서 부채에 그려진 부처의 눈을 들여다본다든가 하는 방책을 사용한다. 다른 손에는 엽전이나 쌀알을 한 움큼 쥐고 있다가 빙의되는 순간에 점상에 던져서 그 형태를 보고 신령의 뜻을 찾아낸다.

이상과 같은 방법을 모두 동원해도 빙의가 여의치 않을 때는 임기응변의 미봉책을 사용한다. 무경巫經이나 무가巫歌를 암송하거나 엽전이나 쌀알을 반복하여 던져 보기도 한다. 그 사이사이에 점을 보러 온 사람에게 유도질문을 한다. 그때 점보는 사람과 동행한 가족이나 이웃사람들의 역할이 해결의 열쇠를 쥐게 된다. 무당의 유도질문에 답하는 이들은 주로 이들 동행자들이다. 그리하여 점보는 주인공의 생활환경이나 세세한 문제점들이 구체적으로 드러난다. 이렇게 얻어진 정보는 무당에게 중요한 작용을 한다. 점보는 사람의 당면문제가 무엇인지 정확히 짚어내고 그 대응책을 제시하는 데 요긴히 쓰이기 때문이다. 이러한 질문 기술을 "더듬이"라고 한다.

## 5. 점복의 과제

무당에 의한 점복의 과제를 요약·정리하자면 다음과 같은 네 가지이다. 첫째, 점을 보러 온 사람의 당면문제에 대한 원인이나 그 유래를 찾아낸다. 둘째, 이렇게 찾아낸 문제를, 또는 그 문제의 원인이나 유래를 해결할 수 있다는 긍정적인 전망에 대한 확신을 심어준다. 셋째, 문제 해결을 위한 처방을 정한다. 사안이 가벼우니 비손을 하거나 부적을 쓰라든지, 아니면 중대한 문제인 경우, 치성을 드리거나 본격적인 굿을 하라고 일러주게 된다. 넷째, 이상과 같은 결단의 과정을 통하여 점보는 사람에게 심리적 중압감으로부터 벗어나게 하여 해방감을 준다.

7

# 부 적

무당의 처방 중에서 가장 간단한 형태가 바로 부적符籍이다. 부적은 신의 도움을 받을 수 있게 만든 상징물 혹은 그 증표라는 뜻을 가진 말이다. 여기서는 부적의 개념과 작성 경위, 그리고 그 종류들을 알아 보기로 하자.

## 1. 부적의 개념

한자의 "부"符자는 "대 죽竹"자에 "줄 부付"자를 붙여 합성한 글자로 그 본래 뜻이, "대나무 쪽에 표시를 해서 절반씩 나누어 가졌다가 다른 한편에 주어 도움을 청하면, 붙여보고 확인한 후에 도울 수 있게 만든 증거물"이다. 군사상의 소통 목적으로, 최전방에 나가 있는 지휘관과 후방의 총사령관이나 임금 사이에 긴밀한 연락이 오갈 때, 전령에게 지참시켜서 틀림없음을 확인시키는 증빙 수단으로 사용되었던 것이다. 부적의 사용은 원시시대 암각화에서도 발견될 정도로 그 역사가 깊다. 동굴 속이나 암벽에 그려진 해·달·별·샘물·짐승·새 등의 그림은 바로 원시인들의 소망·기원·예방·제거의 수단으로 그려진 상징적인 주물呪物들이다. 이러한 부적은 시대의 흐름과 사회구조의 변천에 따라 바뀌어 왔다.

「삼국유사」권1 진흥왕조에 보면, 죽은 임금의 혼백과 도화녀 사이에서 비형이 태어난다. 비형은 귀신의 무리들을 다스렸다. 당시 사람들이 글을 지어 "성제의 혼이 나으신 아들, 비형의 집이 여기로구나. 날고 뛰는 잡귀들아, 행여 이곳에 머무르지 말아라"라고 하였다. 민간에서는 이 글을 집에 붙여 귀신의 침범을 막았다고 한다. 역시 신라시대 처용이 그의 아내를 범한 역귀를 노래와 춤으로 감복시킴으로써, 처용의 상을 그려 붙인 집에는 들어가지 않겠다고 약속을 받는다. 이러한 사례들은 모두 주술적인 부적의 예라 할 수 있다.

오늘날의 민간신앙에서도 이러한 주술적 사고의 실제 사례는 흔히 발견된다. 제주도 한라산 산방굴사 아래 붙임바위나 서울 세검정의 붙임바위(付岩)가 그러한 예이다. 바위의 오목한 부분에 돌멩이를 붙였을 때 떨어지지 않고 붙어 있으면 득남을 한다든가 하여 재수가 좋고, 떨어지면 나쁘다고 해석한다. 1988년 가을, 필자가 출강하던 서울 시내 모 대학 학생들을 대상으로 부적 소지 여부를 조사한 결과도 흥미롭다. 무작위로 남학생 50명과 여학생 50명을 상대로 조사한 결과, 남학생 21명과 여학생 11명이 부적을 소지하고 있는 것으로 확인되었다. 평균 삼분의 일에 해당하는 대학생들이 부적을 소지하고 있었던 것이다. 소지 동기는 대부분이 어머니의 강권이라고 대답하였다. 부적을 지닌 목적은 주로 당시 민주화운동 과정 중 어수선한 대학가의 분위기 속에서 무사하기를 기원하는 것으로 알려졌다. 이렇듯 하늘의 뜻과 사람의 정성이 부합하면 신의 도움을 얻을 수 있다는 생각에서 부적이 생겨났다고 할 수 있다.

부적은 대부분 종이에 쓰인 것이 많으나, 나무조각이나 돌 혹은 쇠 따위에 새겨진 부적도 있다. 이 두 가지를 구분하여 종이에 그려진 것을 부적, 그외의 것을 부작符作이라고 부르기도 한다. 부적이나 부작은 그러니까 현세의 행복이나 이익을 목적으로 하는 민간신앙의 한 형태이다. 무교뿐 아니라 민간 도교나 민중 불교에서도 부적이 사용된다. 인생사 전반의 길흉 및 특히 농경의 풍흉을 관장하는 신들에게 빌기 위하여, 도교의 맥락에서는 일찍부터 「옥추경」玉樞經이라든지 「자미결」紫薇訣 따위의 도교 경전인 도장 道藏에 적힌 비법에 따라 작성된 부적이 널리 사용되었다.

신라시대 고찰인 기림사에서 최근에 발견된 대로, 불상 안에 불경을 넣어두는 복장腹藏은 관세음보살의 보호로 일체의 복덕과 지혜를 희구하는 염원을 나타내는 일종의 부적 개념이다. 그밖에도 불교에서는 구도부求道符·당득견불부當得見佛符·염불부念佛符·왕생정토부往生淨土符·금강부金剛符·관음부觀音符 등 구도의 방편(法輪)으로 수없이 많은 부적의 종류가 발달해 있다. 유교의 경우에도 민간신앙의 요소를 방편적으로 받아들여 권선징악이나 적덕을 목표로 부적을 쓰기도 한다. "가화만사성"이라거나 "입춘대길" 따위를 써서 집이나 대문에 걸어두는 것은 일종의 유교식 부적이다. 부적은 불교 승려나 도교의 도사, 그리고 무당들에 의하여 작성된다. 무당들이 작성하는 경우에도 대개 도교적이거나 불교적인 전통에 맞추어서 쓴다. 민족 신흥종교인 천도교나 증산교의 영부靈符도 일종의 부적이라고 할 수 있다.

## 2. 부적의 작성

강신무의 경우에는 빙의 상태에서 신령의 지시에 따라 부적을 "내리게" 된다. 그리하여 무당의 위계에 맞추어서 부적의 형태도 달라진다. 즉, 각자가 모시는 신령의 모습이 상징적인 문자의 형태로 신령이 내리는 부적에 드러난다. 예를 들어, 천신을 주로 모시는 무당인 선관仙官은 하늘·땅·바다를 배경으로 별을 상징하는 모양의 "별부적"을 많이 내리고, 주로 중국 계통의 외래신을 모시는 무당인 전내殿內는 한자로 합성된 부적을 내린다. 부적은 아무렇게나 만드는 것이 아니라, 엄격한 의례 절차를 밟아야 한다. 부적을 만드는 사람이나 지니는 사람이 모두 바른 마음을 가져야 한다고 믿기 때문이다. 그래서 부적이 효력을 발휘하려면 "몸 정성, 마음 정성"이 통해야 한다고 민간에서는 말하게 된다. 또한 무당은 방문자나 신봉자가 부적이라는 처방에 동의할 경우에만 부적을 만들기 시작한다.

부적의 작성 절차나 방법이 일정하지는 않으나, 대체적인 절차는 다음과 같다. 우선 부적을 몸에 지닐 사람의 나이에 따라서 부적을 작성할 날짜를 택일한다. 부적을 만들기로 한 전날, 만드는 사람과 사용할 사람이 모두

목욕재계하여 몸과 마음을 깨끗이한다. 심신을 깨끗이 유지하기 위해서는 상가喪家 등 부정한 곳에 가거나 개고기를 먹는 등의 부정한 일을 피해야 한다. 택일한 날이 되면, 부적을 만드는 사람은 아침 일찍 일어나 몸을 정결하게 하고, 동쪽을 향해 정화수를 올리고 분향한 뒤, 이를 딱딱딱 세 번 마주 치고 나서 "이제부터 부적을 만들겠습니다"라고 신령들에게 고하는 기도의 일종인 축고祝告를 한다. 다음에는 신주神呪를 외우면서 괴황지槐黃紙·물·붓·벼루·먹·경면주사鏡面朱砂 따위 부적의 자료들을 축성하여 영력靈力으로 감화시키는 절차를 행한다. 그러고 나서 부적을 만든다.

경면주사를 기름이나 설탕물에 잘 개서 괴황지에 정성을 들여 부적을 그린다. 괴황지란 회나무(槐木)로 만든 종이에 노랑색을 입힌 것을 말한다. 부적의 색채는 주사로 쓴 빨강색이 주종을 이루지만, 검정색이나 노랑색 혹은 파랑색을 쓰기도 한다. 부적을 주로 노랑색 바탕에 빨강색으로 쓴다는 것은 강한 상징성을 지닌다. 노랑은 밝은 광명을 뜻하며, 어둠의 세력인 잡귀잡신들이 가장 싫어하는 색이다. 빨강은 피나 불을 상징하는데, 사람이나 귀신 모두 꺼리는 대상이다. 불은 정화하는 힘을 지닌 것이기에 빨강은 잡귀를 쫓는 주술력을 지닌 색이다. 피는 생명의 정수로서 역시 창조라든가 생성의 상징이 된다. 역시 잡귀나 부정적 영향력에 대항하는 힘이 된다. 부적의 모양과 크기는 일정하지 않지만, 보통 직사각형에 가로 5~10cm, 세로 15~25cm 정도이다. 신년 정초같이 정기적으로 또는 자주 사용되는 부적의 경우, 무당들 중에는 미리 다량으로 부적을 작성해 놓고 염가로 단골 신도들에게 분배하는 경우도 있다.

## 3. 부적의 종류

부적은 목적과 기능에 따라 두 가지로 나누어 볼 수 있다. 첫째는 부적의 주술적인 힘으로써 복을 증가시키거나 소원을 성취하도록 하는 기복祈福 목적의 부적이다. 둘째는 재액을 물리치는 벽사辟邪의 부적이다. 기복의 목적에 속하는 부적으로는 다음과 같은 종류들이 있다: 오래 살기 위한 명부命符, 재물을 벌어들이기 위한 재부財符, 자손을 얻기 위한 구자부求子符, 높은 직책과 명성을 얻기 위한 구직공명부求職功名符, 또는 대학 입학을 목적으로 하는 합격부合格符, 가정 화목과 가족의 안녕을 위한 안택부安宅符 등이다. 벽사 목적의 부적으로는 아래와 같은 부적들이 있다: 불·물·바람에 의한 재난(火災, 水災, 風災)인 삼재를 막는 삼재부三災符, 부정不淨을 물리치고 잡귀의 침범을 막는 축사부逐邪符, 횡액을 당하여 우연히 죽도록 만드는 등의 나쁜 영향력인 살煞을 제거하기 위한 제살부除煞符 혹은 도살부度煞符, 그리고 가장 흔한 부적으로 병을 고치고자 하는 병부病符가 있다. 병부에는 일반적으로 모든 병을 포괄하여 치료하고자 하는 목적의 부적이 있는가 하면, 병의 종류에 따라 구체적으로 대응하는 부적도 있다. 두통·위통·복통에 대한 부적, 눈·코·귀·이빨·목구멍의 병, 부인병·소아과 질환 등을 치료하기 위한 부적 등 무수히 많다. 심지어는 피로회복 부적이라든지 식욕촉진 부적도 있다.

부적의 종류를 형태에 따라 구분하면, 그림형과 글자형이 있다. 그림형도 구상형과 추상형으로 나눌 수 있다. 부적의 그림은 용·호랑이·독수리 등의 동물과 해·달·별 등이 많다. 글자로 된 부적에는 일월日月·천天·광光·왕王·금金·신神·화火·수水·용龍 등 한자어가 파자破字되거나 합성되어 많이 쓰인다. 이런 글자 부적의 꼭대기에는 칙령勅令이라는 글자가 적힌다. 강력한 신통력에 의해 귀신이 꼼짝달싹못하거나 완전히 둘러싸여 힘을 못 쓰게 하는 형국을 나타낸다. 부적의 사용 방법은, 병부의 경우 탈이 난 곳에 붙이거나 불살라서 마신다. 다른 부적의 경우에는 벽이나 문 위에 붙이거나 몸에 지니고 다닌다. 부적을 지니는 자세는 믿는 이의 정성이 강조된다. 그래서 주술적인 기도와 함께 정성된 마음으로 지니기를 권고받는다. 누군가가 어느 무당을 처음으로 방문할 경우, 대부분 처음에는 문제의 해결 방안으로 부적을 받아가게 된다. 그러니까 부적은 무교신앙 체계 안에서 볼 때는 가장 간단한 임시변통의 미봉책으로 여겨진다.

# 치 성

무교 의례 중 또 한 가지 중요한 종류는 치성致誠이다. 여기서는 본격적 무교 의례인 굿의 간략한 형태라 할 수 있는 치성의 개념과 종류 그리고 그 기능과 과제에 대해 살펴보기로 한다.

## 1. 치성의 개념

치성이라면 지금까지 대부분 그 개념이 잘못 알려져 왔다. 즉, "규모에서는 굿보다 작으며, 어떤 소원의 성취를 위해 조그만 상을 차려놓고 무당 혼자 비는 것"이라고 여겨져 오고 있다. 그러나 치성이 굿보다 규모가 작다는 말은 맞지만, 무당이 혼자 진행한다는 말은 부정확하다. 치성 역시 무당이 신봉자와 함께 의례를 진행한다. 신봉자가 자신이나 집안의 문제로 무당과 상의한 결과, 치성을 드리자는 데 합의하게 되면 무당은 우선 길일을 잡는다. 치성을 드리는 장소는 대개 무당의 집 안에 있는 개인 신당神堂이다. 경우에 따라서는 치성을 의뢰한 신봉자의 집이나 산 혹은 강가에 가서 드리기도 한다. 산에 가서 드리는 경우는 "산치성", 강가에 가서 드리는 경우는 "물치성"이라고 부른다.

## 2. 치성의 종류

서울 지역의 전통 무당들을 기준으로 조흥윤 교수가 1970년대에 조사한 결과(1983. 43-4)를 가지고 치성의 종류를 열거해 보면 다음과 같다.

① **기자祈子치성**: 아들 낳기를 빈다. 서울 북악산의 선바위나, 대구 팔공산의 갓바위 등은 기자치성의 장소로 유명하다.
② **삼신맞이 점심치성**: 임신한 지 3·5·7·9개월째에 매일 점심시간에 맞추어 출산을 관장하는 신인 삼신에게 무사한 출산을 빈다. 연구자에 따라서는 "삼신점심"이라거나 "삼신점지" 혹은 "겜심바치" 또는 "삼신메"라고 조사·보고하고 있기도 하다.
③ **삼신맞이**: 태어난 아기가 삼칠일(21일) 되었을 때와 백일 날, 첫돌에 삼신에게 정성을 드린다. 특히 산모에게 모유가 부족할 때에는 젖이 잘 나오도록 비는 "젖비리"를 한다.
④ **명다리**: 어린아이의 명을 길게 하기 위하여 무당 집에 베를 바치고 비는 의식이다.
⑤ **푸닥거리**: 병귀病鬼의 축출과 질병의 쾌유를 기원한다.
⑥ **상문풀이**: 상가喪家에 다녀와서 몸이 불편할 때에, 상문살喪門煞을 풀기 위하여 드리는 치성이다.
⑦ **헛장虛葬풀이**: 급살에 맞아 죽을병에 걸리면, 그러한 위험을 모면하기 위하여 지낸다. "헛장"은 가짜 장례라는 뜻으로, 중병에 걸린 사람을 대신하여 지푸라기 인형(제웅)을 마치 진짜 장례인 양 장례를 치른다. 이것을 "영장"靈葬이라고도 한다. 저승사자를 속여 병을 앓는 사람을 데려가지 못하도록 하려는 술수라고 볼 수 있다.
⑧ **서낭풀이**: 서낭신에 의한 액을 막기 위하여 지낸다. 어느 무당의 단골이나 단골의 가족이 돈벌이하러 타향으로 갈 때에, 마을의 수호신당인 서낭당에 가서 작별을 고하며, 돈을 많이 벌어 무사귀환하기를 빈다.
⑨ **맹인풀이**: 눈병이 나서 오래 갈 때에, 시력을 상하지 말고 안질이 어서 빨리 나으라고 비는 의례이다.
⑩ **살풀이**: 태어날 때부터라든지 혹은 대인관계에 살煞이 끼었을 때에, 그러한 문제를 해결하기 위하여 지낸다.
⑪ **동법풀이**: "동티"가 났을 때에 지낸다. 동티란 나무·쇠붙이·돌로 된

제품을 집 안에 새로 사들이거나 옮겼을 때에, 섬유제품・나무제품・그릇・가구 등을 옮기고 나서 탈이 생기는 것을 말한다.

⑫ **식상도령 객귀풀이**: 외출한 후나 외식을 한 후에 병을 얻었을 때에, 음식의 귀신인 "식상도령"이나 "길에 떠돌면서 해코지를 하는 귀신인 "객귀"客鬼를 물리치기 위하여 지낸다.

⑬ **길재풀이**: 운수회사의 경영 혹은 직업 운전기사 등 주로 길에 관계되는 직업에 종사하거나, 길을 새로 냈을 때에 이 길 위에서 사고가 없기를, 즉 길에서 재災를 면하기를 바라는 심정에서 지낸다.

⑭ **어부심**漁夫心: 자식들이 잘 되기를 바라는 뜻에서, 살아 있는 자라나 미꾸라지를 사서 강이나 바다에 놓아주는 방생放生을 말한다.

⑮ **재수맞이**: 집안에 재물과 복이 들어오라고 지낸다.

⑯ **홍수막이**: 음력 정월 보름에 지내며, 일년 열두 달 내내 횡액수橫厄數 없으라는 목적을 가진다. 조팝(좁쌀밥)을 해놓고 무당의 집 안이나, 경우에 따라서는 강가에 가서 빈다. 굳이 강가에 가서 비는 이유는 이렇다. "홍수"(橫數)라는 말이 원래 횡액수를 뜻하지만 발음이 와전되어 홍수洪水와 같은 발음이 되어버렸으므로, 일종의 모방주술imitative magic적 성격이 있는 듯하다.

⑰ **초파일맞이**: 음력 4월 8일 석가탄신일에, 불사신령(부처)을 모시는 무당과 그의 단골들만이 지낸다.

⑱ **칠석맞이**: 음력 7월 7일을 기념한다. 원래는 중국의 민간 도교에서 하늘의 베 짜는 여신과 목동신의 별에 관한 축제였다.

⑲ **햇곡맞이**: 신곡맞이라고도 한다. 햇곡식이 나오게 된 것을 농사를 관장하는 신에게 감사하여 가을 추수 때에 지내는 일종의 추수감사제이다.

⑳ **삼재풀이**: 화재火災・수재水災・풍재風災로 이어지는 삼재三災를 막기 위하여 지낸다. 한국 무교나 민간신앙에서는 십이간지十二干支의 해당 출생연도에 따라 삼재가 삼 년을 묵는다고 믿는다. 즉, 삼재 드는 해, 삼재 묵는 해, 삼재 나는 해가 있다는 것이다.

㉑ **동지맞이**: 동짓날 팥죽을 쑤어서 문 앞에 뿌리면 역신疫神의 범접을 막는다고 한다. 동지부터는 이제 해가 길어지기 시작하는 날이라, 동서를 막론하고 광명을 주재하는 태양신의 날로 여겨진다. 어둠의 세력인 귀신은 광명과 태양을 뜻하는 붉은색을 싫어하기 때문에, 붉은 팥으로 죽을 쑤어 악귀를 퇴치하는 것이다.

이상에 소개한 21 종류의 치성을 분류해 보면, 몇 가지 공통 접미사를 가지고 있음이 드러난다. 여기서 명다리 · 푸닥거리 · 어부심은 예외이다.

첫째로, 기자치성이나 삼신맞이 점심치성 따위와 같이 "치성"이라는 접미사가 붙는 경우이다. 이러한 경우에는 신령에게 정성스레 기도를 드려서 소원성취를 비는 것이다.

둘째로, 상문풀이 · 헛장풀이 · 서낭풀이 · 맹인풀이 · 살풀이 · 동법풀이 · 식상도령 객귀풀이 · 길재풀이 · 삼재풀이에서 보이듯이 "풀이"라는 접미사가 붙는 경우이다. 이때에는 인간의 일상적인 능력으로 풀 수 없는 문제의 해결을 신령의 도움으로 시도한다.

셋째로, 삼신맞이 · 재수맞이 · 초파일맞이 · 칠석맞이 · 햇곡맞이 · 동지맞이의 예처럼 "맞이"라는 접미사가 붙기도 한다. 이때에는 좋은 것을 받아들이고 영접한다는 의미를 지닌다.

넷째로, 홍수막이의 예에서 보이듯이 "막이"라는 접미사가 붙는 경우이다. 이때에는 나쁜 영향이나 세력으로부터 방어하고 지킨다는 의미를 내포한다.

## 3. 치성의 기능과 과제

이상에 열거한 수많은 종류의 치성이 어떠한 기능을 수행하며 어떤 과제를 지니는가를 요약하자면 다음의 다섯 가지라고 제시할 수 있다.

첫째로, 신에게 정성을 다해 기도를 드리는 기능이다. 치성致誠이라는 말이 그러한 인간의 마음 자세를 표현한다. 둘째로, 문제 해결의 시도이다.

치성의 종류 중 가장 빈번한 용어인 "풀이"라는 말로 나타난다. 셋째로, 병의 치료를 꾀하는 치병의 기능이다. 푸닥거리·상문풀이·헛장풀이·맹인풀이 따위이다. 넷째로, 장래 올 수도 있는 문제의 예방적 차원이다. "홍수막이"의 경우가 대표적이다. 마지막으로, 행복과 축제일에 대한 기쁜 영접이다. 삼신맞이·초파일맞이·햇곡맞이 등 "맞이"라는 말로 나타난다.

다음에 자세히 보게 될 "굿"과 비교할 때에, 치성은 소규모이며 음악이나 춤 등 신령을 즐겁게 하는 오락적 요소가 결여되어 있다. 다만 박자를 맞추기 위해 고리짝을 긁으며 소리를 내기는 한다. 그렇다면 단지 소극적인 자세로 신령들에게 인간의 소망을 기원하는 것이 치성의 성격이라고 할 만하다. 어느 무당의 적절한 비유대로, 굿이 신령들을 즐겁게 해서 인간의 목적을 적극적으로 달성하기 위한 "파티"라면, 치성은 신령을 향하여 인간의 소망을 전달하기만 하는 소극적인 형태의 "청탁"이다.

굿에서 사용할 조라술을 담근 항아리에 금줄이 쳐져 있다. (경북 문경 오얏골, 십년맞이 별신제: 1995년 2월)

ⓖ

# 굿

굿은 한마디로 말하자면, 한국의 무교신앙 체계를 대표하는 가장 규모가 큰 제의祭儀이다. 그리하여 한국 무교의 핵심적인 내용이 굿 속에 모두 다 들어 있다 해도 과언이 아니다. 그러므로 이하에서는 굿의 내용을 가능한 한 상세히 살펴보기로 한다. 먼저 굿의 개념을 짚어보고 굿의 간략한 역사와 유형을 일괄한 후에 굿의 구성과 지역적 특성을 논한다. 그리고 나서는 굿의 세 가지 대표적 유형인 신굿·집굿·마을굿을 실제 현장의 사례를 통하여 자세하게 들여다본다.

## 1. 굿의 개념

"굿"이라는 말은 순수한 한글 용어이다. 그 의미는 한국어와 같은 계열인 알타이어족의 언어들에서 유추해 볼 수 있다. 선교사의 아들로 한국에서 태어나 후일 비교언어학자가 된 람스테드G. J. Ramstedt는 북부 시베리아 지역에 분포되어 있는 퉁구스어의 쿠투kutu, 몽골어의 쿠투크qutuq라든가 터키어의 쿳kut 등이 모두 우리말의 굿과 같이 복이나 행운을 공통적으로 뜻한다고 보았다. 반면에 한국 종교학의 아버지로 새롭게 조명되고 있는 이능화李能和는 1927년에 『계명』啓明이라는 잡지에 발표한 논문 「조선무속고」朝鮮巫俗考에서 굿이라는 용어가 궂은 비·궂은 일·궂은 날씨 같은 용례에서 보이듯이 "궂다"에서 유래하며, 그런 연고로 흉험지사兇險之事, 즉 흉하고 험한 일을 가리킨다고 보았다. 언뜻 상반되어 보이는 이 두 견해를 종합하면 굿이라는 용어가 내포하는 의미를 잘 파악할 수 있다. 즉, 굿이란 한恨·살煞·

탈脫·고苦 등으로 표현되는 비구원의 상황인 불행을 제거한다든가 궂은 일을 극복하여 행복 내지는 구원을 비는 종교의례라고 풀이된다.

무교의 다른 소규모 의례들인 비손/비나리·부적·치성 등과 비교하면, 굿에서는 비구원의 상황인 "궂은 일"을 완전히 제거하고, 신령神靈과 굿을 청한 사람인 기주祈主가 중개적 사제자인 무당에 의해 굿판에서 어울림으로써 그들 사이의 관계가 새로워지고 본격적으로 조화를 이루는 기능을 지닌다. 남부지방에서는 굿이라는 말을 좀더 넓은 의미로 사용한다. 즉, 징·꽹과리·북·장구 등 풍물을 울리는 것을 "굿친다"라고 말한다. 좁은 의미로는, 굿을 구성하는 단위 제차單位祭次인 "거리"를 굿이라 부르기도 한다. 예를 들면 중부지방에서 칠성거리·제석거리라고 부르는 단위 제차를 남부지방에서는 그렇게 부르는 대신에 칠성굿·제석굿으로 부르는 따위이다. 그러나 통상적으로는 무교의 본격적 대규모 제의에 국한하여 굿이라는 용어를 사용한다.

무명천의 매듭으로 상징되는, 삶의 마디마디에 맺힌 살을 풀어내는 무당의 살풀이춤
(대구 팔공산, 산신제: 1996년 4월)

## 2. 굿의 역사

굿에 관한 문헌은 극히 소량이므로 그 역사를 정확히 파악하기는 매우 어려운 실정이다. 고대 한국의 제례 풍속을 전해주는 가장 오래된 기록은, 중국의 진晉나라 사람인 진수陣壽가 저술한 「삼국지」三國志 위지 동이전이다. 이 문헌에 의하면, 부여에는 북을 울림으로써 신을 맞이한다는 의미의 영고라는 의례가 있었다. 고구려에는 건국 시조인 동명왕東明王에게 지내는 제례인 동맹이 있었다. 예에서는 춤으로써 하늘에 제사지낸다는 무천이 거행되었다. 남부지방인 진한에서는 성역聖域인 "소도"에서 주야 음주가무로써 고사告祀를 지냈다고 기록되어 있다. 이러한 의례들은 당시 정치와 종교의 실권을 한 손에 쥐고 있던 무왕巫王에 의하여 주도된 것으로 보인다. 그래서 고대의 이러한 제천의례祭天儀禮들의 의식 절차는 오늘날의 굿과 차이가 있으리라고 유추된다.

국내 문헌으로 굿에 관한 최초의 기록은 고려시대 승려 일연이 기록한 「삼국유사」에 전하는 신라 제2대 남해왕(4~24 재위)에 관한 기사이다. 신라의 두번째 왕은 별명이 차차웅인데, 이는 당시 속어로 무당이라는 뜻이었다고 한다. 남해왕이 신령들에게 제사를 정성스럽게 잘 지냈기 때문에 사람들이 그를 존칭하여 무당이라는 뜻의 차차웅이라는 별명을 지어주었다는 이야기이다. 고구려에서도 유리왕이 병들었을 때에 무당이 그 원인을 알아내고 치유하였다는 기록이 있다. 그러나 당시의 자세한 의례 내용은 역시 알 길이 없다.

「고려사」高麗史에는 나라에서 무격巫覡을 동원하여 기우제를 지낸 기록이 자주 나타난다. 고려시대 기록으로 굿에 관한 양상을 알려주는 문헌이 하나 남아 있다. 그것은 바로 이규보의 문집인 『동국이상국집』에 들어 있는 고율시古律詩 「노무편」이다. 이 시에 묘사되어 있는 무당의 도무蹈舞와 공수에 관한 장면은 오늘날 경인지역의 무의巫儀와 같은 양상을 지닌다. 이러한 사료를 통해서 보면, 늦어도 고려 말기에는 무교의 제의 체제가 정형화定型

化되어 있었다고 판단할 수 있다. 하지만 무당이 점복을 하고 치병을 한 기록이 남아 있는 삼국시대에도 본격적인 의례로서 굿을 했을 터이고, 신석기시대의 유적지 발굴에서 출토되는 제의용 방울 등이 현재 사용되는 무당 방울 등과 흡사한 점을 미루어 보면, 굿의 역사는 훨씬 더 거슬러올라갈 수도 있겠다.

## 3. 굿의 유형

굿판에서 모셔다 섬기는 제의의 대상이 누구인가, 즉 누구를 위하여 굿을 진행하는가에 따라 굿은 세 유형으로 대별된다. 첫째, "신神굿"은 무당 자신을 위한 제의이다. 둘째, "집굿"은 굿을 청한 신도인 기주祈主 가족을 위해서 집전된다. 셋째, "마을굿"은 지역 공동체를 위하여 치러진다. 이상 세 유형의 굿을 다시 세부 목적에 따라 구분하면 다음과 같다.

먼저, 신굿은 신내림을 경험한 강신무에게 해당되는 굿으로서, 내림굿·진적굿·물림굿으로 세분할 수 있다. 강력한 종교적 소명 체험인 신병神病을 앓는 이가 정식으로 무당이 되기 위한 "내림굿"은 두 단계로 구성된다. 허튼 귀신을 몰아내는 "허주굿" — 또는 허침굿·마른 굿 — 과, 정신正神을 맞아들이는 "강신굿"으로 이루어진다. 그래서 내림굿은 겉으로는 새로운 종교 기능자의 임명을 위한 제의적 절차와 상징적 행위를 포함한다. 한편 안으로는 한 인격체의 실존적 변혁을 추구하면서, "애기무당"(新生巫)이 새로운 세계관과 새로운 가치체계를 받아들이도록 촉구한다. "진적굿"은 무당의 수호신인 몸주를 위한 정기적인 축신祝神의례이다. 신령의 초인간적 힘을 주기적으로 재생시켜서 강신무의 영험력을 강화하고 갱신시키는 의례이다. 봄철의 "꽃맞이굿", 가을의 "단풍맞이굿"이 대표적이다. 또한 대규모의 정기적인 신굿으로는 일생에 세 번만 지내도록 되어 있는 "만구대탁굿"(황해도)이라든가 "신질 바르는 굿"(제주도) 등이 있다. "물림굿"은 나이가 들어 더 이상 무업巫業 현장에 나설 수 없게 된 신부모가 신자식에게 자신의 신통神統

을 물려줌으로써 대代를 잇는 굿이다. 신구神具·신복神服 등과 함께 자신이 돌보던 단골판(신도 집단)을 대물림한다.

다음으로, "집굿"은 여염에서 일가 피붙이의 총체적인 조화를 꾀하는 의례로서 재수굿·병굿·진오귀굿으로 나뉜다. "재수굿"은 장수, 부귀다남, 혼인이나 회갑의 축원(여탐), 노상路上 안전 등 살아 있는 사람들의 "재수"를 기원하는 제의이다. "병굿"은 치병治病을 목적으로 하는 제의이다. 좀더 점잖고 우회적인 표현으로는 "우환굿"이라고 부르기도 한다. 여기에는 영장치기·산거리·중천굿·명두굿 등이 있다. 특정 질병을 치료하기 위해서 벌이는 굿도 있다. 천연두를 퇴치하기 위하여 벌이는 "별상굿·손풀이·마누라 배송굿"이 있고, 안질을 예방하거나 치료하기 위하여 "맹인굿"이 있고, 정신병을 치료하는 "광인굿·두린굿"이 있다. 현대 의술이 발달하고 의료보험의 전국적인 실시 등으로 의료의 혜택을 받는 범위가 전국민으로 확대되면서 점차로 병굿은 의술로 치유가 불가능한 불치병을 주 대상으로 하는 경향을 띠고 있다. "진오귀굿"은 죽은 이를 위하여 벌이는 굿이다. 죽음이라고 하는 강력한 부정不淨을 동반하는 사건을 정화淨化하여 상가喪家를 깨끗이하고 망인亡人은 극락으로 가도록 천도薦度하는 제의이다. 그리하여 죽은 이는 부정하고 부자유스러운 상태를 벗어나서 자유로운 존재인 신이 되고, 살아남은 이는 부정한 상태를 벗고 정상인으로 복귀한다. 진오귀굿이야말로 무교의 제의 중에서 가장 분화되고 발달된 모습을 보이며 명칭도 다양하다. 상가를 정화하고 갓 죽은 사람을 극락으로 보내도록 하는 소규모의 제의로 자리걷이·집가심·곽머리씻김·댓머리·귀양풀이 등이 있다. 물에 빠져 죽은 이의 넋을 위로하고 저승 천도를 하기 위해서는 물굿·수망굿·혼굿·넋건지기(혼건지기)굿 등이 있다. 사망한 지 얼마간 지나서 본격적인 망인 천도와 신격화를 위해서는 진오귀굿·진오귀새남·천근새남·오구굿·망무기굿·수왕굿·해원굿·씻김굿·시왕맞이·다리굿 등이 있다. 이상에 언급한 복잡다단한 명칭들은 지역에 따라 죽은 이를 위하여 거행하는 굿의 명칭이 서로 다르기 때문이다. 죽은 사람을 위한 의례가 가지는 이렇게 다양한 명칭들과 내용들은 한국 무교 안에서 죽음의 문제를 얼마나 심각하고 신중하게 다루고 있는지를 보여주는 하나의 반증이다. 사후死後에 제의를 맡아줄 후손이 없는 경우에는 본인 스스로가 죽기 전에 미리 자기 자신을 위하여 해두는 사령제의死靈祭儀인 "산(生)오구굿"을 벌이는 사례도 보고되고 있다.

"마을굿"은 한 지역공동체의 구성원 전체가 통합을 이루어서 집단적으로 평화와 부귀를 기원하는 의례이다. 굿의 역사를 다루면서 보았듯이, 고대 부족국가 시대에 이미 "하늘"에 제사지내는 집단제의가 있었다. 그후 지배자들은 불교・도교・유교 등의 소위 "고등종교"들을 수입하여 지배권을 강화하거나 합리화하는 수단으로 이데올로기화하였다. 이러한 종교문화의 변용acculturation을 통하여 토착적인 무교신앙은 사회통합 기능을 상실하게 되었다. 그 결과로 집단제의는 소규모화하게 되었으며 국가적 규모의 제의는 소멸되었다. 최근까지 지역공동체의 통합 기능을 제한적이나마 계속하던 마을굿의 의미도 점차 희박해져 가는 경향을 띠고 있다. 직접적인 이유로는 다음 네 가지를 들 수 있다. 첫째, 일제 식민지 당시 식민세력의 억압이다. 종교를 통한 피지배 민중의 결속과 저항을 사전에 봉쇄하겠다는 의도가 억압의 원인이었다. 둘째, 서구 출신 그리스도교 선교사들의 적대적인 태도이다. 서구문화로 채색된 그리스도교의 한 단면을 전체 그리스도교 메시지와 혼동한 데서 빚어진 성급하고 편협한 호교론의 결과였다. 셋째, 공업화를 통한 농경문화적 유대감의 상실이다. 1970년대 이후 급격히 진행된 공업화로 인하여 농경문화적 배경에서 발달한 집단제의가 본래의 기능을 상실해 가고 있다. 넷째, 새마을운동의 부정적 영향이다. 특히 "미신타파"라는 명목으로 자행된 전통문화에 대한 홀대는 마을굿을 거의 소멸상태에 이르게 하고 있다. 그 결과 집단제의로서의 마을굿은 오늘날 점차 민속놀이화하고 있다. 이렇게 박제화된 마을굿은 민속 경연대회의 출품작으로 둔갑하거나, 외국 관광객들의 호기심을 끄는 관광 상품화tourist-attraction, curiosa의 길에 들어서 있다. "진짜" 마을굿은 그래서 절해고도나 심산유곡에서 겨우 그 명맥을 유지하고 있는 형편이다. 마을굿의 명칭은 지역에 따라 다양하다. 박계홍의 조사(1981. 37-59)에 의하면, 남한에서만도 41개의 상이한 명칭이 발견된다. 그 중에서 대표적인 명칭들은 당堂굿・산신제山神祭・대동大同굿・별신제別神祭 등을 들 수 있다. 진행방식에 따라서 구분하는 방법도 학자에 따라 다르다. 일제시대 조선총독부의 촉탁의 자격으로 한국 무속을 연구한 무라야마(村山智順 1938)는 음악에 따라서 한국의 굿을 구분하였다: 경기도 지역의 도당굿, 경상도 지역의 별신굿, 강릉 지방의 단오굿, 평안도의 당굿. 최길성(1978)은 주재자가 누구인가를 기준으로 삼았다: 제관祭官이 주재하는 동제, 강신무가 주재하는 도당굿, 세습무가 주재하는 별신굿. 유동식(1975)은 마을굿에서 차지하는 무당의 비중에 따라 구분하였다: 무당을 배제하고 유교식으로만 진행하는 동제, 농악패가 제관의 역할을 맡는 전라도 지방의 당산제, 유교식의 제관과 세습무가 절충되어 있는 충청도와 경상도 지역의 별신굿, 강신무가 독단적으로 진행하는 이북 지방의 도당굿.

이제까지의 논의를 바탕으로 해서 한국의 굿 유형을 도표화해 보면 다음과 같다.

〈표 1〉 굿의 갈래

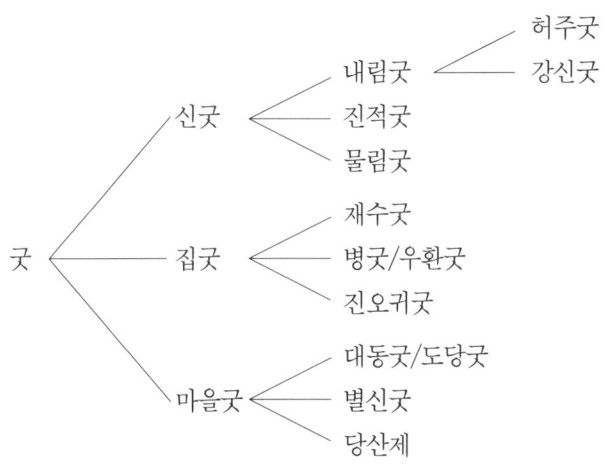

## 4. 굿의 구성

무교의 본격적 의례인 굿은 지역과 종류와 목적에 따라 그 구성이 다양하다. 소규모 의례인 비손이 단순한 축원의 형식을 가지며, 치성이 서너 거리(單位祭次)로 구성되는 반면에, 굿은 열 내지 서른여덟 거리, 경우에 따라서는 마흔다섯 거리까지 이어진다. 다음에 보게 될 "치리섬 별신제"의 경우가 마흔다섯 거리이다. 이러한 과정이 제장(祭場)인 굿판으로 신을 모셔들이는 청신(請神), 신을 놀려서 ― 놀도록 만들어서 ― 즐겁게 하는 오신(娛神), 그러고 나서 신을 보내는 송신(送神)의 삼단계 과정을 거치게 된다.

이러한 제차는 무당의 종류에 따라 두 가지 다른 양상으로 진행된다. 스스로가 신격화되어 신의 모습을 체현(體現)하는 강신무의 굿은 신과 무당이 하나가 되어 실행되는 형식을 갖춘다. 여기서 무당은 마치 스스로가 신인 양 행세한다. 그러나 강신 내지는 접신 현상이 미미하게 나타나는 세습무 계열의 굿에서는 신의 말을 무당이 전해주는 형식을 띤다. 각각의 거리에서는 특정 신령이나 신장・군웅・말명 같은 신령의 집단이 모셔진다. 한 거리는 대략 30분 내지 두 시간이 소요된다. 경우에 따라서는 한 거리가 여덟 시간까지 지속되는 때도 있다. 제의 참가자들의 호응도가 높은 진오귀굿에서 무조(巫祖) 신화인 "바리공주" 무가가 구송되는 경우를 대표적인 예로 들 수 있다. 그러나 이 소요 시간은 확정된 것이 아니라, 참가자의 반응이라든가 "별비"(別費)의 갹출 정도 등 분위기에 따라 노래(神歌), 춤(神舞), 암송하는 사설, 공수(供受)와 덕담 등의 길이가 조절된다.

우선 "부정(不淨)치기" 또는 "부정풀이"를 한다. 즉, 깨끗하지 못한 온갖 영향력을 풀어서 굿판을 정결하게 함으로써 준비를 갖추고 신령을 맞이할 준비를 한다. 마지막 제차인 "뒷전"에서는 최하급의 신령들인 잡귀・잡신이 접대된다. 이 첫번과 마지막의 제차만 집 밖에서 행해지고 나머지 "거리"(祭次)들은 집 안이나 전문적 의례거행 장소인 굿당에서 "놀아진다"(거행된다). 집 안에서 굿이 놀아질(거행될) 경우에는 대개 대청마루에서 진행 절차가 이루어진다. 마루는 흔히 일상생활을 영위하는 그밖의 공간들과 구별되는 성스러운 공간으로 여겨진다. 알타이어계 언어에서 "마루"(malo)는 가장 높은 곳, 신령스러운 곳이란 의미를 가진다.

강신무의 경우, 각각의 해당 거리에서 상관되는 신령들의 복장(神服)을 갈아입음으로써 신들림(接神, incorporation)을 표상한다. 그러나 요즈음에 와서는 무당들의 복색이 점점 더 화려해지는 경향을 보인다. 이는 신들림의 둔화를 화려한 복색으로 대치하려는 보상심리의 발로라고 해석할 수 있다.

각 거리의 진행 절차는 대동소이하다. 먼저, 제의가 진행중인 장소에 신령이 내려오기를 청한다. 다음으로, 노래와 춤으로 신령들을 기쁘게 한다. 춤을 추는 동안 강신무의 경우 무당은 신에게 빙의되어 신령의 의사를 인간에게 전해주고 인간의 요청을 신령들에게 전한다(供受). 각 거리의 마지막에, 무당은 신령들의 축복을 굿을 청한 공동체의 대표격인 기주(祈主)에게 전해준다. 노래가 불려지는 사이사이에 무당은 장고 그리고/혹은 징, 바라,

내림굿에서 신어머니가 새 무당에게 공수를 주는 장면 (경기도 부천시, 황해도 내림굿: 1984년 10월)

꽹과리 — 때에 따라서는 피리, 호적 그리고 대금 — 의 가락에 맞추어 춤을 춘다. 장고는 대체로 전담하는 "장고재비"가 치고 그밖의 타악기는 진행중인 거리를 맡지 않은 무당이나 조무助巫가 두드린다. 장고가 주로 가락을 맞추고, 다른 악기들은 증폭 기능을 담당한다. 굿이 진행되는 동안 굿판에는 서너 명의 무당과 기주 가족만 참가하는 것이 아니다. 친척, 이웃사람, 집전 무당의 단골 등 "구경꾼"들이 모여드는 것이 상례이다. 이러한 현상은 참가자들 모두에게 공동체 의식을 불어넣어 신령들과 인간들 사이에 무당을 중개자로 하여서 단단한 유대감을 형성하고 재확인하는 집단 치유의 과정을 보여준다.

굿주네 집안의 재물을 축원하는 대감거리 (서울 북한산, 재수굿: 1984년 3월)

굿의 각 거리들이 청신-오신-송신의 삼 단계를 거치듯이 굿 전체의 구성과 구조도 역시 기본적으로 다음과 같은 삼 단계의 과정을 거친다. 굿판(祭場)을 정화하고 청신하는 내용을 지닌 단위 제차들(예를 들어, 초가망거리)이 앞부분에 배치된다. 다음에는 중요한 신령들을 대접하고 재수를 기원하는 거리들(대감거리·성주거리·제석거리)이 가운데 위치한다. 마지막으로는 잡귀들을 풀어 먹이는 내용(뒷전풀이)이 끝부분에 자리잡는다.

## 5. 굿의 지역적 특징

굿의 주재자인 무당은, 앞에서 언급하였듯이, 대체로 한강을 경계로 하여 갈리는 지역에 따라 강신무와 세습무로 대별된다. 이렇게 서로 다른 무당의 성격 때문에 굿의 특성이 지역마다 다르게 나타난다.

(1) 중·북부(강신무 지역): 신령과 무당의 종교적 합일mystic union에 기반을 두는 강신무의 굿은 무당이 제의 진행중에 몰입하는 황홀경ecstasy을 통해 신격화되는 데서 그 특징을 찾아볼 수 있다. 아래위로 펄쩍펄쩍 뛰는 격렬한 도무踏舞를 통해 천신이 강림하거나, 맴을 도는 춤을 통해 조상신이 저승으로부터 이승으로 건너오든지 하면서 무당은 신령으로 전환하여 인간과 의사소통을 시도한다. 신으로 전환한 무당은 공수를 주어서 신령의 의사를 인간에게 전달하거나, 인간의 소망을 신령에게 전한다. 이렇게 되면 무당의 말이나 몸짓은 신의 의사표시가 된다. 중·북부지역의 강신무가 신과 합일하여 의례를 진행할 수 있는 능력을 갖게 되는 이유는 아래와 같다. 무당 후보자가 성무成巫 과정에서 강력한 종교체험으로서의 신병神病을 겪음으로써 보통 사람이 갖지 못한 초인간적인 힘을 지닌 존재로서 새로 태어나기 때문이다. 그리하여 제의 진행중에 사용하는 방울·신칼·부채 따위의 무구巫具는 신성 강림의 도구가 되며, 무당이 입는 신복神服은 바로 신령들의 복장이 되어, 그에 해당되는 신격들이 빙의되는 상징작용을 한다.

같은 유형의 강신무라 하더라도 지역에 따른 편차를 보인다. 서울을 중심으로 하는 한강 이북의 경기도 지역은 궁중의례의 영향으로 화려한 신복과 비교적 정형화된 제의형식을 보여준다. 무가(巫歌)와 무당춤에 사용되는 악기는 장구·징·바라·해금·피리·젓대 등이다. 황해도와 평안도의 굿은 격렬한 칼춤이 많으며 신복도 다양하고 복색이 화려하다. 황해도 굿에서는 서사무가(敍事巫歌)의 양이 비교적 적고 연극적인 요소를 가미하는 반면에, 평안도 굿은 밝고 명랑하면서도 염불을 많이 부르는 등 불교적 습합의 기질을 갖고 있다. 함경도 굿은 대부분의 강신무 굿이 특색으로 삼는 격렬한 몸 동작이 적은 대신에 풍부한 서사무가 자료를 보유하고 있다. 이북 지역 무악(巫樂)은 굿을 주재하는 무당이 황홀경에 신속히 몰입하도록 도와주는 타악기 중심의 빠른 장단이 주조를 이룬다. 신령과의 동일시를 나타내느라 신복이 중요시되며 위엄있는 신령의 모습을 드러내기 위하여 칼·창·작두 등의 도검류가 빈번히 사용된다.

(2) 남부(세습무 지역): 접신 현상이 비교적 미미한 세습무의 굿은 신령과 인간이 마주 대하고서 의사소통을 시도하는 양상을 띤다. 무당 스스로가 신격화되지 않은 상태의 순수한 인간적 입장에서 신을 대면하기 때문에, 굿의 진행은 간접화법으로 신의 뜻을 무당이 기주에게 전해주는 방식을 취한다. 논리적인 귀결로 이러한 세습무의 굿에서는 명백한 형태의 공수는 발견되지 않는다. 대신에 "신령님께서 이러저러하게 전하랍니다"라는 형식의 "공사"(간접공수) 형식이 지역에 따라 발견된다. 신이 제의를 수용하는가의 여부는 무당의 점을 통해서가 아니라, 보조무당인 "점바치"라든가 굿을 의뢰한 집안의 대표인 기주가 잡은 대(神竿)의 흔들림을 통해 간접적으로 확인할 뿐이다. 왜냐하면 이 지역의 무당은 소명체험(神病)에 의거하지 않고, 인위적인 가통(家統) 세습에 의거하기 때문이다.

세습무의 굿에서 간혹 발견되는 강신적 요소들은 이렇게 보면 대체로 다음 두 가지 이유에 의거하는 것으로 판단된다. 강신무에서 세습무로의 변형 과정에서 남게 된 강신 요소의 잔재이거나, 아니면 최근에 그 기세가 강해지고 있는 세습무 지역에 대한 강신무의 세력확대 현상에 기인한다고 볼 수 있다. 일례로, 영남지역의 사령제死靈祭인 오구굿에서 무당이 망인의 넋을 싣는 "신태집"을 세차게 흔들면서 춤을 추는 경우가 있다. 이러한 몸짓은 망자의 넋이 무당에게 실제로 실리는 모습을 나타내는 것은 아니고, 다만 망자의 넋이 실리는 모습을 상징적으로 드러낼 뿐이다. 호남지역의 "당골"이 주재하는 굿에서 보이는 도무踏舞 현상 역시 강신 현상의 전조라기보다는 강신무 제의가 세습무의 제의 형태로 변형되는 과정중에 남아 있는 잔재라고 보는 편이 타당하겠다.

  세습무의 굿은 이처럼 강신 현상이 약하기 때문에 다양한 종류의 신복神服을 필요로 하지는 않는다. 신복이란 무당에게 빙의된 신령(들)을 드러내는 일차적 상징물이기 때문이다. 호남지역 당골의 제의용 복장으로는 그래서 깨끗한 흰색 치마저고리가 주로 착용된다. 대규모 굿이 진행될 경우에야 비로소 흰 두루마기를 덧입고, 머리에 흰 종이로 접은 고깔을 쓰는 정도이다. 영남지역에서는 쾌자를 치마저고리 위에 걸쳐 입으며, 영동지역에

영돈말이와 신태집. 죽은 사람의 혼령과 그의 거처를 상징한다. (서울 공간사랑, 통영 오구새남굿: 1984년 4월)

서는 쾌자와 "활옷"을 중요한 거리(祭次)에서 접신 기능과는 상관없이 장식적으로 착용한다. 제주도에서는 통상적으로 "섭수"를 입으며, 큰 굿에서는 "관디"(冠帶)를 사용한다.

굿에 사용하는 악기로는 강신무 지역에서 사용하는 악기에다가 몇 가지를 추가한다. 호남지역에서는 피리·젓대·해금·가야금과 아쟁을 사용하며, 무악의 장단과 가락이 느리고 완만하다. 영남지역에서는 피리·젓대·호적 등을 사용하며, 중·북부의 강신무 굿과 비교하여 역시 그 가락이 느리고 완만하다. 청신請神의 과정에서 강신무가 사용하는 신칼·방울·명두 등의 무구가 세습무에게서 같은 기능으로 사용되지는 않으나 그 흔적은 남아 있다. 영남지역의 세습무 일부가 작은 방울 꾸러미를 굿에서 사용하거나 집안 대대로 전해오는 유물로 보관하고 있으며, 신칼을 갖고 "수부치기"를 한다. 호남지역에서는 사령제인 씻김굿에서 넋을 불러일으키는 데 신칼을 사용한다. 제주도에서는 신칼·산판·방울을 "삼멩두"(삼명두)라 하여 무조巫祖로 모시면서, 이들 무구를 던져서 신의 의사를 알아보는 제차가 굿의 과정 속에 들어 있다.

남부 세습무 지역의 제의에서 강신 현상은 미미한 상태로 겨우 흔적만을 살펴볼 수 있다. 이러한 현상으로 보아, 강신무 제의가 북쪽에서 남쪽으로 내려가면서 환경의 영향을 받아 변형되고 도태한 것으로 추유된다. 강신 현상의 잠적으로 인해 신복이 거의 사용되지 않으며, 황홀경에 따른 접신 현상이 거의 없으므로 음악과 춤이 느리고, 무점巫占 기능이 사제자에게 없기 때문에 무구도 많이 사용되지 않는다. 이러한 지역적 편차variation는 무당의 성격과 기능이 서로 다른 데서 오는 제의절차상의 차이라 할 수 있다.

제주도의 굿은 지역적으로는 한반도의 남단에 위치하면서도 특이한 양상을 갖고 있다. 세습무의 신도 관리 방식인 지역 단위 단골판을 유지하면서도 제의중에는 강신 현상이 있으며, 무당이 굿중에 점을 쳐서 신의神意를 묻는다. 이렇듯이 굿중에 신의 강림과 내재를 과시함으로써 제주도의 굿은 중·북부 강신무의 굿과 남부 세습무의 굿을 혼합한 중간 형태이다. 무악의 장단도 타악기를 주로 사용하여 비교적 빠른 편이며 특히 서사무가敍事巫歌가 풍부하다. 본토에서는 굿의 주재자가 대부분 여자 무당인 데 반해, 제주도에서는 심방(남자 무당)이 숫적으로 우세한 점도 특이하다.

## 6. 신神굿 사례 연구 — 원미동 내림굿

신굿은 강신무에게만 해당되는 굿이다. 앞에서도 살펴본 대로 신굿에는 내림굿・진적굿・물림굿이 있다. 훌륭한 강신무가 되기 위해서는 다음과 같은 세 가지의 조건을 갖추어야 한다. 첫째로 소명체험으로서의 신병, 둘째로 입사식入社式(initiation)으로서의 내림굿, 그리고 마지막으로 장기간의 수업이다. 이러한 조건들을 갖추지 못하면 미숙한 선무당, "나이롱 무당", 돌팔이 무당이 되고 만다. 소위 점장이・점바치・태주・명두・보살 등으로 불리는 미숙련 무당이 바로 이들이다. 선무당이 되는 주된 이유는 다음의 두 가지로 알려져 있다. 우선 지역 편차에 의해서이다. 한국의 무당 권역이 흔히 강신무권과 세습무권으로 대별됨은 앞에서 무당을 논할 때에 이미 보았다. 세습무 지역에서 무당 가문의 출신이 아니면서 신령에 빙의된 자를 "비가비"라고 한다. 이러한 사람들은 주로 점복을 담당하면서 보조무당의 역할을 할 뿐이다. 그런데 최근에 이르러서는 세습무권의 가계 세습 전통이 무너져 가는 추세이다. 그리하여 세습무의 후손들을 대신하여 이들 강신을 경험한 소위 비가비들이 "전수자"라는 명목으로 세습무의 문하생으로 들어가 무업을 이으려는 움직임이 보이고 있다. 선무당이 되는 둘째 이유는 강신을 체험하는 이가 강신무 지역에 있더라도 올바른 신부모를 만나지 못하는 경우이다.

　제대로 무당이 되든 못 되든, 무당의 기능을 행사하면 "신병" 현상은 사라진다. 그렇지만 병이 나았다고 이 기능을 중단하면 신병 증후군syndrome은 다시 나타난다. 필자의 현장조사에서도 이러한 사례를 수차 확인한 바 있다. 이런 경우 대개 무업을 재개하든가 내림굿을 다시 반복하기도 한다. 그리하여 일단 신병으로 판명되면 당사자는 무업을 평생의 운명으로 알게 된다. 한 가지 예외는 그리스도교의 열심한 교역자가 되는 경우 무업을 피할 수 있음이 미국 하와이 대학교에서 교수로 봉직한 사회인류학자인 김영숙Youngsook Kim Harvey이 무당의 생활사를 연구하여 영어로 쓴 『여섯 한국 여성』Six Korean Women. The Socialization of Shamans이라는 책에서 보고되고 있다.

이제부터는 신굿의 대표적 형태인 내림굿을 통하여 구체적으로 신굿에 접근해 보기로 하겠다. 내림굿은 신병을 앓는 이가 정통 무당이 되기 위한 필수적인 과정이다. 내림굿은 허주굿과 강신굿이라는 이단계로 진행된다. 이제까지 내림굿은 연구 대상으로 삼기에 가장 어려운 굿으로 알려져 왔다. 내림굿 자체가 드문데다 무당들이 자신들을 위한 굿은 좀처럼 공개하기를 꺼리기 때문이다. 무당들이 흔히 하는 말대로 "신의 본本(來歷)은 풀면 — 드러내어 공공연하게 화제로 삼으면 — 좋아하나, 인간의 본은 풀면 싫어하기" 때문이다. 개인의 내밀한 사정들이 낯선 사람들에게나 불특정 다수에게 공개되기를 꺼리는 것은 예나 이제나 인지상정이겠다. 하지만 요즈

감투를 세 개나 들고 춤추는 새 무당. 현실에서 못 이룬 출세의 꿈을 초현실 세계에서 이루고자 하는 열망인가? (경기도 부천시, 황해도 내림굿: 1984년 10월)

음에 와서는 사정이 좀 달라지는 양상을 보이고 있다. 내림굿이 급증하는 양태를 보이면서 내림굿에 접근하기도 비교적 용이하다. 이즈음 대다수 무당 후보자는 어린아이 죽은 동자신이 수호신인 몸주로 들리는 경우가 많다. 일설에는 이들 동자신들이 낙태를 통하여 지워진 태아들이라는 것이다. 임신중절을 한 젊은 여자들이 가진 죄의식이 이러한 미성숙하고 이기적인 접신의 형태로 나타난다는 것이다.

여하튼 내림굿을 주관한 주무主巫는 애기무당의 신아버지나 신어머니로서 스승의 역할을 하게 된다. 이들 신부모는 무당의 종교적 기능뿐만 아니라, 새로 태어난 무당의 몸가짐과 태도, 인생관 등에 대하여 전반적인 지도를 담당하는 것이다. 무당은 먼저 자기 자신의 불행이나 한을 극복하고 난 후, 이러한 극복의 과정을 통하여 얻은 종교적 능력으로 다른 보통 사람들도 도와줄 수 있게 된다. 성무成巫 과정의 무당이 우수한 스승을 만나 오랜 학습기간을 잘 견디어내면 어느 날엔가는 그도 큰무당이 되며, 마침내는 스승인 신어머니나 신아버지로부터 법통을 이어받는다는 의미에서 무구巫具나 단골 신도들을 상징적으로 물려받게 된다. 그렇지만 이렇게 이상적인 큰무당은 드문 형편이다. 이즈음 대부분의 무당은 기예에 출중하지도 못할 뿐만 아니라, 물질적인 성공에 가장 큰 관심을 두고 있다. 드물기는 하나 큰무당의 경우 무당에게 요구되는 춤·노래·굿상차림 등의 기예에 능할 뿐만 아니라, 성격이나 인간적인 성숙에 있어서도 뛰어나다. 그들은 흔히 지도자적인 자질을 갖추고 그들의 신자식들이나 신도들에게 강한 영향력을 행사한다. 종교적 스승의 제자들에 대한 이러한 카리스마적인 권위에 대하여는 일찍이 독일의 종교학자인 요아킴 바흐Joachim Wach가 그의 주저 중 하나인 『종교사회학』Sociology of Religion에서 설파한 바 있다. 원칙적으로 모든 내림굿은 미래에 큰무당이 탄생할 것을 전제로 한다. 그러므로 이 내림굿은 겉으로는 새로운 종교 기능자의 임명을 위한 제의적인 절차와 상징적인 행위를 포함한다. 또한 안으로는 한 인격체의 실존적인 변혁을 추구해서 새로운 세계관과 새로운 가치체계를 받아들이도록 한다.

실제로 거행된 내림굿을 통하여 신굿의 실체에 좀더 다가가 보자. 지금부터 살펴보려는 내림굿은 1985년 10월 15일부터 17일까지 경기도 부천시 원미구 원미동에서 진행된 당시 52세 된 남자 김씨의 황해도식 내림굿이다. 이 굿을 주관한 주무는 인천에 거주하는 53세 된 황해도 출신의 만신 정씨이다. 주무 정씨 외에 장고재비로는 62세 된 황해도 출신의 원씨, 그리고 정씨의 신딸 세 명이 보조무당으로 참가하였다.

굿을 받는 김씨의 부인 주씨도 이미 삼 년 전부터 무업을 하고 있는 만신이었다. 그래서 전통 기와를 얹은 단독주택인 이 집 안에는 이미 개인 신당이 마련되어 있었다. 그런데 무구나 신복들이 모두 새 것이어서 그 까닭을 물어 보았다. 그 이유는 다음과 같았다. 이제까지는 부인 혼자서 경기도식으로 굿을 해왔는데, 남편이 황해도 출신인 신어머니에게 내림굿을 하고 나면 차제에 부부가 모두 황해도식으로 함께 굿을 하기 위하여 모두 새로 바꿨기 때문이라는 설명이었다. 장고재비 원씨는 자기가 치는 장고 양편에 붉은 글씨로 임금 "왕王"자를 써놓았다. 그 이유는 "동티나지 말라"고, 즉 굿판이 벌어졌다 하면 수많은 뜬귀신들이 달려들므로, "잡귀·잡신들이 대왕님(正神) 앞에서 꼼짝하지 말라"는 뜻이라 한다.

대부분의 거리는 대청마루에서 진행되었다. 마루에는 삼면의 벽에다 무신도를 걸어놓는 외에 정신正神들을 위한 큰상과 가망상을 차려놓았다. 마당에는 산신과 용신을 위하여 산천상山川床을 따로 차렸고, 조상거리에서는 조상상을 다시 마련하였다. 문 밖에는 뒷전상을 차려놓고 잡귀·잡신을 위한 마지막 제차祭次인 뒷전, 혹은 마당전에 대비하였다. 굿거리의 순서는 다음과 같다. 먼저 첫날에는 부정치기 - 내림거리 - 산천거리 - 내림거리 - 초가망거리의 순으로 이어졌다. 둘째 날에는 칠성거리 - 내림거리 - 군웅거리 - 영전거리 - 가망거리의 순서였다. 마지막 날에는 내림거리 - 성주거리 - 말명거리 - 봉사거리 - 대감거리 - 장군거리 - 조상거리 그리고 뒷전으로 마무리하였다. 전체적으로 보아 열여덟 거리인 셈이다. 처음에는 내림굿의 당사자인 김씨 자신이 굿판에 들어서는 "내림거리"가 주종을 이루다가 점차 주무 정씨가 의례를 주도해 가는 양상을 띠었다.

첫날은 부정치기, 산천거리 그리고 초가망거리 외에는 김씨 자신의 독무대를 이루었다. 무당은 접신이 된 후에 신령의 말을 전하는 "공수"를 준다. 주무 정씨가 주재한 초가망거리의 공수 일부를 들어보자.

> 김씨는 쉬흔두 살, 기만其萬 성수星宿 하회下回받아 날 때, 내 도와주자, 살펴주자. 걱정두 말구, 염려두 말아라. … 부천 시에 김씨는 대주에 주씨는 신의 원당에, 일기나구(일어나고: 興盛하고) 명나구(유명해지고) 소문이 나서 쉬흔은두 살에 대사님, 도사님, 앉으면 삼천리 서서는 구만리 본께(보니까) 다 살펴주구 … 내 오냐, 오늘은 다 자손 방 팔춘(八寸)에 명을 주고 가가호호 … 닦아줄까 수많은 장군 다녀가실 때 … 네 진작 진작 했으면은 … 돈이 없어서 이 정성 못 드렸더냐, 날짜가 없어서 못했더냐? …

김씨는 하루 종일 도무를 하면서 뛰고 소리없이 눈물을 흘리는 반면 무표정한 얼굴에 말은 거의 없었다. "어느 신령이 들어오느냐?"라는 등 주무의 계속되는 질문에는 손가락으로 벽에 걸린 무신도를 가리키거나 머리를 흔들거나 끄떡이는 것으로만 대꾸하였다. 그러다가 오후 늦게 김씨 혼자 신당에 들어가서 대성통곡을 하기 시작하였다. 그때 조무들은 숙연한 표정으로, "울어야 터져. 나 신내릴 땐 저보다 더했어"라고 수군거렸다.

둘째 날은 주무의 칠성거리로 시작되었다. 수명장수를 관장하는 칠성신을 기리는 무가를 부르고 난 후 수명장수를 비는 내용의 타령을 불렀다. 칠성무가의 일부를 소개하면 다음과 같다.

> 맞이를 가요, 맞이를 가요, 칠성제석님 맞이를 가요. 칠성제석님 맞이를 갈 때, 신의나 선관이 쐬우소사. … 기다리던 정성에 바라던 정성, 일도 정성으로 발원이외다. 성수칠성의 하회를 받을 때, 용궁 요미를 맞이를 가자. 신의 아버지 성수칠성, 일월같이 살피소사. 해가 돋아서 일광칠성, 달이

돋아서 월광칠성, 일 밑으로는 일월성신, 달 밑으로는 이 신 저 신, 그 밑으로는 허공인데, 칠성제석님 맞이를 가요. … 기나긴 명은 서려 감고, 짧은 명은 이어줘서, 칠성님 전에 명을 빌고, 제석님 전에는 복을 빌어, 칠성님 자손들 분명하니 수명장수만 시켜주소. …

그리고 나서는 "제금"이라고도 불리는 "바라"를 마룻바닥에 던져 나란히 거꾸로 설 때까지 바라점을 쳐서 칠성신에게 굿이 마음에 드는지를 확인한다. 그후에는 천천한 동작으로 느린 박자에 맞추어 "거상춤"을 추었다. 다시 공수를 주고 나서, 신령스러운 물로 제장을 정화하는 "천수天水타령"을 부른다. 그 다음 굿에 참가한 모든 사람들에게 건강을 가져다준다는 "명命음식"을 나누어준다. 굿이 신령들의 마음에 드는지를 다시 확인하는 "쌀산" 혹은 "쌀점"을 친다. 전쟁터에서 억울하게 죽은 "군웅"들을 위하여 "노는"(거행하는) "군웅거리"에서는 통돼지를 삼지창에 꿰어 공중에 세우는 "창사슬 세우기"를 하였다. 이어서 조무 중에 하나가 진행한 영전거리에서는 액운을 모두 몰아가라고 살아 있는 "군웅닭"의 모가지를 이빨로 물어뜯어 죽였다. 끔찍한 장면이었다. 이것을 "대수대명代數代命 보낸다"라고 한다. 다시 김씨의 내림거리가 오랫동안 진행되고 나서 주무 정씨의 가망거리가 이

전쟁터에서 억울하게 죽은 혼령들을 위로하기 위해 살아남은 인간 대신 목숨을 바쳐 죽은 군웅닭 (경기도 부천시, 황해도 내림굿: 1984년 10월)

어졌다. 여기서는 물동이·소주병·돈 따위를 수직으로 곧장 세우는 "용사슬 세우기"가 시연됨으로써 주무의 신통력을 보여주었다.

셋째 날에는 주무 정씨가 모든 거리를 주재하였다. 말명거리는 무당이 죽어서 된 신령들을 기념하는 제차이다. 여기서는 전체적으로 침체되고 우울한 내림굿의 분위기를 일시에 바꾸어놓는다. 밝고 들뜬 분위기에서 호들갑을 떠는 무당의 모양을 묘사하는 대목으로 말명거리의 덕담을 들어보자.

오다가다 마주쳐두 인연이라는데. 오늘 여기 만신네 굿 왔다가 말명을 안 놀면 돼갔습나?(되겠는가) 소원성취 이루구 다 살펴주구, 다 기다렸다가, 천千단골 만萬 단골 다 닦아서 줘야갔지?(주어야 되겠지) … 그러니까 우리 다 사냥집 올케두 오라구 부르구, 또, 짚신 집 큰애기두 불러야 하갔지?(하겠지) … 아, 정성 드리면서 부자 되게 해달라구 사냥 집 올케를 불러서 왔는데 … 굿치는 소리 들으니(들으니) 끔찍히 좋구나! … 천지신명님두 잔뜩 씌우시구, 신장神將님들두 잔뜩 씌우셨으니께, 요 약을 사가면 불러주구, 멕이주구(먹여주고), 불러줄 테니께, 요거 내가 맴이 팽팽 돌 때 홀딱 채가야 약 사는 거야. … 이거 갔다 먹으면, 아이 못 낳는 사람 가져가서 아이두 낳구 다 그러는 거야. … 이거 갔다 처먹으면 된다구! …

굿에서 복을 집 안에 불러들이기 위해 방아를 찧는 장면 (경기도 부천시, 황해도 내림굿: 1984년 10월)

그밖에도 방아거리에서는 방아타령과 방아찧기를 하면서 굿하는 집에 재물이 많이 들어오기를 기원한다. 대감거리에서는 한량대감·지리천문대감·창부대감·호구대감 등을 불러 놀고, 잠깐잠깐씩 신의 말을 전하는 "홀림공수"를 준다. 이어지는 장군거리에서는 작두를 놀리고 모든 횡액수를 예방하는 홍수(橫數)맥이 타령을 부른다. 마당에 조상상을 차리고 진행되는 조상거리는 모든 굿에서 예외없이 참가자들의 참여도가 가장 높은 제차이다. 먼저 집안의 모든 조상들을 상기시키는 "만주조상무가"萬主祖上巫歌를 부르고, 후손들에게 조상이 당부하는 내용이 주를 이루는 공수를 준다. 그후에 이승과 저승을 연결하는 다리굿 사설을 부르며, 다음으로 "짜악짝!" 예리한 파열음 소리를 내며 시왕포+王布를 가른다. 이러한 행위를 통하여 이승과 저승의 분리를 굿의 참석자들에게 청각적으로 그리고 시각적으로 보여준다. 이렇게 하여 조상거리는 매우 연극적으로 조상과 후손간의 유대를 재확인하고 강화시켜 준다. 여기서 다시 조상거리의 공수를 들어보기로 하자.

굿주의 조상을 저승으로 천도하기 위해 이승과 저승의 분리를 상징하는 "베가르기"를 하는 모습 (서울 미아리, 향천사 굿당: 1997년 8월)

에, 에, 오늘은 부모라구 낯 없구 면목없이 왔노라. 세상 천지 만물 중에, 아휴, 부모 노릇 못하구, 이 세상 하직하구, 저 세상 허락하야, 다시 영천 오지 못하는 길을 … 아휴, 어허, 어허, 원통한 말을 어데다(어디에) 다 하구, 시원한 말을 어데다 다 하랴! … 사람 인생살이라는 게 좋은 사람은 좋게 살구, 없는 사람은 없게 살아가야 … 걱정 많구 고생 많구 … (재비: 아이구, 잘 살게 해줘요!) 아휴, 그래서, 아이구, 너희들 천지신명의 제자가 분명하구 … (재비: 먹구 남구, 쓰구 남게 도와주시오!) 앞으로는 괜찮을 테니 걱정하지 말아라아!

마지막으로는 대문 밖에서 "뒷전"으로 마무리를 한다. 빠른 박자의 "잦은 만수"로 사설을 읊으면서 굿판에 모여든, 평소에는 제대로 대접받을 길이 없는 뜬귀·뜬신들을 풀어먹인다. 그러고 나서 굿에 사용한 모든 천이나 종이들을 태움으로써 굿은 끝난다. 사흘이나 굿을 했는데도 김씨의 말문이 종시 터지지 않았다는 의미에서는 이번 굿은 실패작이라고도 볼 수 있다. 필자는 이 굿을 현장조사한 후에 몇 차례 더 추적조사를 하였다. 굿이 끝난 지 대략 두 달 후에 행한 일차 추적조사에서는 필자가 김씨 가족에게 이상에 소개한 내림굿을 촬영한 슬라이드를 보여주었다. 그러고 나서 굿의 효과에 대해 물었을 때, 김씨는 한마디로 "굿덕"을 보지 못했다고 하였다. 다시 삼 년 후에 방문했을 때 김씨는 매우 달라진 모습을 보여주었다. 전에 비해 굉장히 말수가 많아졌다. 김씨 자신의 설명에 의하면, 자신은 "줄이 다르다"는 것이다. 김씨 자신은 "만신 줄"이 아니라 "산 줄"이라는 것이다. 그에 의하면, "선 거리"를 하는 만신의 줄이 있고, "앉은 거리"를 하는 "법사 줄"이 있으며, 선관이나 도사에게 해당되는 산 줄이 서로 다르다는 설명이었다. 김씨 자신은 선관도사가 들어서 직접 천지신명을 받기 때문에, 굿은 그후에 더 이상 안하고 산에만 다닌다고 하였다. 활동은 주로 점복을 하는데, 경제적으로는 삼 년 전에 비하여 훨씬 윤택해진 형편이었다.

## 7. 집굿 사례 연구 — 북한산 재수굿

집굿은 한 가족을 위한 굿이다. 흔히 개인굿이라고 하나, 앞에서도 살펴본 대로, 민중종교 신앙 실천상의 최소단위인 일가—家의 전체적 조화를 꾀하는 무의巫儀라는 의미에서는 집굿이라는 용어가 걸맞다고 사료된다. 이번에는 집굿 중에서 대표성을 지니는 재수굿의 사례를 살펴보고자 한다. 여기서 살펴보려는 재수굿은 필자가 1984년 3월 6일에서 7일 사이에 서울 북한산 중턱의 어느 굿당에서 직접 참여·관찰을 한 굿이다. 이하에 소개하는 재수굿은 윤씨(가명, 이하 동일) 가정을 위하여 거행되었다.

여기서 "재수"라는 말의 뜻을 우선 간단하게나마 짚고 넘어갈 필요가 있겠다. 재수는 "금전이나 돈에 대한 운수"라고만 무심하게 보아 넘길 수 없는 용어이다. 뒤에서 차차 자세히 밝히겠지만, 재수라는 개념은 한국의 민중종교 일반에서 "총체적인 조화의 획득 내지는 최종적인 구원"이라는 좀 더 포괄적인 의미로 받아들여야 한다.

충청남도 지역 용신제에서 앉은굿을 하는 법사 (충남 태안. 용신제: 1998년 3월)

굿을 청한 의뢰자는 서울 안암동에 사는 윤씨 가족이었다. 굿이 진행되는 동안 관찰한 바로는, 이들 가족은 전에도 굿을 한 경험이 있으나 황해도식으로 굿을 하기는 처음인 듯하였다. 굿을 하는 도중에 윤씨네 가족들은 이 굿을 전에 자기들이 경험한 다른 굿들과 비교하는 말을 자주 하였다. 굿을 주재한 큰만신 우씨에 따르면, 이 가족 중에 젊은 남자들이 질병과 교통사고로 잇달아 죽은 일련의 사고가 이 굿을 하게 된 직접적인 동기였다. 그렇기는 하지만 죽은 이들만을 위한 진오귀굿이라기보다는 가족 전체의 재수를 위한 굿이라고 하였다. 우씨의 신딸 중 하나인 장씨가 윤씨 가족의 인근에 살기 때문에 서로 알게 되어서 굿을 청하게 되었다.

조상거리에서 조상신에 들린 무당이 후손의 가족과 부둥켜안고 넋두리하는 모습 (서울 북한산, 삼곡사 굿당: 1984년 3월)

굿을 진행한 사람들은 다음과 같다.

1. 주무主巫 우씨(1920년생, 황해도 옹진 출신)
2. 조무助巫 전씨(1928년생, 우씨의 신동생)
3. 조무 장씨(1945년생, 우씨의 신딸)
4. 조무 한씨(1954년생, 우씨의 신아들)
5. 상장고 인천할마이(1925년생, 장고 연주자)
6. 재비 김씨(1927년생, 징·꽹과리·피리 연주자)

첫날 오후 5시경이 되자 굿패가 모두 굿당에 도착하였다. 당지기에 의하여 배정된 "굿청"(굿하는 방)에 들어서자마자 그들은 굿상을 차리기 시작하였다. 굿상은 세 개가 차려졌다: 큰상, 조상상 그리고 뒷전상이었다. 굿청의 동쪽 벽에 붙박이로 마련되어 있는 큰상에는 굿에 등장하는 산신·가망신·칠성신·장군신 등 중요한 신령들(正神)을 위한 제수祭需가 지화紙花·지전紙錢 등의 장식물과 함께 진설되었다. 서쪽 벽 옆에 자리한 다리를 접는 식으로 된 조상상은 굿주(굿을 청한 의뢰인) 집안의 가신들을 위하여 큰상보다 조금 작은 규모로 제물이 차려졌다. 뒷전상은 제물의 여기저기서 한 귀퉁이씩 떼어내어 네모난 쟁반에 담아서 굿청의 출입문 가에 두었다가 뒷전풀이가 시작될 무렵 마당으로 가지고 나갔다.

   상차림의 격식은 유교식 제사에 준하여 홍동백서·어동육서·좌포우혜 등이 대충 지켜졌다. 그리고 해당되는 신령들의 성격에 맞추어 다양한 제수가 준비되었다. 무당들의 말에 따르면 장군신에게는 날고기를 바치며, 글 읽고 벼슬하던 대감신에게는 익은 고기를 올리고, 대감인 척하지만 실제는 천민 출신인 소대감素大監에게는 과일이나 채소만 바친다는 것이었다. 굿이 끝난 후 굿상의 음식들은 무당들·재비들·굿주 가족 등 굿에 참여한 사람들에게 골고루 나뉘어졌다. 사람들은 음식의 일부를 그 자리에서 먹었고, 일부는 집으로 가지고 갔다. 굿상에 놓았던 음식은 "명음식"命飮食이라고 불리며, 가족의 건강 장수에 특별히 좋은 효과가 있다고 믿는다.

각 굿거리별로 순서와 주재자 그리고 무구와 신복 등을 일별—瞥하기 위하여 표를 작성하였다(120~121쪽의 〈표 2〉를 보라). 도표의 왼편에 적어놓은 일련 번호는 한 거리가 완전히 진행되고 일단락된 후 휴식시간을 거쳐 다시 다음 거리로 넘어감을 의미하고, 1-1, 1-2 … 등은 중단없이 계속되는 한 거리 안에서의 작은 단락을 뜻한다. 신복은 입는 순서에 따라서 나열하였으며, 무구는 사용 순서에 따라서 기록하였다. 동시에 사용될 때에는 왼손에 드는 것을 먼저 적었으며, 오른손에 드는 것을 나중에 기록하였다. 사용자가 다를 때에는 먼저 주무가 사용하는 무구, 조무가 사용하는 것, 그리고 재비가 사용하는 무구의 순서를 따랐다.

저녁 6시 15분경이 되자, "돼지가 도착한다"고 당지기가 굿청 밖에서 소리를 질렀다. 이 소리를 들은 무당들은 준비를 서두르기 시작하였다.

조상거리에 차려진 조상상. 유교식 제사의 영향을 받아 홍동백서·좌포우혜·어동육서 등의 격식이 지켜진다. (서울 북한산, 삼곡사 굿당: 1984년 3월)

왜냐하면 신령들에게 굿을 하게 되었음을 알리고 굿판을 정화하는 의식 절차인 "신청울림"과 "부정풀이"는 돼지가 도착하기 전에 끝나야 하기 때문이었다. 굿에 참가한 모든 무당들이 빙 둘러서서 손을 비비며 신령들이 강림하기를 청하였다. 그러면서 장고·징·바라·구구상쇄(방울) 따위를 갑자기 요란스럽게 울려댔다. 무교에서는 그렇게 함으로써 나쁜 신령들은 놀라서 달아나게 되고 좋은 신령들은 굿판에 모여들게 된다고 믿는다. 이때 모든 참가자들에게는 나쁜 신령의 공격을 막아내게 하기 위하여 의례용 "부정칼"이 쥐어진다. 그러고 나서 부정풀이 무가가 불려진다. 모여드는 신령들 앞에 허리 굽혀 인사하고(請陪) 술잔을 올리는(進爵) 중에 주무를 맡은 우씨는 "청배 무가"를 부르며, 신령과 조상들이 편안하게 굿판에 도착하여 차려놓은 술과 음식을 즐기고 인간 자손들에게 복과 명을 내려주기를 기원한다:

> 윤씨네 가중家中으로 … 앞서거니 오신 조상 / 뒷서거니 오신 조상 / 썩은 손목 마주잡고 / 행길 마루 꽃밭 되어 / 앞서거니 들어오셔 / 한잔 술에 희망하고 / 오는 대복을 주고 / 가는 대명을 주고 …

이러한 노래가 불려지고 나서 대주大主(집안 대표)는 큰상과 조상상 앞에 나와 절하고 소주를 한 잔씩 올린다. 그때 굿주 가족들은 모두 장고소리에 맞추어 함께 허리를 굽혀 절한다.

장씨 만신이 이어받아 두번째 제차인 산천거리를 진행하였다. 신복을 갖춰입은 다음 장고재비와 주거니받거니하는 "만수받이" 형식으로 상산무가上山巫歌를 불렀다:

> 산신령님을 모십시다(후렴. 아헤야 + 마지막 소절) / 천지건곤 일월동락 / 사바세계는 남선부주(후렴) … 가정 가문은 윤씨나 가정 / 육십칠 세에 노인대주 / 안에 안당은 장씨나 안당/오십오 세에 내우부정(후렴) / 삼십

년에도 왕운 들고 / 오십 년에도 통운 들어 / 꽃맞이에다 재물맞이 / 복맞이루다 대령이외다(후렴) …

약 20여 분에 걸쳐 무가를 구송함으로써 산신령을 굿판에 모셔들여 언제 어디서 누구를 위해 굿을 하게 되었는가를 고하고, 굿주 가족이 모두 건강하고 복 많이 받고 사고 없기를 가족 구성원 모두를 호명해 가며 구체적으로 기원한다. 그리고 나서는 비교적 짧은 "사설"을 아주 빠르게 구송한다:

에. 세경은 세파는 늦어가니 잠시는 잠깐에 / 성씨라 윤씨는 가중에/명산은 대천에 이 천문에다 / 천문은 문 따라 삼곡사에 오셔서 / 오늘은 다 / 육십은 칠 세에 노인은 대주에 / 삼십 년에도 왕운 들고 / 오십 년에도 통운 들어 / 인간에 재물맞이 복맞이로 대령하고 / 신의 법당에 도입하야 만 성수님 앞에 / 월천강에 날을 잡고 주역성에 시를 잡아 / 생기복덕 가려 자한자공 막아달라 / 오늘날 여기 장군님들 앞에 / 상 다른 토령에다가 오색은 과일에다가 / 함지는 적밥에다가 육식은 제각각 / 온갖 정성 하난다고 여쭈어라 / 아헤야, 아헤야.

그 다음에 주재무당은 큰상 앞에서 장고소리에 따라 서서히 왼쪽으로 — 시계 반대 방향으로 — 원을 그리며 돌기 시작하다가, 장고·징·바라 등 타악기의 박자가 차츰 빨라지면서 아래위로 도무를 하기 시작한다. 그러면서 무당은 접신 상태에 들어간다. 회전 동작은 인격의 전환을 상징한다. 보통 인간에서 신격神格으로 전환함을 나타내며, 속俗의 일상사로부터 "성스러움"의 세계로 진입함이라고 볼 수 있다. 무교의 세계에서 신령들은 위에서 아래로 "내려"오기도 하고 수평적으로 "건너"오기도 한다. 대체로 공감 범위가 일가족에 국한되는 조상신 계열은 수평적으로 건너오며, 공감 범위가 상대적으로 넓은 천신, 산신 계열 등은 수직적으로 내려오는 것으로 보인다.

접신 상태에서 무녀 장씨는 오방신장기를 가지고 굿주 가족과 이 굿에 참가한 무당들의 "깃점"旗占을 보아주고 공수를 준다. 다음은 공수 장면의 첫 부분이다:

> 장 만신: 에, 윤씨는 가중에 인간이 재주가 좋아서 잘 사는 줄 아느냐? 에, 중간에 가서 꿈이 깨고 보니, 자손의 풍파가 어떠하며, 인간의 풍파, 재물의 손재가 어떠하뇨? / 재비: 막아주시겨! / 우 만신: 몰라서 그렇시다. / 장 만신: 에, 윤씨는 가중에, 본산은 산천에, 이 날을 잡을 적에, 명산은 대천에 자꾸 다녀가면서 … / 우 만신: 복 많이 주시겨! / 장 만신: 에, 오늘은 신의 법당에 돌입하야 … / 재비: 그렇시다 … / 장 만신: 에, 꽃맞이에 재물맞이 복맞이루 대령하구 보니 / 재비: 소례를 대례로 받으시겨! / 장 만신: 에, 한편으론 서운섭섭하구, 한편으론 괘씸하구 허망하나, 에, 그러나 노인대주의 마음정성이 지극하구 … / 재비: 그렇시다, 예 …

재수굿을 하다가 신들려서 공수를 주는 무당 (서울 북한산, 삼곡사 굿당: 1984년 3월)

깃점을 치고 공수를 줄 때 반주 음악은 잠시 멎고, 재비들과 무당들은 신들려서 공수를 내리는 주재무당의 말을 받아주기도 하고 흥을 돋우기도 한다. 공수가 끝나고 주재무당이 다시 춤을 추기 시작하면 굉음percussion에 가까운 음악은 다시 계속된다. 주재무당은 춤의 박자를 늦추어 가면서 청해 들였던 신령들을 돌려보낸다.

다른 거리들도 유사한 순서와 모양에 따라 진행되었다. 다만 어떤 신령을 모셔들여 받들고 위하는가에 따라서 부르는 신의 명칭이나 복색 등이 기본형에서 조금씩 변형이 될 뿐이었다. 밤을 꼬박 새워 다음날 아침까지 진행된 이 굿에서는 앞에서도 본 것처럼 주무 혼자서 굿을 주재하는 것이 아니라, 굿에 참가한 무당들이 모두 번갈아 가며 한 거리씩 맡아 진행하였다. 어떤 성격의 신령을 불러모시는가에 따라서 무당들은 신복을 갈아입었

돼지의 피를 얼굴에 칠하고 돼지 생간을 입에 물고서 전쟁터에서 억울하게 죽은 군웅을 위로하는 무당 (서울 북한산, 삼곡사 굿당: 1984년 3월)

고, 그에 상응하는 무구들을 사용하였다(120~121쪽의 〈표 2〉 참조). 예를 들면 도교적인 칠성신을 위하는 네번째 칠성거리에서는 백부채를 든다든가, 전쟁신인 군웅을 위해서는 여섯번째 생타살거리에서 삼지창을 자주 들고 춤을 춘다든가, 마을 수호신인 서낭을 위하는 열네번째 서낭거리에서는 서낭기를 주로 사용한다든가 하는 따위이다. 열다섯번째 시왕거리(15-2)에서는 이승의 가족과 이별하고 저승의 열 대왕을 만나러 가는 망자들의 저승길을 닦는 의미로 기다란 "시왕포"를 찢으면서 갈라나갔다.

　칠성거리(4)가 끝난 후에 무당들은 휴식을 취하고, 굿주의 가족들이 한 명씩 나서서 무복을 대강 걸치고 춤을 추는 "무감"이 있었다. 무감을 서고 나면 신사덕神事德(굿덕) 입어서 몸에 잔병이 안 생기고 운이 좋다고 믿는다. 무감은 춤추는 사람의 심리적 억압과 사회적 긴장감을 해소하는 데에 일조

굿의 마지막 절차인 "뒷전풀이"에서 무당이 뒷전상을 차려 놓고 굿판에 들어오지 못했던 잡귀·잡신들을 풀어 먹이고 있다. (서울 북한산, 삼곡사 굿당: 1984년 3월)

를 하는 듯하다(Kendall 1977, 38-44). 무감 후에는 굿이 계속되었다. 조상거리 (15-1)와 시왕거리(15-2)가 끝나자 굿주 가족들은 명음식을 한 봉지씩 받아들고서 굿당을 떠나 하산하였다. 마지막으로는 뒷전풀이(16)가 마당에서 진행되었다. 굿이 모두 끝난 후에 굿에서 사용되었던 천조각들과 종이 장식들은 마당에서 당지기에 의하여 불태워졌다.

이 굿에서 간과할 수 없었던 또 다른 사실 중 하나는 바로 함께하는 식사였다. 굿 중간중간에 저녁·밤참·아침 등 여러 번에 걸쳐 새로 지어진 식사가 제공되었고, 무당과 굿주들이 스스럼없이 어울려 함께 음식을 나누었다. 굿당에서 제공하는 식사 외에도 굿상에 놓인 과일·떡·술·고기 등을 그때그때 나누어 먹었다. 밥을 함께 나눔으로써 굿판에 모인 의례 공동체는 생명을 함께 나누는 "밥상 공동체"로 변화되는 셈이다.

"소지"를 올리는 무당들. 제물의 피로 얼룩진 굿판의 부정을 정화하는 의례이다. (서울 북한산, 삼곡사 굿당: 1984년 3월)

〈표 2〉 재수굿의 제차

| 순서 | 거리 | 신복(神服) | 무구(巫具) |
|---|---|---|---|
| 1 | 1-1 신청울림: 굿을 하게 되었음을 신들에게 알리고, 모여든 잡귀는 쫓아내서 굿판을 정리 | ① 치마저고리: 여성의 전통적인 평상복 | ① 부정칼  ② 장고 ③ 징  ④ 바라 |
| | 1-2 부정풀이: 깨끗하지 못한 요소들을 정화 | 상동 | 상동 |
| | 1-3 청배: 신령들을 청해 들이며 허리를 굽힘 | 상동 | 상동 |
| | 1-4 진작: 신령들에게 술잔을 올림 | 상동 | 상동 |
| 2 | 산천거리(상산맞이): 산과 강의 신령들을 맞아들이는 절차 | ① 남치마 ② 남쾌자: 소매가 없고 무릎 바로 밑에까지 이르는 내리닫이 옷. 옛 병졸의 복장 ③ 홍관복: 소매가 넓고 긴 옷. 조선시대 관리의 복장 ④ 백학대: 한 쌍의 학이 수놓여진 녹색의 넓은 띠 ⑤ 갓 | ① 불사부채: 부처의 모습이 그려진 부채 ② 구구(99)상쇄: 20~30개의 방울이 달린 뭉치 ③ 장고  ④ 징 ⑤ 꽹과리  ⑥ 바라 ⑦ 오방신장기: 적백황녹청의 5색으로 만들어진, 5방향을 다스리는 신장(神將)의 깃발 |
| 3 | 가망거리: 가망(神)을 맞아들이는 거리 | ① 남치마  ② 남쾌자 ③ 녹관복  ④ 백학홍대 ⑤ 갓 | ① 바라  ② 구구상쇄 ③ 불사부채 ④ 서낭기 2: 한 자(尺)의 싸릿대에 한지를 감고 종이 술을 늘어뜨림 ⑤ 삼지창 ⑥ 군웅칼: 전쟁신의 칼 ⑦ 대신칼: 고위관리의 칼 |
| 4 | 칠성거리: 수명장수를 관장하는 신을 위한 제차 | ① 홍치마  ② 옥색쾌자 ③ 백장삼: 불교의 승려 복장으로 소매가 넓은 두루마기식 겉옷 ④ 백학홍대 ⑤ 홍녹가사: 붉은색과 초록색의 한 쌍으로 된, 어깨에서 반대편 허리로 비스듬히 두르는 띠 ⑥ 고깔: 불승의 머리덮개 | ① 백팔염주  ② 백부채 ③ 꽹과리  ④ 바라 ⑤ 단발염: 손목에 걸치거나 손에 쥐는 작은 염주 ⑥ 육환장: 여섯 개의 고리가 달린 불교 의식용 지팡이 |
| 5 | 무감: 굿주들이 무당 복색을 갖춰입고 추는 춤 | ① 남쾌자  ② 백장삼 ③ 홍띠 등등 | ① 장고 |

| | | | |
|---|---|---|---|
| 6 | 생타살거리: 전쟁신을 위해 날고기를 바침 | ① 홍치마 ② 남쾌자<br>③ 흑관복 ④ 홍띠<br>⑤ 벙거지: 옛 병졸의 모자 | ① 구구상쇄 ② 삼지창<br>③ 대신칼 ④ 군웅칼<br>⑤ 불사부채 |
| 7 | 소지: 부정을 물리고 소원을 빌기 위해 한지를 태움 | ① 치마저고리 | ① 한지 ② 소반<br>③ 쌀 담은 주발 ④ 촛대 |
| 8 | 말명거리: 죽은 모든 무당들을 위한 제차 | ① 홍치마 ② 남쾌자<br>③ 흑건: 검은 머리띠 | ① 장고 ② 서낭기<br>③ 바가지 ④ 소반 |
| 9 | 익은타살거리: 대감신에게 익은 고기를 바치는 거리 | ① 홍치마 ② 남쾌자<br>③ 백학홍대 ④ 벙거지 | ① 불사부채 ② 구구상쇄<br>③ 작두 ④ 삼지창<br>⑤ 대신칼 ⑥ 군웅칼 |
| 10 | 천문거리: 지리와 기후를 관장하는 신령을 위한 거리 | ① 남치마 ② 옥색쾌자<br>③ 옥색도포 ④ 남솔띠<br>⑤ 갓 | ① 구구상쇄 ② 불사부채 |
| 11 | 소대감거리: 대감인 체하는 천민 출신 신령을 위한 거리 | ① 홍치마 ② 남쾌자<br>③ 남관복 ④ 갓 | ① 서낭기 2 ② 불사부채 |
| 12 | 성주맞이: 가택 수호신인 성주를 맞아들이는 절차 | ① 홍치마 ② 남쾌자<br>③ 봉황홍대: 봉황이 그려진 붉은색 가슴 띠<br>④ 홍가사 ⑤ 갓 | ① 불사부채 ② 한지 |
| 13 | 13-1 신장거리: 장군이 죽어 된 신을 위한 제차 | ① 홍치마 ② 남쾌자<br>③ 벙거지 | ① 구구상쇄 ② 바라<br>③ 오방신장기 ④ 신장칼 2 |
| | 13-2 장군거리: 장수 신들을 위하는 본격적인 제차 | ① 홍치마 ② 남쾌자<br>③ 장군복: 색동 소매, 색동 술을 단 장군의 복색<br>④ 장군모: 색동 술이 달린 모자 | ① 작두 2 ② 대신칼<br>③ 삼지창 ④ 오방신장기<br>⑤ 장군도 ⑥ 북어<br>⑦ 비수: 날카로운 칼 |
| 14 | 서낭거리: 마을 수호신을 위한 제차 | ① 홍치마 ② 남쾌자<br>③ 남관복 ④ 흑건 | ① 서낭기 2 ② 구구상쇄<br>③ 북어 3 |
| 15 | 15-1 조상거리: 굿주의 조상들을 위한 제차 | ① 치마저고리 ② 흑색 쾌자<br>③ 흑건 | ① 구구상쇄 ② 장고<br>③ 명다리: 수명장수를 보장받고자 무당에게 갖다바치는 무명천<br>④ 열두대신발: 열두 예전 고위관리를 상징하는 노끈으로, 무명천을 꼬아서 함께 묶은 매듭 |
| | 15-2 시왕거리: 저승의 열 대왕을 위한 제차 | ① 치마저고리 ② 흑건 | ① 시왕포: 저승으로 가는 다리를 상징하는 긴 베<br>② 부정칼 ③ 열두대신발<br>④ 향로 |
| 16 | 뒷전풀이: 낮은 등급의 잡귀·잡신들을 풀어먹이고 굿을 정리 | ① 치마저고리 ② 흑건 | ① 구구상쇄 ② 부정칼<br>③ 서낭기 2 ④ 장고 |

## 8. 마을굿 사례 연구 — 치리섬 별신제

마을굿에서는 한 지역공동체의 평화와 재복을 기원하게 된다. 여러 문헌들과 유물들에서 발견되는 대로, 상고대 시절부터 한반도 곳곳에서 국가적 차원에서 거행되었던 집단의례들은 음주가무를 통한 제천의례였다. 의례의 성격은 바로 무당굿의 형태였으리라고 추정된다. 후일 외래종교들이 도입되어 국가의례를 관장하게 되자 종래의 토착적인 무교신앙은 사회 통합의 기능을 이들 외래종교들에게 물려주게 되었다. 그 결과 국가적 규모의 무교적 집단제의는 점점 축소되다가 마침내는 사라지고 만다.

그러나 소규모 지역 단위의 마을굿은 오늘날까지도 남아서 고대 제천의례의 흔적을 남기고 있으며, 사회 통합의 기능을 제한적으로나마 유지하고 있다. 오늘날 마을굿에 대한 명칭은 지역에 따라 매우 다양하다. 박계홍은 1980년대의 마을굿에 대한 현지조사에서 남한에서만도 마흔 개의 서로 다른 명칭들을 수집하여 소개하고 있다. 다양한 명칭으로 불리는 마을굿이지만, 편의상 제의와 관련한 무당의 역할에 따라 마을굿을 분류하면 다음과 같이 나눌 수 있다. 전문 무당의 역할이 전혀 없는 "당산제"는 전라도 지방의 마을굿이다. 경상도와 충청도 남부 지방에서는 유교식 동제와 무당굿이 혼합된 "별신제"가 거행된다. 한강 이북으로는 무당이 전적으로 도맡아 제의를 진행하는 "도당굿/대동굿"의 형태이다. 이 글에서는 그 중에서, 필자가 현지에서 직접 참여·관찰할 기회를 가졌던, 경상남도에 속한 절해고도 치리섬에서 거행된 별신굿을 살피기로 한다.

### 1) 별신제의 배경

치리섬(葛島)은 충무에서 뱃길로 약 세 시간 정도 걸리는 외딴 섬이다. 일주일에 두 번 연안여객선이 정기적으로 다닌다고는 하나 기상 조건이 나쁘면 결항하는 일도 잦다고 한다. 필자의 현지조사 당시(1984년 4월 7일~10일)에도 섬으로 들어갈 때에는 현지 주민의 고깃배가 충무로 와서 무당 일행을 싣고 가는 기회를 이용하였으며, 귀환시에는 경상남도 통영군 욕지면 선적船籍의 행정선行政船을 이용하여야 했다.

　1984년 당시 이장 이씨의 설명에 의하면, 이 섬에 처음으로 사람이 살기 시작한 것은 200여 년 전이라고 한다. 그의 7대조가, 무슨 이유에서였는지는 확실하지 않으나, 경남 하동에 있는 만점사에 방화를 하고 이 섬으로 피신해 들어오면서부터라고 한다. 이 섬에 주민등록이 되어 있는 사람은 94명 — 1984년 4월 당시. 이하 같음 — 으로 그 중에 15명이 "욕지 초등학교, 갈도 분교"의 재학생이었다. 이 섬의 분교는 3학년까지 학년이 편성되어 있고, 4학년 이상의 상급 학년은 이웃 큰 섬에 있는 초등학교라든지 그외 타지로 나가도록 되어 있었다. 주민들 스스로도 치리섬은 단지 생업을 위한 기지로 여겨, 섬 안에서 생활환경의 개선 등 문화시설에 대한 관심은 거의 찾아볼 수 없었다. 일례로 섬 전체에 화장실이 구비되어 있는 곳이라고는 분교 건물 하나뿐이었다.

　주민들의 성품은 직선적이고 다혈질적이었다. 별 의미 없는 사소한 문제에 대하여도 툭 하면 큰 소리로 다투고 주먹다짐을 하였다. 그들의 이러한 기질은 별신굿이 진행되는 동안에는 또 다른 모습으로 표출되었다. "재비"(樂士)들이 연주를 시작하기가 무섭게 주민들은 굿을 주재하는 "대모"(大巫) 옆에 나와 서서 흥겹게 춤을 추어대기가 일쑤였다. 주민들은 모두 치리산신을 받든다고 하였다. 이장의 부친인 이씨(1914년생)는 평소 충무 시에 거주하고 있는데도, 매일 아침 치리산을 향하여 기도를 드리면서 가족의 화목과 섬 전체의 안녕을 빈다고 하였다. 그는 또, 치리산신이 도와주어서 이제까지 치리섬 출신 중에는 전쟁에 나가 죽거나 바다에 빠져죽은 사람이 없다고도 하였다.

　치리섬의 마을굿을 부르는 명칭도 주민들마다 달랐다. 이장 이씨는 이러한 마을굿을 "위만제"爲滿祭라고 불렀다. 용왕님이 도와주어 고기가 배마다 가득가득 잡히게 해달라는 의미라고 한다. 실제로 굿이 진행되는 동안 주민들이 가장 자주 내세운 바람(祈願)도 그랬다: "우쨌거나 고기 많이 잡게 해주이소!" 다른 이들은 "베신제" 혹은 "베슨굿"이라고 불렀다. 아마도 신들을 위한 특별한 제의라는 뜻인 "별신제" 또는 "별신굿"의 와전인 듯했다.

### 2) 별신제의 준비

별신제를 드리는 해가 되면 음력 3월 이전에 이장과 마을 어른들은 마을 사람들을 모아놓고 "대잡이"를 선정한다. 대잡이는 대(神竿)를 들고 사람들 주위를 돌다가 대가 반응을 보이는 첫 사람을 "화주"花主로 삼는다. 화주의 부인은 "굿장모"라고 부르며 다음 별신제의 화주가 뽑힐 때까지 부부가 함께 종교적 영역의 마을 대표격이 된다. 대잡이는 대가 반응을 보이는 몇 사람을 더 뽑아 화주를 도와 장보러 갈 사람들을 정한다. 별신제 날짜를 택일하는 일도 대잡이의 역할이다. 화주와 굿장모는 다음 별신제 일정이 정해져서 차기 화주와 굿장모가 뽑힐 때까지 까다로운 금기禁忌(tabu)들을 엄격히 지켜야 한다. 몇 가지 예를 들자면 다음과 같다. 치리산 꼭대기에 있는 "큰당"에서 산신제가 끝날 때까지는 절대로 말을 해서는 안된다. 다음 번 화주가 선출될 때까지는 육식을 해서도 안되며, 아무와도 다투지 말아야 한다. 화주로 선출된 날부터 별신제가 끝나는 날까지 매일 세 번씩 바닷물에 "목욕재계"를 하여야 한다. 궂은 것을 만졌을 때에는 매번 손을 씻어야 하며, 별신제 동안에는 내외가 합방을 해서도 안된다.

1984년의 별신제에서는 비교적 젊은 사람인 박씨(만 25세, 1959년생)가 화주로 선출되었다. 본래 타지에 거주하는데 별신제를 보러 고향에 왔다가 뽑히게 된 사람이었다. 그는 화주로 선정된 날부터 별신제가 끝날 때까지 거의 열흘 동안 근신하며 마을 전체를 위하여 정성을 다하였다. 이장, 화주 그리고 대잡이 이외의 마을 사람들도 모두 저마다 임무를 맡아서 적극적으로 참여하였다. 무당 일행을 여러 가구에 분산 수용하여 경쟁적으로 숙식을 제공한다든지, 무구들을 이리저리 운반하고, 산꼭대기나 바닷가에 굿당을 세우는 일들도 모두 흥겹게 수행하였다. 그렇게 해서 마을굿의 분위기는 한층 고조되어 갔다.

무당 일행은 네 사람으로 구성되었다. 굿을 주관하는 대모 김씨(1922년생. 충무시 거주), 악사 우두머리인 "고인수"鼓人首 배씨(1922년생. 마산시 거주), "고인"鼓人 박씨(1933년생. 통영군 거주) 그리고 역시 고인인 그의 동생 박씨(1935년생. 충무시 거주)였다. 치리섬 출신으로 이장의 부친인 이씨(1914년생)와 고인 박씨 형제 사이의 대화에 따르면, 20여 년 전까지만 해도 치리섬에 오는 별신굿패의 규모는 훨씬 컸다고 한다. 무당 서넛과 고인 네댓이 참가했다는 것이다.

치리섬에서 별신제가 거행되는 시기는 3년(만 2년)마다 음력 3월이다. 그러나 별신제를 거행할 즈음해서 섬에 초상이 난다든가 전염병이 돈다든가 하는 불상사가 발생하면 한 해 미루어진다고 한다. 1984년에는 4월 7일부터 10일(음력 3월 7일~10일)까지 별신굿이 거행되었다. 굿의 경비는 다음과 같이 결정되었다. 기본 경비는 굿이 시작된 지 사흘째 되던 날에 와서야 비로소 주민과 굿패간에 논의하여 결정되었다. 상당上堂과 중당中堂의 굿 절차를 모두 마치고 하당下堂에서 첫거리인 부정굿을 하고 나서 주민 일동과 굿패가 분교 교실에 모두 빙 둘러앉았다. 여기서 비로소 서로가 생각하는 적정 가격을 내세우고 협상을 벌였다. 이것을 "거래"라고 칭하였다. 굿패의 대표는 고인수 배씨가 맡았고 주민 대표는 이장 이씨가 맡았다. 굿패는 80만 원을 요구하였고 주민들은 35만 원을 제시하였다. 결국 양측은 50만 원에 합의를 하였다. 그 대신 주민들은 "상돈"(別費)을 많이 내겠다고 약속하였다.

굿을 하는 장소는 크게 세 군데로 나뉜다. 상당 또는 "큰당"이라고 불리는 장소는 치리산의 산정山頂에 있다. 중당 혹은 "작은당"은 산 중턱의 커다란 나무 밑이었다. "하당"은 바닷가를 말한다. 상당은 다시 "안당"과 "밧당"으로 구분한다. 안당은 지성소至聖所로서 치리산신이 거하는 장소이다. 안당에는 60 센티미터 정도 높이의 항아리가 가운데 놓이고 돌담으로 둘러쳐져 있다. 항아리 속에는 색색의 헝겊과 가위·비녀·골무·실·바늘이 들어 있었다. 뚜껑을 덮은 항아리 위로는 짚으로 지붕을 해 엮었고, 그 위에는 커다란 돌을 얹어놓았다. 이렇게 여성용품들이 산신의 신체神體로 여겨지는 항아리 안에 들어 있는 사실을 감안해 볼 때에, 치리산신은 여성으로 상정되는 듯하다. 밧당은 "삼한대"를 세워놓아서 안당과 경계를 삼았다. 밧당의 둘레에는 동백나무가 심어져 있어서 구별이 되었다. 산신제가 진행되는 동안 밧당 위로는 흰 천막이 둘러쳐졌다. 바닥에는 멍석이 깔렸다. 대모는 신을 벗고 이 멍석 위에 올라가서 춤을 추고 노래를 부르며 굿을 진행하였다. 삼한대 옆의 동백나무 가지에는 삿갓이 하나 걸렸는데, 그것은 "부정한 사람은 출입을 금지한다"는 표지였다. 중당은 산중턱의 커다란 나무 밑이었다. 중당은 상당에 사는 산신의 아들이 거주하는 곳이라고 한다. 나뭇가지가 얽히고 설키어서 괴이한 모양을 한 이외에 특별한 표시는 없었다.

하당은 마을 앞 바닷가에 차려졌다. 굿이 시작되기 직전 당 한가운데에는 삼한대가 세워졌다. 각 가정에서는 저마다 조상상을 차려 내와서 삼한대 밑에 죽 진열하였다. 사흘째 되던 날에는 비가 많이 오자 하당굿을 분

"삼한대"를 잡고 있는 대잡이. 삼한대는 이승과 저승이 의사소통을 하는 데에 필요한 안테나와 같은 역할을 한다. (경남 통영, 치리섬 별신제: 1984년 4월)

교의 교실로 옮겨 계속하였다. 그러자 두 가족은 조상상을 내오지 않았다. 이유는 분교가 세워진 자리는 예전에 어린아이가 죽으면 묻던 곳인 "애장터"라서 조상님들이 좋아하지 않기 때문이라는 것이었다. 이 두 가족은 나흘째 되던 날 비가 개어 바닷가에서 굿을 계속할 수 있게 되자 그제야 다시 조상상을 차려서 내어 왔다.

### 3) 별신제 진행 절차

이제부터는 별신제가 진행된 절차를 따라가 보도록 한다.

(1) 개관

우선, 나흘에 걸쳐 진행된 별신굿을 일별해 보자면 다음과 같다. 굿패 일행과 주민 일부가 탄 배가 치리섬으로 향하는 동안 고인鼓人들은 악기를 연주하고 주민들은 흥겨운 춤판을 벌인다. 섬에 가까워오자 고인들은 더욱 신나게 악기를 울려댄다. 섬에 오르고 나서 무당 일행은 먼저 별신제 동안 마을 수호신을 모셔놓은 "별신대"로 향하여 간다. 무당들이 외지에서 이 마을에 굿하러 들어왔음을 신고하러 가면서 행진음악인 "길굿"을 친다. 별신대에 신고가 끝나면, 다음으로는 화주네 집으로 가서 악기들을 세차게

별신제에 사용할 떡을 한 부부가 떡메와 절구를 이용하여 찧고 있다. (경남 통영, 치리섬 별신제: 1984년 4월)

연주하여 온갖 부정들을 몰아내는 "부정굿"을 쳐준다. 그러고 나서 굿패 일행은 다음날부터 본격적으로 시작될 굿을 위하여 쉰다. 화주와 굿장모는 그날 저녁 상당으로 올라가서 산신제를 지내며 밤을 새운다. 다음날 새벽 굿패 일행이 상당에 오르면 안당에서 일월맞이 칠성굿부터 시작한다. 계속 하여 밧당에서는 부정굿 - 가망굿 - 제석굿 - 선왕굿 - 손굿 - 군웅굿 - 거리굿을 순서대로 진행한다. 대잡이가 삼한대를 흔들어보아서 잘 흔들리면 신령들이 만족했다는 표시로 여겨 하산한다. 산중턱의 중당에서 굿패는 마을을 지켜주는 수호신인 골매기(고올막이)를 위한 "골매기굿"을 한다. 샘가에서는 맑은 물이 풍부히 나오라고 "새미굿"을 한다. 바닷가에 이르러서는 풍어와 해상에서의 무사안전을 바다의 신인 용왕에게 기원하면서 용왕굿을 한다. 이상의 모든 제차는 다음날 하당에서 같은 순서와 내용을 가지고 그대로 재연·반복된다.

별신대 앞에서 굿하러 이 마을에 들어왔음을 고하는 무당 일행 (경남 통영, 치리섬 별신제: 1984년 4월)

굿을 진행하는 기본 구조는 다음과 같다. 젓대의 가락으로 신을 부르는 청신악 – 신들의 노래인 넋노래 – 신들 앞에 허리 숙여 인사하는 허배 – 각 거리의 처음에 간단히 추는 대너리춤 – 각 거리의 내용을 읊는 무가사설 – 덩더꿍이 가락에 맞춘 덩더꿍이춤 – 거리의 끄트머리에 삼현장단에 맞춘 삼현춤 – 신들의 의사를 대모가 주민들에게 전해주는 공사 – 노래와 함께 신들에게 술잔을 올리는 수부잔푸너리 – 부정을 정화하고 소원을 빌기 위해 한지를 태우는 소지 – 젓대로 음악을 연주하여 신들을 보내는 송신악.

(2) 첫날

1984년 4월 7일(음력 3월 7일) 정오가 조금 지날 무렵 굿패 일행은 치리섬에서 온 어선을 타고 충무항을 출항하였다. 돛대에는 선왕기船王旗가 나부꼈다. 항구를 떠난 지 한 시간쯤부터 고인들은 징·북·꽹과리 등 주로 타

별신제에서 신악神樂을 연주하는 고인鼓人들 (경남 통영, 치리섬 별신제: 1984년 4월)

악기를 연주하기 시작하였다. 고인 박씨 형제 중 동생 박씨는 간간이 젓대를 가지고 청신악을 연주하였다. 섬에 오르기 전에 배는 왼쪽으로 섬을 세 바퀴 선회하였고, 고인들은 더욱 세차게 악기를 울려대었다. 선착장에서 별신대까지 이르는 동안 길굿이 연주되었다. 별신대 앞에서 굿패 일행은 깊이 허리 숙여 이 마을에 굿하러 왔음을 "골매기신"에게 신고하였다. 그리고 나서 굿패는 화주의 집으로 가서 부정굿을 쳐 주었다. 동생 박씨가 청신악을 연주한 후 고인수인 배씨가 스스로 장구를 치며 "넋노래"를 불렀다. "오늘이야 이 넋이로구나. 환생할 이는 환생을 하고 극락갈 이는 극락을 가고 …" 그동안 굿을 주관하는 대모는 굿할 준비를 갖추었다가 대너리 춤을 간단히 추고 나서 부정굿 사설을 읊는다. "서천국 사바세계, 경상남도 통영군 욕지면 치리섬 … 달로서는 상달 받아 삼월이요, 날로서는 상날 받아 칠일 … 첫째, 굿장모댁에 와서 부정부터 가시리라. …" 그 외에도 대모는 천수경 정구업진언千手經 淨口業眞言 "수리수리 마하수리 수수리 사바하"를 외우거나 사방찬四方讚을 왼다. "일쇄동방 결도량, 이쇄남방 득청량, 삼쇄서방 구정토, 사쇄북방 영안강." 이러한 사설이나 주문들은 그후의 제차에서도 계속하여 반복되었다. 그러고 나서 고인수는 "놀고 나자 오늘이야 …" 하면서 제석노래를 부른다. 대모는 삼현춤을 춘 다음 화주와 굿장모에게 "공사"를 준다. 다음으로 수부잔을 돌린 후 송신악으로 부정굿은 끝맺는다.

  화주와 굿장모는 흰색 한복으로 갈아입고 그날 저녁 일찍 산꼭대기의 상당으로 향한다. 산 위에서 하룻밤을 지새며 다음날 새벽 굿패들이 도착할 때까지 산신제를 지내야 하는 것이다. 그동안에는 절대로 말을 해서는 안되므로 꼭 필요한 의사소통을 위하여 종이와 연필을 준비해서 가지고 올라갔다. 만약에 비가 많이 와서 굿패들이 산 위로 올라가지 못하게 되면 두 사람은 굿패들이 올 때까지 며칠이고 산 위에서 기다려야 한다. 그래서 이 두 내외가 산정으로 올라갈 때에는 며칠 분의 비상 식량을 지니고 있었다.

(3) 둘째 날

4월 8일 여명, 굿패는 해가 떠오르는 것을 바라보면서 마을 뒤편에 위치한 동쪽 바닷가로 "목욕재계"를 하러 갔다. 목욕이라고 하지만 실제로는 손과 발만을 바닷물에 씻었다. 목욕재계를 한 후 굿패는 산으로 올라갔다.

안당에서 대모는 징을 치며 해와 달을 맞이하였다. 다음으로는 사방을 향해 각각 네 번씩 절을 한 후 다시 징을 쳤다. 고인 박씨(동생)가 젓대를 불어 청신을 한 후, 대모는 소지燒紙를 올려 부정을 가시면서 다음과 같이 부정굿 무가를 불렀다. "천하부정, 지하부정, 동은 청제부정, 서는 백제부정, 남은 적제부정, 북은 흑제부정 …" 계속해서 첫날 화주네 집에서 한 부정굿의 순서가 되풀이되었다.

장고의 장단에 맞추어서 대모는 "칠성본해사"七星本解詞를 암송하였다. 칠성七星의 본本을 푸는 이유는 그의 내력이나 능력이 밝혀짐으로 해서 특히 수명장수를 주관하는 칠성신을 즐겁게 하려는 것이다.

성장을 하고 산꼭대기에 있는 산신의 지성소인 상당으로 굿을 하러 올라가는 무당 일행
(경남 통영, 치리섬 별신제: 1984년 4월)

서천국 삼하(사바)세계, 아왕 임금 공심아절하주요, 어라 대신이야. 남산은 본이로다. 조선은 국이로다. 팔만은 사두세계, 나래두 열두 나래, 시위제국이야 … 남단 부주 해동 조선 대한민국 경상남도 통영군 욕지면 치리섬 동중에 수명장생을 축원키로 천지성신께 아뢰나이다. … 천상에는 어느 성신이 계시는고? 천황천, 제석천, 존복고천 태백성군, 삼태육성, 이십팔숙, 법주천, 시위제대성군이 지휘하여 계시되, 그 중에 어느 분이 먼저 지휘하여 계시는고? 반용왕이 지휘하실 적에, 두는 수미산이요, 양목은 일월이며, 모발은 위목초라. 골육은 수토석이며, 혈기는 산하수요, 좌수는 동골바지며, 우수는 북고토죽이라 … 천지위사는 어느 분이든고? 천정사는 북고천존 태백성군 삼태육성이 모시고 구괄연지 지정사는 삽장칠성님이 모시드라. 삼십삼천이 강림하사 곤비상천, 곤비천, 곤상천, 무수유천, 식무변천, 공무심천, 서양궁천, 석구정천, 복생천, 복귀천, 선행천, 선존천, 무상천, 종음천, 대범천, 쟁광천, 수정천, 무량천, 소광천, 대광천, 광음천, 대범천, 범호천, 범중천, 태화천, 환겁천, 자자천, 도솔천, 야사천, 과광천, 도리천, 사왕천이 삼십삼천이드라. … 제차례로 내리소사 … 명과 복이 흘러들며 … 부귀하실 명당 되었으되 … 수명당, 수복수가 되어 사방으로 솟아든다.

칠성본해사를 길게 외우고 나서 대모는 짧은 대너리춤을 춘다. 그 뒤에 대모와 고인수 사이에는 말장난투의 덕담이 잠깐 이어진다. "대모는 밤에 왔다고 밤중으로만 여기지 말고, 낮에 왔다고 낮중으로만 여기지 말고, 돌아다니는 땡땡이중도 아니고 … 본산에서 왔다." 이러한 언급에서 언뜻 비치는 것은 앞의 칠성본해사에서와 마찬가지로 종교혼합적인 요소, 그 중에서도 특히 무불巫佛습합적인 요소가 강하게 나타난다는 사실이다. 심지어는 무당 스스로가 자신을 "본산本山에서 온" 정통파 사제자司祭者임을 내세우고자 한다는 점이다. 그 다음에 대모는 고인수가 장고의 북편만 둥둥 울리는 장단에 맞추어서 액막이 타령을 부른다.

선왕님이 오셨다가 액을 막아 가는데, 어느 달이 액달인고? 정월에 드는 액은 이월 풍신이 막아주고, 이월 달에 드는 액은 삼월 삼진이 막아주고, 삼월에 드는 액은 사월 초파일이 막아주고, 사월에 드는 액은 오월 단오가 막아주고, 오월에 드는 액은 유월 유두가 막아주고, 유월에 드는 액은 칠월 칠석이 막아주고, 칠월에 드는 액은 팔월 추석이 막아주고, 팔월에 드는 액은 구월 구일이 막아주고, 구월에 드는 액은 시월 상달이 막아주고, 시월에 드는 액은 십일월 동지가 막아주고, 십일월에 드는 액은 섣달 그믐이 막아준다.

이어서 덩더꿍이춤과 삼현춤을 추고 화주에게 "공사"를 준 후에 참석자들에게 신령스러운 술이 든 "수부잔"을 돌린다. 고인은 젓대로 송신악을 불어 신령들을 배송한다. 제찬祭饌의 일부를 하늘의 방위를 보아 사방에 조금씩 갖다 놓는다. 항아리 속에 들었던 낡은 내용물들을 꺼내고 새것으로 교

지역 수호신인 "골매기"가 거처하는 중당에서 골매기굿을 하는 굿패와 주민들 (경남 통영, 치리섬 별신제: 1984년 4월)

체한다. 낡은 내용물들은 밧당으로 들고 나와 동백나무 울타리에 걸쳐서 말린 후 소각한다.

밧당에서의 굿은 간략간략하게 진행되었다. 부정굿 - 가망굿 - 제석굿 - 선왕굿 - 손굿 - 군웅굿 - 거리굿의 순서로 진행되었다. 거리굿이 끝난 후 대잡이가 대를 잡았더니 바로 대가 떨렸다. 대의 떨림은 치리산신이 잘 받았다는 감응感應의 표시였으므로 모두들 즉시 하산을 서둘렀다. 만약에 대가 떨리지 않았다면 처음부터 제차를 다시 반복해야 했다. 상당의 제차가 모두 끝난 것은 오후 네시경이었다.

대잡이가 삼한대를 어깨에 메고 앞장선 뒤로 굿패와 화주를 비롯한 주민대표들이 따랐다. 나머지 주민들은 중당에서 기다리다가 합류하였다. 산중턱의 중당에서는 마을 수호신을 위한 "골매기굿"을 하였다. 널찍한 멍석이 커다란 괴목怪木 아래 깔리고 그 위에 제물을 진설하였다. 반주 없이 대모 혼자서 무가 사설들을 읊었다. 상당에서 입었던 "큰옷"(巫服)도 입지 않은 채였다. 동네에 두 개 있는 우물가로 가서는 맑은 물이 끊이지 말고 펑펑 솟으라고 "새미굿"을 하였다. 대모는 물러나 있고 고인들이 타악기를 울리며 고인수가 축원을 하였다.

바다의 신인 용왕을 위하여 바닷가에 차려놓은 용왕상 (경남 통영, 치리섬 별신제: 1984년 4월)

동네 앞 바닷가 바위 위에서는 용왕굿이 벌어졌다. 다시 멍석이 깔리고 제물들이 진설되었다. 화주와 굿장모가 그 앞에 절을 한 후에 대모는 큰옷을 입고 용왕무가를 노래하였다. "깊은 바다 대수용왕이 내려왔다. 동해는 광덕용왕님, 서해는 광태용왕님네, 남해는 강여왕용왕님네, 북에는 강지왕 … 팔용왕 … 물 아래 금류왕 …"대모가 용왕무가를 부르는 동안 멀찍이 모여 서서 구경하고 있던 주민들 중에 몇몇이 "세이야!" 혹은 "상이야!"라고 소리치며 굿상 앞에 가까이 다가와서 돈을 놓으며 "우짜든지 해초도 마이 붙고, 고기도 마이 생기게 시키주이소마"라고 억센 경상도 사투리로 그들의 가장 절실한 소망을 빌었다. 대모가 춤을 춘 후 용왕에게 올리는 술잔을 굿상에 올려놓자, 고인이 송신악을 불어 용왕을 보내는 것으로 이 날의 제차는 모두 끝이 났다.

(4) 셋째 날

4월 9일에는 비가 왔으므로 초등학교 분교의 교실을 임시 굿판으로 사용하였다. 삼한대가 학교 정문에 세워져 지금 이곳이 속계와 구별되는 성역

풍랑이 거센 바다에 나가서도 사고가 없이 물고기 많이 잡게 해달라고 용왕굿을 하고 있는 무당 일행 (경남 통영, 치리섬 별신제: 1984년 4월)

임을 표시하였다. 열세 가구가 저마다 자기 집안 조상을 위해 조상상을 차려 내왔다. 조상상에는 모시고자 하는 조상의 수에 맞추어 밥그릇을 놓았다.

두 가구는 상을 내오기를 거부했는데, 학교 자리가 원래 애장터(어린아이 죽으면 묻는 곳)였기 때문이라고 하였다. 학교에서 굿하기를 반대하는 사람들은, 조상들이 어린아이 묻힌 곳을 좋아하지 않기 때문에 상을 내올 수 없다고 버텼다. 그러나 그것은 표면적인 명분에 불과하고, 그러한 거부의 몸짓 속에는 근본적인 이유가 두 가지 더 있었다고 추정된다. 하나는 주변 경관과 어울리지도 않고 주민들의 생활 습속과도 괴리된 모습을 띠고 불쑥 서양식으로 반듯하게 지어진 학교 건물 안에서 전통 신앙의례를 거행하는 일이 서먹서먹하고 어울리지 않는다고 판단하였을 가능성이다. 즉, 일부 감수성이 예민한 주민들이 학교 건물 안에서 굿을 하는 일 자체를 거북스

비가 와서 바닷가에서 조상굿을 할 수 없게 되자 초등학교 교실에 차려진 조상상들 (경남 통영, 처리섬 별신제: 1984년 4월)

럽게 느꼈음직하다는 것이다. 일부 주민들이 학교 건물에서 굿하기를 꺼린 다른 또 하나의 이유는 좀더 심층적이고 역사적인 측면에서라고 볼 수 있다. 그것은 한편으로 아직도 미처 자연스럽게 받아들이지 못하는 서양 문화의 급속한 유입에 대한 저항의 심리와, 다른 한편으로 일제에 의하여 자행된 침략의 역사에 대한 반감이기도 할 터이다. 이제 초등학교로 그 명칭이 바뀌게 되었으나, 1984년 당시까지도 여전히 사용되고 있던 "국민학교"라는 명칭과 제도 속에는 일제가 식민지 정책을 수행하면서 소위 "황국신민"을 키워내기 위한 속셈을 내포하고 있었던 것이다. 특히 일제 식민 당국은 미신 타파라는 명분 아래 전통 신앙에 대한 굴욕적인 조사와 민족 고유 문화에 대한 부정과 말살 정책을 전국의 "국민학교" 조직을 이용하여 실행하였던 것이다. 이러한 내면의 이유들이 아마도 이상의 두 가족으로 하여금 분교 교실에 별신굿의 조상상을 내오기를 꺼리고 거부한 진짜 이유였던 것이리라.

처음에는 부정굿을 했는데, 순서는 첫날 화주네 집에서 한 것과 같았다. 그리고 안당에서 한 내용과 같은 칠성굿이 이어졌다. 가망굿에서는 "가망 대신이 놀고 놀자. 제석가망이 놀고 놀자 …"하면서 가망굿 노래를 불렀다. 큰굿(중요한 제차)으로 들어가기 전에 하는 잔삭다리(간단간단한 제차)에서는 단위 제차가 끝날 때마다 마을 대표자들을 굿상 앞에 불러다 꿇어앉히고 공사를 주었다. 대모가 힐난조로 "세상에 술도 한 잔 안 부어놓고 굿을 하란다. 후년에도 또 이래 할끼가? 쾌씸타!"하고 소리지르면, 고인들은 대모의 호령소리에 화답이라도 하듯 악기를 신명나게 울려댄다. 대모는 화주, 이장 그외 몇몇 마을 유지들을 굿상 앞에 엎드리게 해서 굿상에 놓았던 북어나 고인이 쓰는 젓대로 때려준다. 그 다음 소지 종이에 불을 붙여 머리를 그슬리는 시늉으로 정화(淨化)시키는 의식을 하고 나서 일어나 앉게 하고, 수부잔을 돌려 한 모금씩 마시게 한 후 들여보낸다. 들어갈 때는 으레 굿상에다 상돈(別費)을 얹어놓고 간다. 제석굿이 이어지는데, 순서는 가망굿과 같고 사설만 다르다.

제석 할마님 오실 적에, 밤중 밤중 야밤중에, 사경 달고 소리 듣고, 무섭고 성급하신 제석 할멈네 오실 적에 … 이월에는 풍신 제석 할마님네가 좌정을 하시고 … 유월에는 유두 제석님네가 좌정을 하신다. … 단명자는 명을 주시고, 복 줄 이는 복을 주시고, 농사도 장원을 시켜서, 충재 화재 다 막아서, 수대로 나대로 익은 곡식은 여물을 채서, 각종 곡식도 만발하고 … 첫째는 이 산 신령님네가 받들어 주시고, 둘째는 제석님네가 받들어 주셔서 … 일시 동참하옵소사, 소원시키주옵소사.

다음에는 선왕굿이다. 여기서는 선왕船王의 내력이 구송된다. 선왕풀이가 끝나면 대모와 고인들은 서로 번갈아가면서 동살動煞풀이 무가를 부른다. 계응啓應이 되풀이되어 감에 따라 노래는 점점 더 가속도가 붙으면서 대모나 고인들은 모두 노래 속에 흠뻑 빠져서 몰아경沒我境(ecstasy)에 들어가는 듯하였다.

저녁식사를 마치고 굿패 일행은 "큰굿"을 계속하려고 하였다. 그러나 굿의 경비 문제로 의견이 엇갈려서 마을 주민들 사이에 한바탕 다툼이 있고 나서는 주민들이 대부분 굿판을 떠나 버렸다. 그러자 주민들 중에 한 사람이 나서서 말하기를, 제일 중요하고 긴 굿을 마을사람들이 없이 하는 것은 안된다고 하자, 굿패는 바로 굿을 중단하였다. 저녁 아홉시경 몇 사람이 다시 돌아오자 굿은 다시 재개되어 자정을 넘기며 계속되었다. 이 굿거리에서는 일곱 개의 긴 서사무가가 구송되었다: 천연두신의 내력을 읊는 손님풀이, 영웅과 조상들의 일대기를 엮어가는 영호찬, 역사의 주요 줄거리를 상기하는 고금역대, 죽은 이들에 대한 애도의 뜻과 좋은 곳으로 가기를 기원하는 열두 축문, 저승길 노정을 묘사하는 황천문답, 저승 열두 대문을 통과하는 이야기인 지옥문 무가, 그리고 죽은 사람들이 다시 살아 돌아오라는 기원을 축수하는 환생탄일로 이어진다. 길고 긴 무가가 모두 끝나면 삼현춤을 추고, 수부잔을 돌리고, 송신악을 젓대로 붊으로써 큰굿은 끝난다.

(5) 넷째 날

4월 10일 아침 아홉시가 채 못 되어 굿은 속개되었다. 정오가 훨씬 지날 무렵까지 어제 저녁에 했던 큰굿을 되풀이하였다. 많은 주민들이 어젯밤에 불참해서 다시 해주기를 요청했기 때문이다. 점심식사가 끝나고 나서는 군웅굿을 하였다. 대모는 여기서 전쟁터에서 비운에 간 전쟁 영웅들을 위하여 "군웅장수 대신풀이"를 부르고, 죽은 "굿 선생님"(巫祖)들을 기념한다.

오후에는 날씨가 개었다. 그래서 마지막 거리인 "시석굿" 또는 "거리굿"은 장소를 옮겨 바닷가로 나가서 진행했다. 삼한대가 굿판 한복판에 세워지고 주민들은 그 밑에 조상상들을 죽 둘러놓았다. 학교 교실에 조상상 내오기를 거부했던 두 가족도 이번에는 상을 차려 내왔다. 대모는 "큰옷"을 벗고 평상시의 한복 치마저고리를 입고 오른손에는 대나무 잔가지로 만든 "손전"을 들고서 여러 가지 경문들을 구송하였다. 대잡이가 삼한대를 잡고 화주는 "거리굿대"를 잡게 했다. 화주가 대를 잡은 지 얼마 후 대가 심하게

별신제를 거행하는 마을의 종교적 대표인 "화주"가 신대를 잡고 신령들이 굿을 잘 받고 만족하였는지를 파악한다. (경남 통영, 치리섬 별신제: 1984년 4월)

떨기 시작했다. 신령들이 이번 별신굿을 잘 받았다는 만족의 표시였다. 화주는 대를 잡은 채로 일어서서 조상상 주위를 한 바퀴 돌았다. 고인들은 그때 다음과 같은 "육갑풀이"를 불렀다. "경오, 신미, 임신, 계유, 갑술, 을해생, 만일 혼신아 왔거든 많이 먹고 돌아가소. …" 그 다음에는 대모가 간단히 춤을 추어 거리굿을 끝맺었다.

각 가족들은 자기네가 차려 내온 상에서 음식들을 조금씩 떼내어 자루 속에 넣고는 비끄러매었다. 삼한대를 둘러멘 화주를 앞장세운 굿패와 주민 일동은 선착장 쪽으로 가서 자루에 담은 음식을 바다에 던졌다. 마을로 돌아오는 길에 고깃배·발전소·학교 그리고 이장 집에 들러 "메구놀이"를 치며 만사형통을 기원했다. 이렇게 해서 나흘간에 걸친 별신제는 끝이 났다. 굿이 끝나고도 화주네 집 담벼락에는 흰 천이 둘러쳐져 부정한 사람은 이레 동안 출입이 금지되었다.

마을의 종교적 대표인 화주의 집에 둘러쳐진 흰 장막. 굿이 끝나고 나서도 일주일 동안 부정한 사람은 이 집에 출입을 금한다. (경남 통영, 처리섬 별신제: 1984년 4월)

제 2 부

## 무교에 대한 해석

이제까지 무교의 현상과 구조에 관한 자료들을 살펴보았다. 무교에 관한 일차적인 민족지 자료들을 중심으로 한국에서 가장 오래되고 민중에 밀착한 종교현상에 접근하였던 셈이다. 이제부터는 지금까지 살펴본 자료들을 어떻게 알아들어야 할지, 즉 그러한 일차 자료들 속에서 무교가 지닌 의미를 찾아보도록 하겠다. 무교의 해석과 이해에 있어서 매우 중요한 "신관"의 문제는 이미 앞에서 무교신앙 내용을 다루면서 취급하였기에, 여기서는 중복을 피한다. 이하에서는 먼저 무교신앙 속에 스며들어 있는 생명사상을 삼신에 대한 신앙 안에서 확인해 보고 나서, 인간에 대한 이해를 살펴본다. 계속하여 무교의 세계관, 내세관 내지는 내세신앙, 구원관, 그리고 타 종교에 대한 무교인들의 자세 등을 더듬어 나갈 예정이다.

# 무교의 생명관

생명이라는 문제는 동서고금의 많은 종교들에서 최대의 관심사가 된다. 그럼에도 불구하고 "생명이란 바로 이것이다"라는 분명한 진술은 그렇게 많은 종교 관련 저서들에서도 찾기가 좀처럼 쉽지 않다. "생명"이라는 경이로운 현상을 앞에 놓고는 인생사 전반에 걸쳐 척척 해답을 내놓는 종교 전문가들도 감히 말문을 열기가 어려운 모양이다.

흔히 인간을 비롯한 생명체들은 신이 만들어냄으로써 태어나게 된다고 종교의 세계에서는 이야기된다. 신은 우주 안에서 자기 스스로를 드러내 보이는데, 그러한 계시의 가시화可視化가 바로 우주에 충만한 생명으로 드러난다. 신의 활동은 지속적인 생명의 활동 속에서 드러나며, 인간의 생명도 그런 의미에서 우주의 질서와 연결되어 있다. 이를 한국의 무교에서는 "신이 (인간을) 점지한다"라고 표현한다. 무가巫歌에서는 이러한 내용이 잘 드러난다. "없는 아기는 점지하고, 있는 아기는 수명장수하게 해주소사"(김태곤 1979, 38-9). 이렇게 인간의 포태胞胎에서부터 출산과 양육에 이르는 역할을 담당하는 신을 한국의 무교신앙 현장에서는 흔히 "삼신"이라고 부른다.

## 1. 생명의 주재자, 삼신

무교신앙 현장 자료나 무당들의 무가巫歌, 무경巫經 등에 따르면, 삼신에 대한 신앙 현상은 전국적으로 예외없이 나타나는 현상이다. 우선, 삼신은 세 명의 신을 모아놓았다고 보아 삼신三神이라 해석하는 용례가 있다. 숫자에는 종교적으로 상징의 의미가 담겨 있다. 동양에서 "3"이란 숫자에는 흔히 천지인天地人으로 대표되는 우주의 통합이라는 뜻이 드러난다. 그러나 "우주를 관장하는 주인공이 셋"cosmic triads이라는 관념은 동양문화권에 국한되는 것이 아니라 동서고금을 막론하고 자주 등장한다(Parrinder 1987).

출생과 관련한 신의 기능을 부각시켜 산신産神이라 표기하기도 한다. 또는 "삼"을 순수한 우리말로 보아, 태胎를 의미한다고 주장되기도 한다. 출산을 돕는 일을 "삼바라지"라고 하며, "삼불"이라는 말이 "태를 태우는 불"이라는 뜻이므로 그렇게 짐작하는 것이다. 혹은 "삼불"과 비슷하게 "삼부루"라는 말도 있다. 최남선은 이 말을 순수 우리말에서 포태胞胎를 뜻하는 "삼"과 신神을 뜻하는 "부루"의 합성어로 보아 포태의 신으로 해석하였다. 최남선은 그의 저서 「조선상식」(1937) 의례편 삼신조에서 삼신은 포태・수사授詞・산육産育을 관장하는 명신命神이라는 뜻임을 밝히고 나서, 고신도古神道 혹은 고신교古神敎에서 최고의 신이라고 주장하였다(최남선 1973, 241-2).

이상과 같은 이론들을 참작하면서도 필자는 삼-신에 대한 또 하나의 해석이 가능하다고 본다. 삼-신의 "삼"이 우리말 동사 "삼기다" 혹은 "삼다"와 관련이 있지 않을까 추측하는 것이다. "삼기다"는 송강松江 정철의 유명한 시조 「사미인곡」思美人曲의 한 구절 "이 몸 삼기실제 …"에서처럼 "생기다, 태어나다 혹은 만들다"의 의미를 가지는 우리 옛말이다. "삼다"는 "사위 삼다, 직업으로 삼다, 팔을 베개 삼다" 등 오늘날에도 흔히 쓰이는 어법에서처럼 "남과 인연을 맺어 관계 있는 사람이 되게 하다"라든지 "어떤 것을 무엇으로 되게 하다/여기다"라는 의미이다. 특히 "짚신을 삼다, 모시를 삼다" 따위의 용법에 주목할 필요가 있다. "섬유를 찢어 그 끝을 꼬아 잇다"라는 뜻으로 쓰인 이 말은, 상징적으로 보아서, 생명을 주는 신의 기능과 상통한다. 즉, 탯줄(삼줄)을 꼬아 생명을 만들어내는(삼는) 신이라는 의미로 "삼신"을 해석할 수 있다고 본다(금성판 『국어대사전』 1991, 1510-1).

이하에서 시도하는 논술의 방향은 이렇다. 먼저, 한국의 전통 민중종교에서 인간의 생명이 "삼신"과 관련하여 어떤 맥락에서 고려되며, 그 안에서 무엇이 생명에 대한 보편적이고 특징적 묘사가 되는지를 살핀다. 즉, 생명을 주는 신의 이야기를 신앙 현장과 문헌에 따라 찾아본다. 그리고 나서 이러한 현장과 문헌에 나타나는 삼신의 정체가 과연 누구인지를 규명해 보고자 한다.

## 2. 현장 자료상의 삼신과 생명

무교신앙 현장에는 삼신에 대한 신앙이 다양한 모습으로 나타나고 있다. 특히 문화재관리국에서 장기간에 걸쳐 전국적으로 민속 현장을 조사하여 집대성한 『전국민속종합조사보고서』(1969년 이래 속간. 이하 『보고서』로 약칭함) 중 삼신과 관련이 되는 기자祈子신앙 자료들을 보면 다음과 같은 특징들이 나타난다. 첫째로, 여성이 주도하면서; 둘째로, 자연물 신앙으로 바위나 나무 — 성석性石·미륵바위·장승 — 에 비는 행위가 주종을 이루며; 셋째로, 산신신앙이나 용신신앙으로 명산대천에 비는 형태이다. 산기도·물기도가 끝난 후에는 기도처에서 야합野合이 뒤따르는 것으로 알려져 있다. 『보고서』가 간행된 순서에 따라서 삼신과 관련된 민간의 신앙 모습들을 일별해 보기로 한다(최광식 1982. 47-57).

먼저 전남지방에서는 삼신을 대부분 "지앙할미"라 부르며, 이와 관련된 물동이를 "지앙동우"라고 부른다. 예를 들어, 진도군 진도면 사정리에서는 아기를 낳게 되면 집에서 쓰던 동이 하나를 깨끗이 씻어서 "지앙동우"로 쓴다. 이때에 금줄을 같이 친다. 물동이 안에는 쌀을 담고, 그 위에는 미역을 걸쳐두며, 그 앞에는 상을 하나 놓는다. 상 위에는 물 한 그릇을 떠놓는데 이는 "지앙할미"를 위한 것이다(『보고서』 전라남도 편[1969] 264-5). 전북지방에서는 대부분 "삼신"으로 불리고 있으며, 그 신체를 "삼신단지"라고 부른다. 또는 "지앙단지"라고 하기도 한다. 특히 전북 산간지방에서는 삼신의 신체를 작은 바가지에 쌀을 담고 백지로 봉하여 "왼새끼"로 동여맨 것을 사용한다. 햅쌀이 나면 다시 갈아넣는다(『보고서』 전라북도 편[1971] 88-9).

경남지방에서는 두구동에서 출산시에 "재앙상"이라 하여 상에 한지를 깔고 쌀·미역을 놓고 가위·실을 같이 놓는다. 안방 윗목 모퉁이에 차려놓는다. 개평에서는 "삼신상"이라고 부르며 상 위에 쌀·미역·물 한 그릇을 차려 방 윗목에 놓는다. 그 밑에 짚 대여섯 개를 놓는데 태胎를 받아놓기 위한 것이다(『보고서』 경상남도 편[1972] 136-43). 경북지방에서는 "삼신단지" 또는 "삼신바가지"라고 부른다. 신체는 바가지나 단지로서 안방 선반에 새끼를 얽어서 앉혀놓고 안에 쌀을 담아놓으며, 타래실을 함께 담아놓기도 한다(『보고서』 경상북도 편[1974] 113-25, 157-60).

제주도에서는 삼승할망·맹진국할마님·인간할마님 또는 이승할마님 등으로 부르는 여신이다. 인간에게 포태胞胎와 생육生育을 시켜주는 신이다. 상 위에는 쌀밥 세 그릇, 보리쌀 한 그릇, 찬물, 향불, 미역, 실, 돈을 놓고 상 밑에는 왕골자리를 깐다. 삼신상을 놓는 위치는 방 한가운데이다. 삼신에게 빌 때에는 방 바깥 마루에서 빈다(『보고서』 제주도 편[1974] 98; 현용준 1991).

충남지방에서는 삼신할머니(신진도) 혹은 삼신할아버지(장고도)라고 부른다. 해산할 방 머리맡에 짚을 깔고 상 위에다가 앞에는 밥, 뒤에는 미역국, 물을 각 세 그릇씩 차리거나 물과 쌀을 차려놓는다(『보고서』 충청남도 편[1975] 97-101). 충북지방에서는 삼신 혹은 삼신할머니라고 부른다. 신체는 바가지에 쌀을 담아서 흰 종이로 싼 것으로 안방 아랫목 서쪽 구석에 놓는다(『보고서』 충청북도 편[1976] 72-8).

강원도에서는 대개 삼신할머니라고 부르며, 세준할머니라고 부르기도 한다. 보통 안방 시렁 위에 그릇을 두고 그 해에 생산된 밀과 쌀을 넣는다. 첫아이를 낳으면 상에다가 물 한 대접, 밥 한 그릇, 미역국 한 그릇을 차려서 산모가 있는 방의 장롱 앞에다가 놓고 절을 하고 나서 그 국과 밥은 산모가 그 자리에서 모두 먹어치운다(『보고서』 강원도 편[1977] 160-2).

경기도에서는 삼신할머니라고 부르며, 자식의 생산 및 발육을 주관하는 신으로 간주된다. 종이·헝겊·실을 안방의 한 구석에 높이 달아놓는다(『보고서』경기도 편(1978) 88). 서울에서도 삼신할머니라고 부른다. 해산시에 시어머니가 밥 세 그릇, 국 세 그릇, 물 한 그릇 아니면 밥·국·물 각 세 그릇씩 혹은 각 한 그릇씩으로 삼신상을 안방 윗목에 차려놓고 순산하고 명 길고 복 많이 받으라고 빈다(『보고서』 서울 편(1979) 54-9).

서울·경기 지역에서는 경우에 따라 삼신을 고깔을 쓴 세 승려 모습으로도 형상화하고 있다. 무당들의 성화인 무신도巫神圖라든가 무당 부채에 그렇게 그려진다. 한국 종교사에서 보면, 함께 핍박받는 종교로서 불교와 무교는 특히 조선조 이래 급속히 가까워지면서 습합習合 현상을 보이는데, 아마 이때에 탈속脫俗의 범상한 존재인 불승佛僧이 신의 상징으로 표상되기 시작한 듯하다. 지금도 굿판에 가보면, 승려들이 무격巫覡들에게 각별한 예우를 받음을 관찰할 수 있을 뿐만 아니라, 무당들 스스로도 공식적으로는 불교도임을 자처하는 경우가 빈번하다.

앞에서 대략 일별한 바와같이, 삼신에 대한 명칭은 삼신·산신, 삼신단지 또는 삼신바가지, 혹은 삼신할머니·삼신할아버지로 불리고 있다. 그리고 삼신의 신체는 단지나 바가지 안에 쌀·미역·물을 한 그릇씩 또는 세 그릇씩 차려놓으며 덧붙여서 타래실을 놓는 경우도 있다. 삼신을 모시는 장소는 대부분 안방 선반 위에 위치하고 있다. 최근의 현장조사에 따르면, 외진 산속에 "삼신당"이 따로 있는 경우도 보고되었다. 조자용은 최근 그의 연구에서 충북 보은군 외속리면 서원리에서 300여 미터 떨어진 숲속에 1991년까지 삼신당이 있었음을 보고하고 있다(조자용 1995. 48-9).

삼신에게 빌어 무난히 정상 분만을 하게 되면, 삼신에게 감사하는 의미로 "삼신메"라는 밥을 지어올리는 간단한 치성으로 마무리를 한다. 그렇지만 임신이 잘 되지 않거나, 난산의 기미를 보이면 무사한 분만과 양육을 비는 마음으로 "삼신맞이 치성"을 드리게 된다. 임신 3·5·7·9개월째 매일 점심시간에 정기적으로 정성을 빌거나, 태어난 아기가 삼칠일, 즉 스무하루 지났을 때와 백일 날 그리고 첫돌에 드리는 치성으로 특히 산모에게 모유가 잘 나오라고 빌기에 "젖비리"라고도 한다(조흥윤 1983. 53).

임신이 되지 않는 경우에는 자식을 비는 마음으로 정성을 들여 빈다. 성기 모양의 바위나 산에 가서 빌게 된다. 서울 인왕산 국사당 옆 선바위가 대표적인 예이다. 1986년 정월 대보름 무렵 필자의 현지조사(1986.2.23)에 의하면, 강원도 삼척군 원덕읍 갈남 2리 소재 해신당海神堂에서는 매년 음력으로 정월 대보름날과 시월 초아흐레 날에 나무로 남근을 깎아 처녀신인 해신에게 바치면서 제사를 지낸다. 그곳에 바쳤던 목각 남근을 불임녀가 갖다가 태워서 그 재를 마시면 임신이 된다는 믿음이 전해지고 있다(송명석 1999. 40). 이때 바위(祈子岩) 속에서 부부가 결합을 하기도 하고, 여의치 않으면 대신에 간접적·상징적인 성행위라고 볼 수 있는 행위를 한다. 보통 작은 돌을 기자암에 비벼서 붙인다. 대표적인 예로 충남 온양 광덕사 뒷산의 붙임바위가 소개되어 있다(조자용 1995. 38). 한동안 매스컴의 보도 등으로 전국적 관심을 끌어모은 경북 영천 교외의 "돌할매"와 "돌할배"도 일종의 기자암 성격을 가지고 있음을 필자의 현장답사(1998)에서 확인할 수 있었다.

삼신의 정체를 밝혀내는 데 도움을 줄 만한 신앙 자료로는 그외에도 삼신승三神繩이라는 새끼줄이 있다. 삼신에게 치성을 드릴 적에 신체神體가 되는 나무나 바위에 둘렀던 금줄로서, 세 겹으로 꼰 새끼줄이다(村山智順 1938. 273). 셋이 하나를 이루는 신의 형상을 나타내는, 셋이면서 하나이고, 하나이면서 셋인 삼신의 정체에 대한 민간의 인식을 보여주는 한 가지 표현이라고 해석된다.

무당들의 구전에 따르면, 삼신 중 첫째 신은 아기를 배게 해주는 신이고, 둘째 신은 아기를 낳게 해주는 신이며, 셋째 신은 아기를 크게 해주는 신이다. 그리고 삼신은 결국 한 신이라는 것이다. 또 첫째 신은 살을 주고, 둘째 신은 뼈를 주고, 셋째 신은 혼을 준다고 한다. 이렇게 삼신은 기능상으로는 세 가지 기능을 가지지만, 일위一位의 한 분이라는 것이다. 한마디로 "삼신일위"의 신론이라고 할 수 있다. 그리스도교의 "삼위일체" 교리라든지 여러 종교들에서 발견되는 우주의 삼신사상cosmic Triads과 대비되는 부분으로서 종교학적인 비교연구에 중요한 단서를 제공해 줄 수도 있다. 이와 관련하여 무신도 자료를 찾아보자. 세 여신이 각각 다른 상징적 물건을 들고 서 있는 삼신을 묘사한 무신도가 있다. 첫째 신은 용의 뿔을 쥐고 있는데, 바로 인간에게 뼈를 주는 신이다. 둘째 신은 돌칼을 쥐고 있는데 그는 살을 주는 신이다. 셋째 신은 술병을 들고 있는데 피 내지는 숨을 주는 신이다(조자용 1995, 64-6). 첫째와 둘째 신이 인간에게 생명 현상을 부여하는 신이라면, 셋째 신은 생명력 자체 내지 생명의 원리를 부어주는 신이라고 할 수 있다. 삼신에 관한 무신도 중에는 고깔을 쓰고 있는 삼신의 모습이 있다. 고형일수록 여신의 모습을 하고 있는데, 차차 불교적 영향을 받아 남성인 부처의 모습으로 변해가는 과정을 보여주고 있기도 하다. 삼신상의 변천을 추구해 보는 것도 종교미술사나 문화사적으로도 흥미있는 주제가 될 수 있겠다(건들바우박물관 1994, 30-7). 삼신을 묘사한 무신도에서 볼 수 있는 삼신 머리에 씌운 고깔은, 앞의 삼신끈이나 마찬가지로, 세 개의 봉우리가 하나의 모자를 이룸으로써, "셋이면서 하나"임을 나타내는 삼신일위三神一位의 또 다른 상징이라고 알려져 있다(조자용 1995, 77-85).

생명에 대한 보장을 추구하는 노력들은 삶을 성스럽게 여기게 되면 논리적으로 자연스러운 귀결이 된다. 당산나무가 잘리거나, 동네 어귀에 서서 마을 수호신의 역할을 하는 장승이나 벅수가 도난을 당하면, 그 동네 사람에게 해가 미쳐서 심하면 누군가가 목숨을 잃게 된다는 믿음 같은 것이다. 조선일보 1989년 4월 20일자 "길"난欄에는 "도난당한 돌장승"이라는 제하에 전남 진도군 군내면 덕병리의 돌장승이 도난당한 지 20여 일이 지나자, 장승제를 주관해 오던 제관이 감기를 앓다 숨지는 등 마을에 화가 미치기 시작했다는 덕병리 이장 이상문의 언급을 싣고 있다. 원시종교 일반에서 발견되는 소위 생명지표life-index의 좋은 사례인 셈이다(Ball 1981, 11; Friedli 1982).

이러한 사상은 후일 부적 개념으로 발전해 간다. 특정한 물건을 지니고 있는 주인은 자기 생명을 안전하게 보존할 수 있다는 믿음이다. 부적은 복을 빌고 재앙을 물리치며 신명神明의 위해危害를 당하지 않도록 막아내기 위해 만들어지는 일종의 간소화된 주물이다. 형태에 따라 이러한 주물을 두 가지로 분류하기도 한다. 우선, 종이에 글자나 부호를 적거나 그린 평면적인 것을 "부적"이라고 한다. 다음으로, 짐승의 뼈·발톱·털이라든지 나무토막, 특정인의 살내음이 밴 속옷조각, 조개, 칠보, 작은 도끼 등 입체적인 것을 "부작"符作으로 구분하기도 한다. 부적의 종류도 다양하다. 한두 가지만 예를 들자면, 손이 귀한 집안에 출가한 여인이 태기가 없어 초조할 때 사용하는 구산부救産符, 부부 사이가 좋지 않아 공방이 잦을 때 사용하는 부부화합부 등이다. 부적과 관련한 조사에 따르면, 한국인의 3분의 2가 부적을 가져본 경험이 있으며, 그 중 30%가 부적의 힘을 믿는다고 한다(이규태 1986). 이렇게 생명과 관련된 원초적인 종교성이 한국인의 잠재의식 속에 뿌리를 깊이 내리고 오늘도 살아 있음을 확인하게 된다. 요즈음도 부적 전시회가 도심에서 개최되어 각종 부적들이 수개월간 성황리에 전시되고 있음을 보도를 통해 종종 접하게 된다(『종교신문』 1991년 1월 23일).

## 3. 문헌 자료상의 삼신과 생명

이미 일제시대 조선총독부 촉탁의 자격으로 전국적인 행정 조직망을 동원하여 한국 민간신앙 전반에 걸쳐 연구한 무라야마에 의하면, 삼신은 아기의 수태·생산·발육을 주관하는 신이라고 성격이 규명되어 있다(村山智順 1938. 273). 같은 시기 경성제국대학의 일본인 교수였던 아키바와 아카마츠는 삼신의 기능과 역할을 다음과 같이 각각 분류해 놓고 있다. 즉, 첫째 신은 살을 줌으로써 아기를 배게 해주는 신이요, 둘째 신은 뼈를 줌으로써 아기를 낳게 해주는 신이며, 셋째 신은 혼을 주어 아기를 크게 해주는 신이라는 것이다. 그리하여 이 삼위의 신이 일체를 이룬다고 정리하였다(秋葉隆·赤松智城 1938. 103-4). 다른 곳에서는 "삼신풀이" 자료를 제시한다. 여기서 삼신은 세 분만이 아니라, 임신 기간 열 달 동안 매달 각기 다른 이름의 신으로 나타나는, 저마다의 역할을 맡은 열 분으로서 십태신+胎神을 뜻한다고 밝혀 놓았다(秋葉隆·赤松智城 1937, 576). 더 나아가서는 삼신이 단순히 태胎를 관장하는 신에 머물지 않고, 45개의 다양한 명칭으로 나타난다. 원시종교의 수명과 복록을 주는 신으로부터 불교의 제석신이나 도교의 최고신까지 모두 삼신의 분신으로 취급한다(秋葉隆·赤松智城 1938, 부록의 巫經 61-2; 조자용 1995, 70-2). 한 분이면서 제각각의 기능을 담당하는 신의 기능과 역할을 이렇게 표현해 놓은 것으로 해석이 가능하다.

인간의 생명을 담당하는 삼신의 정체를 살펴볼 수 있는 곳은 지금도 굿판에서 자주 들을 수 있는 "삼태자풀이"라든가 "제석본풀이" 혹은 "당금아기타령" 등으로 불리는 서사무가에서이다(김태곤 1979, 196-237). 이제 직접 삼신 관련 현행 무가를 하나 들여다보기로 하자. 경북 영일 지방에서 1976년에 채록된 김석출 본 "세존굿"에 따른 당금아기 이야기의 개략적인 줄거리는 다음과 같다(김태곤 1980, 39-61).

인간의 생명을 관장하는 삼신의 서사무가 "당금아기타령"이 들어 있는 "시준굿"을 거행하던 중에 부부 무당이 춤을 추고 있다. (강원도 강릉 남대천변, 단오제: 1984년 6월)

옛날 53불이 서역국에서 배를 타고 모진 풍파를 헤치고 한국 땅으로 나와 금강산으로 들어간다. 그곳에 절을 하나 짓고 난 후, 부처님께 공양할 쌀이 모자라, 한 중이 서역국으로 재미 동냥을 나간다. 당금아기라는 처녀가 집에 혼자 있을 적에 시주승이 그 집에 나타난다. 시주승의 유혹으로 둘은 결국 동침하게 된다. 그런데 아가씨가 자다가 구슬 세 개가 입 안으로 들어오는 꿈을 꾸게 된다. 꿈 이야기를 들은 중은 아들 셋을 낳을 것이라고 해몽을 해준다. 중은 박씨 세 낱을 주면서 나중에 아들 삼 형제가 아버지를 찾거들랑, 그때 그 박씨를 심어 그 줄기 뻗는 곳으로 찾아오면 자기를 찾을 수 있을 것이라고 말한다.

마침내 당금아기의 해산이 가까워 올 즈음해서 가족들이 돌아온다. 이윽고 모든 사실이 알려지고, 우여곡절 끝에 죽임을 모면한 당금아기는 뒷동산에 저절로 생긴 돌 함 속에 갇히게 된다. 당금아기는 그러나 죽지 않고 돌 함 속에서 아들 세 쌍둥이를 낳게 된다. 딸이 죽을까 노심초사하던 당금아기의 어머니는 오히려 손자 셋을 한꺼번에 얻는 기쁨을 누리게 된다.

일곱 살이 되어 서당에 다니게 된 아들 삼 형제는 서당 친구들로부터 아비도 없는 후레자식들이라는 놀림과 괴로움을 겪게 되고 아버지를 찾으려 한다. 세 아들은 어머니의 지시대로 박씨를 심어 그 줄기를 따라가서 아버지를 만나게 된다. 아버지는 그러나 "산 잉어를 잡아다가 회를 해서 먹고 산 고기를 입으로 토해내라"든지, "삼 년 묵은 소 뼉다구(뼈다귀)를 모아서 산 — 살아 있는 — 소를 만들어내야 한다"느니, "짚으로 북과 닭을 만들어서 짚 북이 소리가 나고 짚 닭이 홰를 쳐야 한다"라는 일견 황당한 조건들을 건다. 이렇게 까다로운 시험을 통과한 후에야 비로소 아버지는 삼 형제에게 이름을 지어준다. 첫째는 태백산 문수보살이 되고, 둘째는 사해 용왕이 되고, 셋째는 골매기 성황이 되라고 한다. 마침내 당금아기는 "각기 각댁 석가 삼안 세존 삼신할매"가 되어 "각댁 자야 자손 불과주고(붙어나게 해주고) 있는 자손 복을 주시고 없는 자손 명을 줘서 … 앞에 앞노적 뒤에 뒷노적에 많이 불과주리라"고 축원을 한다.

간추려본 위의 이야기에서 보듯이, 불승佛僧으로 변장한 신과 당금아기라는 여인이 결합하는 과정 속에서 인간의 탄생을 주관하는 삼신이 태어난다. 즉, 출생의 직접적 원인은 남녀간 성행위이지만 (삼)신의 "점지"가 더 근원적 원인이라는 사상이 이러한 이야기 속에는 배어 있다. 사람이 태어나고 성장하고 죽는 것은 인간의 영역을 넘어 초인간적 존재인 (삼)신의 소관이라는 생각이 그 속에 짙게 깔려 있다(서대석 1980. 70-80; 최길성 1985. 116-20).

인간 출생에 관한 (삼)신의 뜻은 주로 꿈(胎夢)을 통해 당사자에게 알려진다. 태몽을 이야기하는 장면은 앞서 소개한 "당금아기타령"이라든가 또는 "바리공주" 같은 서사무가에 자주 등장한다(김태곤 1979. 60-85). 이렇게 볼 때, 인간은 생리적인 조건뿐만 아니라, 더 근원적으로 신의 섭리에 의하여 태어난다는 신비사상이 무교에서 잘 드러난다. 여기서 인간의 생명이 지닌 종교성이 표현되고 있는 셈이다.

인용문 중에, "돌 함 속에서 죽지 않고 오히려 세 쌍둥이를 얻는다"는 진술의 의미도 천착해 보자. 인간이 가지고 있는 보편적인 종교성을 "생명"에서 찾으려 노력한 노르웨이 출신 종교학자 크리스텐센W. B. Kristensen(1867~1953)은 유작인 『종교의 의미. 종교현상학 강좌』*The Meaning of Religion. Lectures in the Phenomenology of Religion*(1960)에서 생명의 원리를 "죽음을 통한 승리"life through death로 규정짓고 있다. 생명은 끊임없는 자율성 · 불멸성 · 영속성을 지향하면서 그 자체 신성한 것으로 여겨진다. 여기서 생명이란 개념은 단순히 숨이 붙어 있다는 정도의 생물학적 의미를 넘어 더 충만하고 이상적인 완전성을 향한 종교적 생명을, 영원한 생명을 뜻한다.

삼신이 된 당금아가씨에게 부여되는 "각기 각댁 석가 삼안 세존 삼신할매"라는 이렇게 길고 복잡한 명칭은 또 어떠한가? 이렇게 비범한 명칭은 생명의 주재자가 단순 소박한 여느 할머니가 아니라, 우주를 주재하는 최고의 존재임을 암시한다고 볼 수 있다. 그 명칭에는 불교 용어와 민중종교 용어, 남자 이름과 여자 이름이 혼합되어 있다. 명칭상의 혼란을 좀더 긍정적으로 해석한다면, 한국 무교에서도 역시 다른 종교들에서와 마찬가지로, 신성의 체험을 일상의 언어로 만족스럽게 표현할 수 없다는 "종교언어"의 문제를 인식하고 있다는 증거로 삼을 수 있다(키스터 1997, 54-5).

다음으로 "묵은 소 뼈다귀를 모아서 살아 있는 소를 만들어내야 한다"는 조건에 대하여 보자. 독일 뮌헨 대학교의 종교사회학 교수 호르스트 헬레 Horst J. Helle는 이러한 맥락에서 주목할 만한 흥미있는 이야기를 한다. 그의 가설에 따르면, 인간사회에 종교가 시작된 연원은 인류가 채집경제에서 수렵경제로 전환하는 시기이다. 특히 사냥감 동물들이 계속 이어지라는 기원과 관계가 깊다는 것이다. 그리하여 죽은 동물들의 뼈를 소중히 여기게 되었으며, 많은 종교들에서 유해를 숭상하는 것도 이러한 원초종교의 유습이라는 것이다. 즉, 불교의 사리숭배나 그리스도교의 성인유해 공경, 한국 무교의 세골장 등도 그와 관련이 있다고 본다. 구약성서의 에제키엘서나 시편에 나오는 대로, 묵은 뼈가 살아나는 이야기나 스러졌던 해골이 일어나 춤춘다는 표현도 같은 맥락이라고 본다(Helle 1997, 103-13).

황해도 재수굿에서 사냥의 흉내를 내는 무당. 샤머니즘의 기원이 수렵생활의 위험을 물리치기 위해서라는 이론이 있다. (서울 우이동, 전씨당: 1984년 3월)

인간에게 생명을 주는 존재는 신이다. 그리하여 생명력 내지는 생명원리는 신의 영역에 속하므로 감히 인간이 침탈할 수 없는 신성의 영역이다. 그렇지만 인간의 몸뚱이는 아버지와 어머니로부터 받는다는 것이 무교의 일반적인 개념이다. 하지만 뼈와 살만 놓고 보면 인간의 몸은 한낱 고깃덩어리에 지나지 않는다. 여기에다 덧붙여서 살게 하는 힘, 내지는 살게 하는 원리가 필요해진다. 그것이 바로 "숨"이다. 숨이야말로 생명의 원천이요 생명의 힘, 즉 생명력이다. 그래서 생명을 우리말로는 목에 붙어 있는 숨, 목숨이라고 한다.

## 4. 생사生死의 관계에서 본 삼신

생명을 지닌 몸에서 영혼이 떨어져 나가고 육체만 남음으로써 죽음이 찾아오게 된다. 그러나 영혼은 육체와 달리 계속 살아남게 된다. 한국 무교에서는 "인양신음"人陽神陰이라 하여 저승의 신령들이 사는 삶도 이승의 인간이나 다를 바 없다는 말을 한다. 죽은 이가 묻혀 있는 묘소는 음택陰宅이요, 살아 있는 이가 사는 집은 양택陽宅이라 하는 것도 일맥상통하는 표현이다. 그리하여 죽은 이는 계속하여 살아남은 이들로부터 기억되기를 바라며, 그러한 맥락에서 제사를 받으려 한다. 살아 있는 이들의 도움으로 죽은 이들은 저 세상에서 평화롭게 지낼 수 있으며, 살아남은 이들을 보살펴 줄 수도 있다.

또한 죽은 이의 시체는 신비스러운 인격으로 치부된다. 주검과 함께 죽은 이에게서 떠나간 "그 무엇"인가도 역시 두려움의 대상이다. "그 무엇"을 종교의 세계에서는 흔히 귀신이나 혼백이라고 부른다. 어느 종교에서든 공통되는 관념으로, 죽음이라는 현상은 강한 오염이나 부정을 동반한다. 경우에 따라서는 죽음에 따라 든 부정은 살아 있는 사람을 희생시키기도 하므로 부정을 물리치는 의례가 무교에서 발달하였다. 한국 무교에서는 초상집에 다녀온 뒤에 탈이 나면, "상문살"이 들었다고 하여 살풀이 치성을 드리거나 심한 경우에는 굿을 하기도 한다. 이렇게 죽음이란 부자연스러운 현상이며 저승의 삶, 제2의 인생을 말하고 추구하는 일이란 — 어떤 의미에서는 — 결국 부자연스러운 현상인 죽음에 대한 마지막 항거의 몸짓이라고 할 만하다.

바리공주 무가에서는 뼈살이·살살이·숨살이야말로 인간을 존재하게 하는 기본 3요소라고 본다. 죽은 인간을 살릴 때에도 삼신이 바로 뼈살이·살살이·숨살이를 차례로 시킴으로써 생명을 부여한다(김태곤 1979. 60-85; 조자용 1995. 64-6). 인간이 목숨을 다하고 죽게 되면, 맨 먼저 숨이 끊어지고 다음에 살이 썩고, 맨 마지막으로 뼈가 남는다. 그리하여 뼈에는 인간의 혼이 가장 오래도록 남아 있다고 생각한다. 그런 이유로 뼈를 소중히하는 유해숭배 사상이 생기게 되었다. 이러한 맥락에서 무교에서는 죽은 이의 뼈를 깨끗이 씻는 의례가 행해진다. 전라도 진도 등지에서는 사령제死靈祭를 씻김굿이라고 하는데, 이 말은 바로 뼈를 깨끗이 씻는 세골의례洗骨儀禮를 뜻한다(황루시/최길성/김수남 1985). 사람이 죽어 살이 썩는 것을 뼈에서 살이 떨어져나간다 하여 "육탈"肉脫이라고 한다. 살이 썩는 동안에는 초분草墳에다가 임시로 매장을 해두었던 주검을 꺼내서 뼈를 쑥물과 향물로 깨끗이 씻은 다음 다시 엄격한 해부학적 순서에 맞추어 다시 묻어야(重葬) 영혼이 편안하게 저승으로 갈 수 있다고 믿는다. 죽은 사람의 뼈를 생시와 다름없는 위치대로 모아서 묻어야 죽은 이도 제 갈 곳으로 가고, 살아남은 이들에게도 화가 미치지 않고 조상의 음덕을 입게 된다고 여긴다.

이러한 정화의례에서 물 — 향물·쑥물·잿물 — 의 의미도 간과할 수 없겠다. 물에는 단지 더러움을 깨끗이 씻는다는 의미만 들어 있는 것이 아니다. 거듭남, 새로운 인간으로 소속 공동체 내에서 뚜렷한 역할을 맡아 다시 태어남, 새 생명을 받음이라는 더 근원적인 의미가 들어 있다. 그렇다면 물은 그 자체가 바로 생명을 주는 중요한 요소이다(박일영 1989. 180-90).

한편, 피는 직접적으로 생명원리를 담고 있다고 보지 않는다. 한국 무교에서 피의 의미는 인간 생명 자체를 이루는 요소로 보기보다는 인간과 인간을 이어주는 고리 역할을 한다고 보인다. 부모와 자식은 피로 연결되어 혈통을 형성한다. 피의 관계(血緣)는 혼인에 의하여 시작되고 혼인의 결과로 지속된다. 이렇게 피는 세대와 세대간을 집단적으로, 그리고 나와 타인을 개별적으로 맺어주는 역할을 한다. 이러한 피의 관계가 인간관계의 기본이라고 한국 무교에서는 받아들여진다. 유교가 효孝를 인간관계의 기본으로 설정한 것과는 달리 무교에서는 피를 관계의 기본으로 설정하고 있는 셈이다(윤이흠 1986, 127-50).

생명을 담고 있는 요소 중에서 또 하나 생각해 볼 것은 머리카락이다. 머리카락은 오래 남을 뿐만 아니라, 인간의 신체 부위 중에서 가장 중요한 머리를 감싸고 있으므로 머리 전체를 의미하거나 두발의 소유자를 상징하기도 한다. 바다에 빠져죽은 사람의 넋을 달래고 저승 천도를 하는 "넋건지기굿"에서 머리카락은 죽은 이의 혼백을 상징한다. "서낭대"라는 긴 대

바다의 수호신인 용왕 (서울 미아리, 향천사 굿당: 1997년 8월)

나무 끝에다가 쌀을 가득 담은 주발을 매달아 바다에 던진 다음, 조심스레 끌어올려 그 속에서 머리카락을 찾게 되면 죽은 이의 영혼이 돌아왔다고 믿는다(김인회/정진홍/김수남 1985; 황루시 1983. 256-75). 사람이 죽었을 때에 유족들이 머리를 풀거나, 사령제인 진오귀굿에서 무당이 머리를 풀고 세차게 흔드는 행위는 머리카락과 생명의 관계를 암시한다고 할 수 있다. 한국 무교 연구에 관한 필자의 주요 제보자 중 한 사람인 황해도 출신의 무녀 정씨(1930년생)는 진오귀굿에서 조상거리를 진행하면 언제든지 머리를 풀고 흔드는데 역시 같은 맥락에서 이해할 수 있겠다(Park 1991. 73-86).

## 5. 삼신이 보여주는 생명 이해

생명의 기원과 원리에 관한 신화적이고 종교적인 설명을 보면, 생명과 죽음이라는 현상 자체가 인격화되거나 신격화되는 사실을 발견하게 된다. 죽음이라는 현상이 동반하는 강한 부정, 삶의 질서로부터 멀리 벗어남으로써 살아남은 이들에게 다가오는 죽음이라는 검은 그림자의 감염을 피하여 생명을 보장받으려는 조심스러움, 삼감이 종교적 인간의 삶을 특징짓는다고 할 수 있다. 그것을 "성스러움의 추구"라고 말할 수도 있다. 인간이 가야 할 바른 길, 삶의 정도正道는 결국 죽음을 극복한 승리의 모습인 삶을 어떻게 보장받는가 하는 슬기의 방법이요, 그 응용이다. 한국 무교라는 맥락에서 보자면, 그렇게 생명의 원천이요 제공자인 삼신과 조화를 이룰 때 인간은 참다운 의미에서 자유로워진다(Kristensen 1960. 272-8). 그것을 바로 삼신과 생명이 이어지는 신적인 법칙 내지는 신적 질서라고 부를 수 있다.

종교적 인간은 신적인 질서에 들어 있는 신의 뜻을 알아보고 실천하게 된다. 그럴 때 인간은 이기적인 자아의 모습을 벗어나서 자기부정self-denial 의 경지에까지 다다른다. 한 걸음 더 나아가 신인합일神人合一의 경지에 이를 때 인간은 윤리적으로 완성되고 종교적으로 "구원"에 이른다. 생명은 신과 인간이 공유한다. 신에게는 생명의 원리가 속하는 반면에, 인간에게는 생명의 현상들이 주어진다. 그런데 생명의 본질적인 부분은 생명력force vitale이라고 부르기도 하는 생명원리이다(Sartre 1948, 577-606). 신에게 속하는 생명원리 혹은 생명력을 보존하기 위하여 인간들은 다양한 시도들을 해오고 있다. 그러한 시도들은 원시종교의 주술행위로부터 고등종교의 윤리실천에 이르기까지 실로 다양하다. 이것이 바로 무한한 생명을 지닌 신과 유한한 생명을 누리는 인간을 연결시키는 메커니즘이요, 불가능을 가능하게 만드는 기제mechanism이다. 상대적 존재인 인간에게 절대적 가치가 있다면 그것은 바로 생명의 보존이요, 삶의 완성이다. 그것이 바로 우주의 질서를, 창조질서를 보존하는 성스러운 행위이다.

지고신至高神, 세상의 주재자, 초인간적 존재 또는 다른 말로 "삼신"이 관여하는 영역은 바로 인간에게 삶을 나누어주고 다시 거두어가는 일이다. 삶의 중요성이 여기에 있다. 인간에게 있어서 생生이란 영역은 자기 관할 영역의 밖이다. 한국 무교는 물론이고 모든 종교에서 생명이란 초인간적 존재나 초월적인 원리로부터 유래한다고 믿어진다. 그러므로 생명이란 사라져버리지 않으며, 남에게 양도할 수도 또 내 멋대로 중단할 수도 없는 절대가치이다. 인간은 다만 생명원리의 부산물인 생명현상을 잘 사용한 후 본래 임자에게 고스란히 돌려주어야 한다. 삼신신앙을 비롯한 종교행위란 무릇 생명력의 재생, 생명원리의 활성화로 알아듣게 된다.

# 무교의 인간관

앞에서는 생명 전반의 문제에 대하여 가지고 있는 한국 무교의 이해를 살펴보았다. 이제부터는 무교신앙 안에 나타나는 인간에 대한 이해를 알아보도록 하자.

## 1. 인간의 출생

바로 앞장에서 살펴보았듯이, 인간의 출생을 관장하는 신은 "삼신"이라고 알려져 있다. 1995년 4월 17일부터 21일까지 경상북도 영덕군 영덕읍 석리 바닷가에서 10년 만에 다시 별신굿이 열렸다. 국가에서 무형문화재 82호로 지정한 동해안의 세습무 집단이 이 마을의 안과태평을 빌고, 바다에서 사고나지 말며 고기가 많이 잡히기를 기원하기 위하여 진행한 굿이었다. 이 굿 중에 김씨(1932년생) 무녀가 맡아서 진행한 "세존굿"이라는 제차祭次가 들어 있었다. 이 세상이 세존世尊님에 의하여 어떻게 생겨나고 운행하는지를 설명하는 창세신화를 재연하는 절차라 할 수 있다. 여기서 구송口誦된 무가 중에 "삼태자풀이" 또는 "당금아기타령"이라는 무가가 있다. 한 시간 반 내지 두 시간 정도 구송되는 장편의 대서사시이다. 대강의 내용은 앞장에서 살펴본 대로이다(151쪽 참조).

> 시주를 받으러 다니던 동냥중이 어느 날 지체 높은 양반 집의 외동딸과 상관한다. 그녀는 세존님의 점지로 세 쌍둥이를 낳는다. 이 세 쌍둥이들이 장성하여 우여곡절을 겪은 후에 이 세상을 다스리는 삼신이 되었다는 이야기

이다. 이야기가 구송되는 중에 핵심이 되는 내용은 바로 아버지로부터는 뼈를 받고 어머니로부터는 살을 받아 몸을 이루고, 세존님으로부터 숨을 받아야 온전한 인간이 된다는 말이다. 이렇게 뼈살이, 살살이, 숨살이를 하여야 한 인간이 숨을 쉬고 살게 된다고 이 무가는 설명한다.

이러한 신화에 나타나는 인간관을 보면, 인간 삶의 시작인 출생의 직접적인 원인은 남녀간의 성적인 결합이다. 그렇지만 출생의 더 근원적인 원인은 "신의 점지"이다. 아버지로부터 물려받은 뼛속에는 인간의 넋이 내재한다고 여긴다. 그래서 뼈를 소중히한다. 전라도 진도에서는 사람이 죽으면 바로 매장을 하지 않고 임시로 초분草墳을 만들어둔다. 살이 다 썩어 뼈에서 떨어져나간(肉脫) 다음에, 다시 그 뼈를 잘 씻어 모아가지고 본래의 자리에다 잘 정리하여 제대로 묻어준다. 이렇게 진도에는 지금도 장례를 이중으로 지내는 세골장洗骨葬의 풍습이 있다. 서양에서도 유해를 숭배하는 사상이 있고, 인도에서도 그렇다. 그래서 그리스도교에서는 성인의 유해를 여기저기 조금씩 나누어 안치하고 그 성인 생전의 모범적인 생활을 본받으려 한다. 불교에서 부처나 고승의 사리를 여기저기 나누어서 봉안하는 것도 같은 이치에서이다. 그렇지만 한국 전통종교 신앙이나 무교에서는 뼈를 숭배한다는 점에서는 유사하나 그 방법상 전혀 다르다. 뼈를 살아 생전의 순서대로 모아서 두어야 그 넋이 방황하지 않고 안주한다는 것이다.

  머리카락이 가지는 상징성도 무시할 수 없는 요소이다. 머리카락은 바로 영혼으로 상징된다. 일례로, 바다에서 빠져 죽은 사람의 넋을 위로하는 동해안 "수망굿"에서는 밥 사발에 쌀을 담아 바다에 던져서 건져보아 머리카락이 그 속에 들어 있으면 죽은 이의 혼이 돌아왔다고 믿고 굿을 계속한다. 뼈와 마찬가지로 오랫동안 썩지 않고 유지되는 머리카락이 가진 속성이 그 속에 영혼이 깃들인다는 믿음을 형성하였다고 본다. 피는 인간 개체와 개체를 연결시켜 주는 고리 역할을 한다. 조상과 후손을 통시적通時的(dia-chronic)으로 엮어주는 혈통뿐 아니라, 동시대의 혈족들을 공시적共時的(synchronic)으로 묶어주는 혈연은 바로 인간의 기본관계를 구성한다. 이렇게 피로 맺어지는 인간관계의 그물(網, network)은 유교적인 효의 추상적 이념보다 훨씬 더 본능적이고 강력한 결속력을 과시한다.

이렇게 삼신에 의해 어린아이가 태어나게 되면 일곱 살까지는 칠성신이 맡게 된다. 칠성신은 본래 도교적인 신인데, 임진왜란시 명나라 군사들에 의해 도교가 우리 나라 민간신앙에 많은 영향을 주면서 민간 무교에도 스며들게 되었다. "일곱"이라는 숫자적 일치가 아마도 일곱 살까지의 어린아이를 관장하는 신으로 상정된 듯하다. 어느 어린아이가 명이 길지 못할 것이라는 점괘가 나오게 되면, 해당되는 어린아이의 부모는 단골 무당에게 "명다리"를 바치고 그 무당을 수양 부모로 하여 양자(養子)의 관계를 맺게 한다. 명다리란 "신의 풍파 소멸" 등의 기원문 글귀를 적은 광목이나 베로 된 기다란 천을 말한다. 이러한 명다리는 무당과 신도가 단골관계를 유지하는 한 무당 집에 계속 보관되어, 정기적인 의례 때마다 꺼내어져 축원을 받게 된다. 일곱 살 이후부터는 "제석신"이 인간의 수명장수를 관장한다. 제석은 본래 33천의 하늘을 맡은 불교의 기능신인데, 한국 무교신앙에 받아들여져서 인간의 수명장수를 관장하는 신으로 전이되었다. 이러한 현상 안에서 한국의 무교와 불교 사이의 습합관계를 확인해 보게 되는 것이다.

## 2. 인간의 성性

전통적으로 한국의 종교문화는 남성적인 유교문화와 여성적인 무교문화로 나누어 볼 수 있다. 김영숙이라든지 켄달Laurell Kendall(경달래) 등 한국 무교를 연구하는 일련의 여성 학자들은 "무속은 여속女俗"으로서 남성위주 사회에 대한 투쟁과 도전의 문화라고 규정한다. 사실 무교신앙 전반에서 주도권을 여성이 쥐고 있다. 사제자인 무당의 대부분이 여성이다. 무당들의 전국 조직인 "대한승공경신연합회"의 가입 회원 분포를 보면 대략 8할이 여성이다. 거기다가 무교 신도의 경우에도 여성의 주도권이 드러난다. 무당들이 단골 신도 집안의 가장을 "대주"大主라 부르고 주부를 "기주"祈主라 부른다. 대주라는 명칭은 어떤 의미에서는 마치 내각책임제하의 대통령과 비슷하게 실권은 없는 명목상의 "큰주인"일 뿐이다. 그에 반하여 기주는 바로 "기도하는 (실질적인) 주인"이니, 비유하자면 내각책임제하의 내각수반과 같다고 할까.

여성의 주도권이라는 문제와 관련하여 흥미있는 사실 하나는 여자 무당이 굿을 할 때 갓을 쓴다는 점이다. 갓이란 전통사회에서 본래 그 사용에 있어서 다음과 같이 세 가지의 엄격한 자격제한을 두는 사회적 지위social status의 상징이다: 첫째 결혼을 하여야 하고, 둘째 양반 신분으로서, 셋째 남자가 사용하는 물건이다. 경북 영덕군 병곡면 병곡 2리에서 1995년 4월 15일에서 17일 사이에 거행된 별신굿 중 "성주굿"을 진행한 여자 무당 송씨(경상북도 지정 무형문화재 제3호)는 갓을 쓰는 이유를 다음과 같이 설명하였다:

> 성주굿은 집안이나 마을이 안과태평安過太平하라고 하는 굿이다. 그런데 이 굿에서 왜 여자 무당이 갓을 쓰는가? 글자풀이를 해보자. 갓머리(宀) 밑에 계집 녀女자를 쓰면 무슨 글자가 되는가? 바로 편안 안安자 아닌가? 바로 그거다. 집안이나 마을이 편안하라는 기원을 하기 위하여 여자 무당이 갓을 쓰고 굿을 하는 것이다.

표면적으로 그럴듯한 이유이면서 또 한편으로는 여성에게는 착용이 금지된 갓을 종교의례를 빌미로 하여 파격적으로 씀으로써 남성지배 사회에 대한 여성들의 도전과 반항의 뜻도 들어 있는 것으로 비쳐졌다.

그러나 이러한 도전은 체제 내의 도전으로 받아들일 수 있다. 정의롭지 못한 사회구조 자체를 부정하고 개혁하겠다는 의미라기보다는, 현실에 순응하여 자신의 기능을 강화하는 정도의 투쟁이다. 대표적인 예로, 부계사회 안에서 아들을 낳게 되면 그 여성은 일정한 지위를 확보한다. 유교적인 부계사회의 기본 윤리는 아들에서 아버지로, 할아버지로 그리고 그 위의 조상들로 이어지는 남성 중심의 효孝이다. 그러나 여성들은 무교신앙을 통하여 자신들의 존재를 확인하고 위치를 강화한다. 효라든지 충忠이라는 이미 추상화되고 이념화된 가치 이전의 절대적인 관계인 혈연관계를 전면에 내세운다. 그렇게 함으로써 효도를 축으로 하는 남성 중심의 사회구조에 도전하거나 사회의 균형잡히고 조화로운 형성을 시도한다. 그 좋은 예가 바로 "바리공주" 혹은 "바리데기" 무가이다(홍태한 1998. 233-88). 경우에 따라서는 일곱 시간 내지 여덟 시간씩 걸려 구송되는 이 신화의 줄거리는 다음과 같다:

> 후사를 바라던 임금에게 계속하여 딸만 생긴다. 화가 난 임금은 일곱번째 딸을 내다버린다. 임금은 결국 몹쓸 병에 걸린다. 그러나 왕궁에서 호사를 하던 다른 딸들은 모두 핑계를 대고 영약靈藥을 구해오려 하지 않는다. 결국은 버려진 천덕꾸러기 "바리데기"가 저승까지 가서 온갖 고생 끝에 부왕을 살리는 영약을 구해온다. 그러나 바리공주는 보장된 미래의 화려한 생활을 포기하고, 만인을 살리는 무당이 된다는 이야기이다.

여기서 바리데기가 부왕을 위하여 저승 불사약을 구해오는 태도의 결정적인 이유는 바로 피를 나누어준 부모라는 이유이다. 즉, 혈통이 강조된다. 왕궁에서 훌륭한 교육을 받고 효도해야 한다는 말을 귀가 따갑게 들었을 다른 공주들은 모두 딴청을 피웠던 것이다. 경직된 지배 이데올로기로서의 유교 이념에 대한 반발과 그에 대한 보완으로서 부모-자식간의 혈연관계를 내세우는 무교적인 인생관이 더욱 역동적이고 인간적으로 다가오는 부분이다(윤이흠 1986. 127-50). 이렇게 유교의 지배 이데올로기가 남·녀를 가르고, 지배자와 민중을 나누며 노·유를 구분지음으로써 가져온 사회적인 거리감 social distance을 해소하고 사랑과 화목을 다지는 역할을 무교가 해왔던 것이다(조형경 1996. 80-97).

## 3. 결혼과 가정

온전한 인간이 되고 온전한 조상이 되기 위하여 결혼은 반드시 거쳐야 할 인생의 중요한 통과의례rite de passage이다. 그러나 다른 한편 여성에게 결혼은 고생문이며 시집살이이고, 출산은 남편에게 자식을 낳아주는 일로서 "어쩔 수 없는, 그러나 해야 하는 일" 정도로 받아들여지기도 한다. 결혼을 하지 않고 죽을 경우 독신으로 죽은 자의 혼령은 남아 있는 가족에게 해를 끼친다고 여긴다. 그래서 사후死後 결혼인 저승혼사굿 혹은 허재비굿도 불사한다. 죽은 총각과 처녀를 상징하는 인형을 만들어서 산 사람의 결혼식처럼 꾸며서 결혼식을 올리는 것이다. 이러한 굿을 하는 이유는, 결혼을 하지 못하고 죽은 이가 가족들에게 해가 되기 쉬운 악령이 되지 않고 저승으로 갈 수 있도록 하기 위하여 액운을 미연에 방지하는 일이다. 순수한 미혼자뿐만 아니라, 생전에 동거생활을 하여 사실혼관계에 있던 사람이라도 결혼"식"을 하지 않았다면 이러한 저승혼사굿의 대상이 된다. 의례 자체의 중요성(ritualism)이 강조되는 것이다. 하지만 일상생활에서는 사실혼도 물론 중요시된다. 부모나 집안의 반대 등으로 결혼식을 하지 않고 동거관계에 있더라도 자식 — 특히 아들 — 을 낳고 나면 결혼관계에 대하여 인정을 받는다. 자녀의 출산이 전통적으로 가족의 가장 중요한 기능이라 보는 데 기인한다.

무교의 성性윤리는 전통적인 유교윤리와 비교하여 볼 때 상당히 개방적이라 할 수 있다. 동해안 지방을 근거로 활동하는 무당집단의 경우, 혼인과 이혼은 일반인들에 비하여 훨씬 빈번하게 이루어지며 첩을 당연하게 받아들이는 분위기이다(최길성 1978. 53-96). 그 이유로는 다음과 같은 요소들을 들 수 있을 것이다. 첫째, 무교는 원시미분성原始未分性이 남아 있는 종교 형태로서 고등종교의 엄격한 윤리성이 통용되지 않고; 둘째, 무교는 종교의례상 여성 본위의 종교로서 무당은 무의巫儀를 주재하는 경력여성career woman이며; 셋째, 무의의 구조상으로도 무녀가 자기 기능을 수행하기 위하여서는 재비(樂士)로서 "바라지"를 해주는 남성 파트너가 필요하기 때문이다.

　부부간에 사이가 좋지 않을 때에는 젊은 여자귀신이 그 부부에게 붙어서 그렇다고 여긴다. 그러한 잡귀의 영향을 공방살空房煞이라고 하여 그런 나쁜 영향력을 제거하는 의례를 거행하는데, 이를 "공방살풀이"라고 한다. 그럴 경우 혹은 부적을 소지하거나 또는 여우 암컷의 생식기를 말려 몸에 지님으로써 일종의 유사주술 내지는 접촉주술로 문제 해결을 시도하기도 한다 (최길성 1985. 148-9).

## 4. 죽음의 문제

사람마다 일정한 목숨의 길이가 정해져 있어서 이를 천수天壽라고 한다. 그렇지만 사람이 그러한 자신의 운명을 지키기 위해서는 스스로가 정성을 다해야 한다. 무교에서 이상적인 죽음은 인생의 모든 통과의례를 다 거치고 자식을 낳아두고 나이 들어 자식들 앞에서 죽는 것이다. 그렇지 못하고 비명非命에 죽는 이상사異常死를 할 경우에 무교의례의 중요한 대상이 된다. 어린아이가 죽으면 태주무당에게 접신이 되어 점을 치는 역할을 하게 된다. 결혼 적령기에 이른 미혼자의 죽음은 다른 사람에게 해를 끼칠 위험이 농후한 아주 위험한 죽음이다. 그래서 죽어서나마 혼인을 시켜주어야 한다. 앞서 살펴본 바와같이 이러한 사후 결혼식을 저승혼사굿 또는 허재비굿이라고 한다.

　장애인의 죽음은 신앙의 대상으로까지 승화된다. 아마도 남다른 고생을 하며 한恨많은 인생을 경험한 이들의 죽음이 유별나다고 여겨지기 때문인 듯하다. 곱사등이·시각장애자·언청이·나병환자의 죽음은 굿에서 특별히 다루어진다. "맹인신장거리" 같은 독립적인 제차는 바로 이들 장애인의 죽음이 무교의례에서 신중하게 다루어짐을 보여준다. 동해안 별신굿에서 "심청굿"은 그 전 과정이 무려 일곱 시간이나 걸리는 아주 인기가 높은 굿거리이다. 경상북도 영덕의 석리에서 1995년 4월 19일 오후 2시에서 9시까지 김씨(1956년생) 무녀가 진행한 심청굿 사설에 의하면, 심 봉사가 눈을 뜨는 장면을 굿에서 재연함으로써, 어부들이 바다에 나가 물고기떼를 잘 발견하도록 눈을 밝게 해준다고 한다. 맹인의 개안開眼이라는 현실적으로는 불가능한 소망을 종교의례라는 형식을 빌려 실현한다. 그리하여 장애 상태로 죽은 이의 간절한 소망을 굿에서 상징적으로 이루어주고 원한을 풀어준다. 그렇게 함으로써 이승에서 굿을 하는 사람들에게도 반대급부를 비는 형식이라고 할 수 있다. 비명횡사한 사고사事故死의 경우에는 그 원혼을 달래는 굿을 해야 한다. 그래야 죽은 이가 올바로 신격화된다. 그러지 않으면 잡귀로 전락하여 굿의 마지막 절차인 "뒷전"에서 푸대접을 받게 된다.

이상적인 죽음이든 잘못된 죽음이든지간에 죽음은 강한 부정不淨을 동반한다. 일상적인 삶의 질서가 깨어지는 위험한 사건이 바로 죽음인 셈이다. 이러한 비정상의 상황을 다시 정상화시켜 일상으로 돌려놓는 메커니즘이 바로 "자리걷이"라든가 "집가심"과 같은 부정을 제거하는 의례이다. 특히 죽은 이를 매장하는 장소인 묘지가, 즉 음택이 중요하다. 풍수지리의 강한 영향으로 죽은 이가 지기地氣를 받아 후손에게 영향을 끼치기 때문이라고 생각한다. 죽은 이를 저승으로 보내어 신격으로 전환시키는 대규모의 의례를 "지노귀굿"이라고 한다. 이러한 의례를 통하여 죽은 이는 부정하고 부자유스러운 상태를 벗어나서 자유로운 신격이 된다. 한편 살아남은 가족은 부정한 상태를 벗고 정상인으로 복귀하게 된다. 죽음과 관련된 자세한 내용은 이어서 무교의 내세관來世觀을 다루면서 다시 한번 언급할 예정이다.

## 무교의 내세관

"개똥밭에 굴러도 이승이 좋다"라는 속담이 있다. 아무리 힘들고 어려워도 저승에 가기보다는 이승에서 살아 있기를 바라는 염원의 표출이리라. 그래서 죽음은 여느 종교와 마찬가지로 한국 무교에서도 가장 심각하고 중대한 사건으로 다루어진다. 무교뿐 아니라 어느 종교의례를 막론하고 죽음을 다루는 의례가 가장 정교하고도 다양하게 발전되어 왔음은 주지의 사실이다. 그래서 이번에는 한국 무교의 사후세계에 대한 이해와 사령제死靈祭에 대한 이제까지의 연구성과들을 비교하여 종합적인 개괄을 시도하려고 한다.

한국의 무교라든지 민간신앙 일반에서는 사후 세계, 즉 내세를 "저승"이라고 불러왔다. 살아 있는 인간이 사는 현세를 이승이라고 부르는 데 대한 대비개념이다. 그런데 그 저승이라는 것이 이승과 동떨어진 곳이 아니라 바로 이승의 투사물投射物이요, 이승과 연결되어 있는 곳이다. 양洋의 동서를 막론하고 고래로 순장殉葬이나 중장重葬을 하는 이유는 바로 죽은 이가 저승에서도 이승에서와 같은 삶을 누리라거나, 어서 살아 돌아오라는 뜻을 담고 있다. 죽은 이가 어떻게 계속하여 "살아가며", 어디서 사는지 알아보기로 한다.

### 1. 사령死靈

먼저 인간의 구성을 보면, 인간은 일정한 기간 동안만 한정적으로 존재하는 육체인 "몸"과 무한히 살아남는 영적 요소인 "넋"으로 되어 있다. 넋은 얼・혼・영・영혼・혼백・혼령 등으로도 불린다(박일영 1992. 67-70). 넋은 생사를 초월하여 있으며, 육신을 자유로이 출입하는 존재이다. 얼이 빠졌다 (얼간이)라든가, 넋이 나갔다, "넋들임"을 한다라는 표현들이 넋의 이러한 속성을 드러내 보여준다. 임종자의 숨이 넘어가면, 망인의 의복을 들고 밖으로 나가서 북쪽을 향하여 "복, 복, 복!" 하고 외치는 고복皐復은 바로 "넋이 되돌아오라"(返魂)고 부르는 초혼招魂의례이다. 물에 빠져죽은 사람을 위해 벌이는 "수망굿"에서는, 먼저 익사 장소에 가서 "넋(혼)건지기굿"을 한다.

　이렇게 보면 넋은 또 "산 (사람의) 넋"生(者之)靈과 "죽은 (사람의 살아 있는) 넋"死(者之生)靈으로 나뉜다. 상례나 제례에 관련되는 넋은 죽은 사람의 넋인 사령死靈이 되겠다. 사령은 다시 선령善靈인 조상祖上과 악령惡靈인 원귀寃鬼로 나뉘어진다. 선령인 조상이 되는 과정은 다음과 같다. 먼저 천수를 다누리고, 자기가 살던 집 안에서, 자손들이 보는 앞에서, 여한이 없이 죽은 이상적인 죽음(理想死)의 경우이다. 이 경우에는, 사후 "삼년" — 만 이년 남짓 — 만에, 대상이 지나고 나면 죽음의 부정을 씻고, 재수와 부귀를 가져다주어 후손을 보호하는 조상의 반열에 오른다. 그렇게 죽지 못한 한스런 죽음(異常死)의 경우에는, 진오귀굿 같은 신격화의 과정을 거쳐서 조상이 된다. 그도 저도 되지 못한 사령은 원귀가 되어 이승에 살아남은 인간을 괴롭히는 악령이 되는 것이다. 악령인 원귀는 생전의 원한이 남아 저승으로 들어가지 못하고 질병이나 재앙 등으로 살아 있는 이들을 끊임없이 괴롭히는 공포의 대상이 된다. 결혼(식)을 하지 못하고 죽은 처녀귀신인 "왕신" 혹은 "손각시"라든가, 총각귀신인 "몽달귀신" 혹은 "삼태귀신"이 대표적인 원귀이다. 바로 이들을 달래고 저승으로 천도하기 위해서 죽은 후에라도 결혼을 시키는 "저승혼사굿" 또는 "허재비굿"을 하는 것이다.

　죽은 자와 산 자는 무당이라는 이승과 저승 양쪽을 연결하는 중개자bridge-builder를 통해 의사소통을 하면서 계속적인 관계를 맺으며 하나의 공동체를 형성한다. 이렇게 보면, "넋"은 살아 있는 인간의 원동력이었다가, 사람이 죽고 나면 육체를 떠나 독립적으로 그들만의 세계인 저승에 머물면서 이승의 인간세계와 관계를 이루어나가는 불멸의 존재라는 해석이 가능하다.

## 2. 저승(來世)

한국 무교의 인생관은 한마디로 삼생관三生觀이라고 할 수 있다. 전생前生, 이승 그리고 저승에서의 삶이다. 전생이 어떠했느냐에 따라 이승에서 인간으로서 사는 삶의 질이 결정된다. 저승은 바로 이승의 투사물이다. 저승의 삶도 이승의 삶과 다를 바가 없다. 죽은 사람을 데리러 온 저승사자에게 천천히 데려가라고 떼를 쓰기도 한다. 저승사자가 저승가는 길을 서두르지 않고 중간중간에 물을 마시느라 자주 쉬도록 만드는 장치(?)도 개발되어 있다. 저승사자를 대접하는 "사자상"使者床에다가는 간장종지를 올려놓는 꾀를 부리는 것이다. 저승 열두 대문을 통과할 때는 저승 문지기에게 "인정을 써야" — 뇌물을 줘야 — 무사히 지나갈 수 있다고 저승 노자돈을 마련한다.

이승과 저승은 엄격히 분리되어 있는 세계가 아니라 서로 이어져 있다. 왕생을 바라는 염원이 표출된 좋은 예가 바로 이중의 장례, 중장重葬이다.

저승사자를 위해 차린 사자상. 저승길에 신고 갈 짚신도 마련되었다. (서울 우이동 전씨당, 황해도 진오귀굿: 1991년 7월)

죽은 사람의 시신을 바로 매장하는 것이 아니라, 우선 가묘假墓에다가 이엉을 덮어두거나(草墳), 지표면에 드러나게 두어서(風葬), 살이 썩은 다음(肉脫), 그 뼈를 추스르고 닦는 세골洗骨을 한 후에 비로소 완전히 매장하는 장례방식이다. 전라남도 진도를 비롯한 서해 도서지방에 지금까지도 시행되고 있는 장례방법이다. 죽은 후에도 비교적 오래 스러지지 않고 남게 되는 뼈가 바로 넋이 머무르는 거처라고 여기는 까닭에 뼈를 소중히 다루는 것이다.

저승의 또 다른 명칭들은 구천九泉・황천黃泉・음부陰府・유도幽都・염라국閻羅國・명부冥府 등이다. 이렇게 다양한 명칭이 나타나는 것은 바로 죽음 이후의 세계에 대한 민간의 관심이 그만큼 지대함을 보여주는 반증이 된다. 인간 존재에게 있어서 죽음은 어느 누구도 거역할 수 없는 현실이어서, 무교의 의례에서도 죽음과 관련되는 내용들이 다양하게 발전되어 온 것이다. 무교에서 저승이라는 공간은 자연순환의 근원지요, 이상향이다. 사람이 죽으면 본래 비롯한 그곳으로 돌아가는 것이다. 저승의 위치는 막연하여, 그냥 다리를 건너서 가는 저편이다. 사령제의 다리굿에서, 저승다리의 상징인 시왕포를 가르거나 베를 쩨는 동작은 죽은 이가 이승에서 분리되어 죽음 저편의 세계로 잘 가도록 돕는 의미를 내포한다.

죽은 인간은 저승에 가서 재판을 받게 된다. 재판을 받기까지의 과정은 이렇다. 한 사람이 죽을 때가 되면 "사재"(使者)라고도 불리는 저승사자가 저승길을 안내하러 온다. 저승사자를 따라 저승길을 가다보면 여러 차례 대문을 통과해야 되는데, 이때 저승 문을 지키는 차사差使에게도 인정을 써야 무사히 통과가 된다. 드디어 저승에 다다른 죽은 이는 저승문서를 관장하는 최판관崔判官(= 재판관?) 앞에서 서류심사를 거쳐, 열 대왕(十大王)의 심판을 받는다. 저승의 시왕十王은 열 가지 저마다 다른 양상의 지옥을 다스리는 존재이다. 흔히 말하는 염라대왕은 시왕 중에서 다섯째 왕이다. 염라대왕은 어른 말에 건성으로 대답하거나 거짓말을 한 죄인을 다스려서, 혀를 잡아 빼는 벌을 주는 발설拔舌 지옥을 맡고 있다. 저승에 대한 이러한 모습의 상정은 불교의 영향을 다분히 받은 것이다(조흥윤 1999, 31-79).

심판의 기준은 혈연으로 이루어지는 인간관계를 기본으로 한다. 부모 효도와 집안 화목이 심판 내용의 주안점이 된다. 그래서 이기심을 단죄하며 공동선을 강조한다. 개인·가족, 국가 및 지역사회 그리고 인류 보편의 문제들을 혈연관계를 기본 규범으로 하여 심판한다. 심판의 결과는 이렇다. 죄가 없고 이승에서 많은 공덕을 쌓은 사람은 저승에서 다시 태어나(再生) 그곳에서 영생하거나, 새나 나비가 되어 이승으로 환생한다. 죄가 있는 사람은 지옥의 정화 과정을 거친 후에 저승에 안주한다. 죄가 너무 많아 지옥의 형벌로도 다스려지지 않을 때는 소나 말, 구렁이나 지네 등으로 이승에 환생한다. 불교의 윤회와는 달리 이승으로의 환생은 단지 동식물로만 가능하며, 인간으로 이승에 사는 기회는 단 한 번뿐이다. 이러한 현실 인식은 이 세상에서의 삶을 긍정적으로 여기고 적극적인 삶을 영위하도록 이끄는 정신적인 바탕이 되었을 것이다. 이러한 인식과 자세가 자칫 현세기복적現世祈福的이라고 오해를 받는 면이기도 하다.

 한편, 제 명대로 다 사는 천수를 누리지 못하고 남의 명에 죽은 사람, 즉 비명에 간 사람이나, 돌볼 후손이 없어 신격화 과정을 거치지 못한 혼령은 이승에도 속하지 못하고, 저승에도 들어가지 못해 구천에 떠도는 뜨내기 귀신, 뜬신(雜鬼雜神)이 되고 만다. 그래서 "무자귀신無子鬼神이 서럽다"라는 말이 나온다. 이들 원귀는 뒤늦게라도 진오귀굿을 베풀어 신격화시켜서 완전하게 저승에 들여보내거나, 아니면 굿의 마지막 절차인 뒷전에서 풀어먹임으로써 임시방편으로 달래거나 누르는 대상이 된다.

## 3. 사령제死靈祭

 죽은 이의 넋을 위한 제의를 통칭하여 사령제라 한다. 죽은 사람의 몸을 중심으로 생각하는 사자死者 또는 사체死體와는 달리, 사령은 죽은 사람에게도 계속 넋(靈魂)이 살아 존재한다는 전제하에 사용되는 개념이다. 인간의 죽음은 단순히 물리적인 생체 기능의 중단만이 아니다. 거기에는 종교적 의미가 부여된다. 무교의 사령제는 죽은 이의 넋을 달래어 저승으로 천도하고, 살아남은 이들의 안녕과 질서를 꾀하는 목적에서 거행된다. 죽음이라는 사건으로 발생한 위험한 상황인 "부정"不淨은 일상의 조화와 질서가 파괴되는 혼돈을 표현하는 무교신앙의 용어이다. 이러한 부정을 "입고 벗는" 과정이 사령제를 통해 이루어진다. 살아남은 사람은 차차 상喪을 벗고 일상의 질서로 복귀하며, 사령은 부정한 기간을 지나서 귀신·조상·신령이 되어 집을 떠나 멀리 저승으로 간다. 그렇게 되면 이제 사령은 후손을 돌보아주는 수호신으로 신격화되어 격상한다. 살아남은 자에 의해 숭배되는 존재로 변신하는 것이다. 이 과정을 거치지 못한 사령은 조상신이 되지 못하고 잡귀가 된다. 여기에 바로 사령에 대한 제의, 사령제가 거행되는 소이가 있다.

중요한 제차에서만 사용하는 "큰머리"를 얹고 굿을 하는 무당 (서울 공간사랑, 통영 오구새남굿: 1984년 4월)

임종의례에서부터 시신 처리 과정인 장례葬禮를 포함하는 상례喪禮 그리고 제사祭祀와 차례茶禮를 합한 제례祭禮에 이르기까지 사령제는 종류에 따라, 지역에 따라 그리고 종교마다 다양한 양상을 지닌다. 무교의 사령제에 국한시키더라도 종류와 지역에 따른 편차가 꽤나 복잡하다. 역사적으로 보아, 임종의례에서 시신 처리 부분인 장례까지에 이르는 절차가 고려시대 말까지는 고유한 무교의례가 있었던 것으로 보인다. 조선조 이후에는 주희의「주자가례」에 준한 유교식 의례가 주종을 이루고 있으며, 현대에 와서는 장의사에 일임하여 공동묘지에 매장하거나, 화장하는 경향을 보이고 있다. 사령과 산 이들이 정상적인 관계를 맺은 이후의 사령제라 할 수 있는 조상숭배의식인 제례 역시 유교의례와 구분하기 어려울 정도로 습합되어 있다.

넓은 의미로는 사람이 죽어 상중喪中에 행하는 의례 전반을 상례라고 하겠다. 상례는 다른 종교와 마찬가지로 무교에서도 가장 분화되고 발달한 의례이며, 한편 인간의 최종 통과의례라는 점에서 매우 보수적인 성격을 띠고 있다.

무교의 상례는 시기상으로 나누어서 세 종류를 들 수 있다. 첫째는 살아생전에 본인이 자신의 사령제를 미리 거행하는 "산오구굿"이 있다. 불교의 생전 예수재豫修齋에 비견되는 의례이다. 죽은 뒤에 돌보아줄 후손이 없거나, 후손이 있더라도 자신의 의사대로 무교에 따른 상례를 치르지 않으리라고 판단될 때 미리미리 손수 해두는 예외적인 사령제인 셈이다. 이제까지 알려진 바로는 부산이나 경남 지역 그리고 제주도에서만 그러한 사례가 관찰·보고되었다. 개인이 혼자 의뢰하는 경우도 있으나, 경비조달의 문제로 여러 사람이 공동 추렴을 하여 의뢰하는 예가 대부분이다.

다음은 장례 당일에 하는 상례이다. 서울이나 경기도 지역에서는 "자리걷이" 혹은 "집가심" 또는 "방가심"이라 한다. 같은 의례를 제주도에서는 "귀양풀이"라 한다. 본격적인 굿의 형태로 행하는 전라도의 "곽머리씻김" 또는 "진씻김"도 이러한 범주에 드는 의례이다. 장례를 지낸 그날에 사람이 죽은 자리인 방이나 집을 정화하는 의례이다. 사람이 죽은 장소는 부정을 타서 망자의 가족이나 주위 사람들에게 해를 끼칠 수 있다고 믿기 때문에 죽음의 자리를 "가시는" — 씻는, 정화하는 — 것이다. 단순히 위생적인 소독의 의미만이 아니라, 그렇게 해서 죽음의 자리에 따르는 해로운 영향력인 "부정"을 심리적으로 그리고 종교적으로 걷는다. 심리적으로는, 살아남은 사람들이 죽은 자에 대한 회한, 미련, 마음의 상처 그리고 미처 받아들일 준비가 되어 있지 않던 죽음이라는 충격적인 사건을 차근차근 받아들이도록 한다. 종교적으로는, 산 사람의 마음뿐만 아니라 죽은 사람의 마음도 달래서 살아 있는 사람에게 초인간적인 원인에 의해 탈이 나거나 살煞이 끼는 것을 방지하는 예방의례의 목적도 있다고 할 수 있다. 그래서 자리걷이에서는 죽은 이의 여한을 달래고, 살아 생전에 미처 못다한 그의 말(넋두리)을 무당의 입을 통해 더 들어본다. 또한 묘지가 마음에 드는지, 남아 있는 이들에게 남기고 싶은 말은 무엇인지를 듣는 시간을 마련하는 것이다.

자리걷이의 절차는 다음과 같다. 장례일이 되면 상가의 남자들이 장지에 가서 산역山役에 참가하는 대신에, 여자들은 집 안에서 자리걷이를 준비한다. 일종의 역할분담인 셈이다. 죽은 사람이 누워 있던 자리에는 커다란 그릇에 쌀이나 밀가루를 담아서 널판지를 덮고, 그 위에다가 망자亡者가 평소에 입던 옷을 놓아둔다. 이것을 "넋반"이라고 한다. 굿이 끝난 다음에 죽은 사람이 무엇으로 환생하는가를 넋반 속의 쌀이나 밀가루 위에 난 자국을 보아 확인한다. 새 발자국이나 나비 모양이 나타나면 자유로운 넋으로 환생했다는 의미의 길조이다. 지네나 뱀이 지나간 자국으로 여기는 구불구불한 모양은 흉조로 여긴다. 이 세상에 여한이 많거나 갚아야 할 죄의 값이 남은 의미라고 보기 때문이다. 무당은 상(祭壇)을 차리고, 죽은 이의 혼을 뜻하는 "넋전"을 창호지로 오려서 머리에다 매단다. 그 다음에 무당이 고리짝을 긁거나 장구를 치면서 무가를 부른다. 이때 망자의 혼을 자기 몸에 실어서(넋들임) 죽은 사람의 말을 대신한다. 이것을 "넋두리"라고 한다. 넋두리의 내용은 대체적으로 죽음을 서러워하는 말이다. 그외에도 살아남은 이들에게 당부하는 말과, 묘지의 좋고 나쁨에 대한 의사표시를 한다.

자리걷이는 모든 신들을 청해 들이는 본격적인 규모의 굿이 아니다. 죽음에 관계되는 신들만을 불러 죽음의 부정을 가시는 소규모의 의례이다. 제주도의 귀양풀이나 전라도의 곽머리씻김은 형식은 조금씩 달라도, 기본적인 의미가 죽음에 따르는 부정을 정화한다는 데 있어서는 같다.

　죽은 지 일년 이상 지나서 시행하는 의례로는 서울·경기 지역의 진오귀굿, 평안도의 다리굿, 함경도의 망무기굿, 경상도의 오구굿, 제주도의 무혼굿, 동해안의 수망굿 그리고 전라도의 씻김굿 등이 있다. 진오귀굿은 다시 매장 직후부터 한 달 이내에 하는 진진오귀와, 대상 무렵 혹은 그후에 날을 받아서 하는 마른 진오귀 또는 평진오귀로 나뉜다. 씻김굿도 진씻김과 마른씻김이 있다. 씻김굿을 내용상으로 구분하면 혼맞이굿·혼(넋)건지기굿·저승혼사굿이 있다. 시기상으로 구분하면 곽머리씻김굿(진씻김)·소상씻김굿·대상씻김굿·날받이씻김굿·초분본장씻김굿이 있다. 이렇게 다양한 명칭에서도 볼 수 있듯이, 무교의 사령제야말로 한국 무교에서 죽음의 문제를 얼마만큼의 비중으로 다루고 있는지를 적나라하게 보여주는 분야이기도 하다.

## 4. 상례喪禮의 의미와 목적

이제 무교에서 상례가 가지는 의미와 목적을 천착해 볼 차례이다. 한국 무교에서 상례는 첫째로, 사령이 원령怨靈 내지는 악령으로서 떠돌이 넋이 되기 이전에 미리 저승으로 천도하는 예방의례로서의 성격을 가진다고 할 수 있다. 이승에 미련이 남은 사자는 이승과 저승의 중간에서 배회하면서, 살아 있는 이들을 괴롭히는 원귀나 원령이 될 수도 있다. 사령제를 통하여 산 이들에게는 그러한 불행을 예방하고, 망자는 이승에 대한 미련을 떨쳐버리고 저승으로 갈 수 있다.

　둘째로는 화禍의 넋을 복福의 넋으로 바꾸는 전환의례의 성격을 지닌다. 부자나 가난한 자의 차별도 없고, 이승에서 좋은 일을 한 사람이나 나쁜 일을 한 사람의 차별도 없다. 부유함과 빈한함, 선행과 악행이 저승 천도의 기준이 되지 않는다. 사령제를 베풀어서 부정을 제거하고, 저승사자들을 기쁘게 해주면 저승으로 갈 수 있다. 무교의 사령제는 어떠한 사람의 죽음이라도 예외없이 상례를 통하여 구제할 수 있다는 의례지상주의ritualism의 보편적 구원을 강조한다고 할 수 있다.

다음으로 상례에 나타나는 저승의 위치는 이승의 저 너머에 있는 곳으로, 이승과는 수평적인 위치에 있다. 이승과 저승은 동떨어져 있는 것이 아니라 서로 연결되어 있다. 전통 가옥에서 뒷마당의 장독대는 바로 이승과 저승을 연결하는 공간적 표상이 된다. 집안의 주부가 저승과 의사소통을 시도하는 소규모 의례를 거행할 때에, 즉 조상신들에게 "비손"을 하거나 "치성"을 드릴 때, 그 장소가 그래서 바로 장독대가 된다. 사령제에서 조상(신)은 무당이 맴을 돌고 나면 접신이 된다. 그러한 모습은 바로 조상이 지금 이 세상과 수평적인 위치에 있는 저승의 모퉁이를 "돌아서" 또는 다리를 "건너서" 이곳으로 온다는 의미가 된다. 천신 계열의 신령들이 무당의 도무 뒤에 하강하여 접신하는 현상과는 좋은 대조를 이룬다.

사령제에서 "다리"는 특별한 상징성을 가진다. 다리는 이승과 저승의 양 세계가 이어져 있다는 표상이다. 이 다리야말로 무당이나 조상이 이승과 저승을 넘나드는 매개체가 된다. 이 다리를 통해 무당이나 조상이 이쪽(이승) 저쪽(저승)을 건너가고 건너오며, 돌아가고 돌아온다. 그렇기는 하지만 이승과 저승은 또 엄연히 다른 세계이다. 그래서 바로 또 이 다리를 "갈라서" 이승과 저승을 상징적으로 분리시킨다. 진오귀굿에서, 다리굿에서 기다란 무명이나 베로 상정한 다리인 "시왕포"를 "짜악짝!" 찢는 소리는 영이별의 아픔을 "다리"라는 구상화具象化(reification)된 모양뿐 아니라 그 날카로운 소리로도 이승에 남은 이들의 심금을 울리며 형상화한다(Needham 1979, 311-8).

위에서 살펴본 바에 따르면, 무교의 상례에는 세 가지의 중요한 목적이 있다. 무엇보다 앞서서 살아남은 이들의 행복 추구이다. 강한 부정의 발생이라고 표현되는, 비非일상적이고 충격적인 사건인 죽음을 종교의례를 통하여 단계적으로 수습하려는 시도이다. 차근차근 죽음을 재再체험함으로써 미지의 세계에 대한 이해를 시도한다. 우선 감정적으로는 별리別離의 슬픔을 달랜다. 심리적으로는 심하게 받은 내면의 충격을 흡수·완충하고, 엄청난 일을 당한 같은 공동체의 유대감을 확인한다. 사회적으로는 한 구성원의 결원으로 생기게 된 사회적인 질서의 혼란을 수습하고 재구성하는 기능을 한다. 종교적으로는 불가항력의 사건인 죽음을 초인간적인 힘(神靈)을 동원하여 최종적으로 극복하고 해결하려는 의도이다.

둘째 목적은 죽은 이의 위로이다. 무당의 입을 빌려(넋내림, 넋들임), 살아생전에 못다한 망자의 말을 함으로써(넋두리, 기밀드림), 망자의 한을 풀고 편안히 저승으로 가도록 한다.

마지막으로는 산 이와 죽은 이의 연대감 확인이다. 조상숭배라는 모습으로 산 자와 죽은 자가 의사소통communication의 통로를 열어 새로워진 관계를 지향한다. 그럼으로써 신과 인간, 인간과 인간 사이에, 그리고 하늘과 땅 사이에, 온 누리의 안녕과 질서를 도모한다.

이제까지 한국의 대표적 민간신앙이며 민중종교인 무교에서 죽음을 어떻게 이해하며, 종교의례를 통하여 그 죽음을 어떻게 극복하고 해결해 가는지 보았다. 그것은, 한마디로 말하자면, 이승에서의 한을 풀고 저승으로 천도한다는 관심사로 집중되는 것이었다. 그리하여 산 자와 죽은 자가 행복을 공유함으로써 이승과 저승이 연결된 공동체의 유대를 재확인하고, 하늘과 땅이 맞닿은 우주의 조화를 꾀하는 일이 되는 것이다.

# 무교의 영성: 굿정신

한국의 무교를 한마디로 무엇이라고 부를 수 있을까? 그것은 요컨대 "현대 사회 속의 '원시' 종교"라고 부를 수 있겠다. 즉, 심각하고도 신속하게 변화하는 사회 한가운데 엄존하는, 오래된 그러나 생동하는 종교라고 말이다. 이러한 무교의 모습은 그러면 단순하게 구태와 첨단의 기묘한 대조인가, 아니면 무언가 물질적 풍요를 빌미로 잃어버린 정신적인 내용의 공허에 대한 보완인가? 이러한 문제의식을 풀어가는 실마리는 바로 이것이다. 말하자면, 산업화하는 사회 속에서 다시 주목받는 원시종교의 원초적인 종교성과 같은 것 말이다. 그런데 무교가 지닌 종교성은 오늘날 첨단과학과 고등종교들이 넘쳐나는 상황에서도 여전히 종교적 신빙성을 지니는가, 혹은 옛시절을 그리는 센티멘털한 향수에 지나지 않는가?

흔히 "굿정신"이라고 일컬어지는 무교적 종교성은 한국인이 지닌 정신적 유산의 기반이라고 여겨진다. 이러한 무교적 종교성은 전통적인 무교라는 고유종교의 계승 형태로 보존되는가 하면, 자생적 민족종교의 창립이나 외래종교의 토착화를 통하여 무교의 새로운 적용이라는 모습으로 변형되어 나타나기도 한다. 후자의 모습으로 나타날 때 무교적 종교성으로서의 굿정신은 한편으로, 민중의 역동적인 생명력force vitale의 정신적 기반이 되는가 하면, 혹은 현실도피적 기복의 내용이거나, 지배권력(엘리트)의 합리화 도구로 전락하기도 한다. 여기에서 무교적 영성spirituality 내지 종교성religiosity의 올바른ortho-practical 계발이 필요한 소이가 있다. 그리하여 무교적 종교성과 한국 민족종교의 생명력 그리고 외래 고등종교의 사회의식이 서로간에 상호 선교함으로써 종교간에 실천적 대화와 만남이 가능하다고 본다.

## 1. 민중의 공감 — 공동체적 종교성

공인되는 경전이 없고 창시자가 분명하지 않은 종교에서는 종교적 기능을 행사하는 자가 결정적 위치를 차지한다(박일영 1989. 106-7). 그런 의미에서 한국 무교의 정신을 알아보는 데는 무당에 대한 연구가 우선시된다. 무당의 유형은 흔히 강신무와 세습무로 나누인다. 무당이 되는 과정에서 강신무는 직접적인 신령체험에 의하며, 세습무는 집안 대대로 이어지는 가계 세습에 의한다. 하지만 실제에 있어서 이와 같은 신통神統과 가통家統의 경계는 모호하다. 현장 조사를 해보면, 강신무의 경우에 가계 세습의 흔적이 나타나는가 하면, 세습무의 경우에는 신병과 유사한 현상이 드러나기도 한다.

무교 신도들의 공동체를 "단골판"이라고 부른다. 북부의 강신무 계열에서는 특정 무당의 카리스마를 중심으로 하는 인물 위주 공동체가 형성되며, 남부 세습무 계열에서는 대체로 마을 단위 지역 공동체가 이루어진다. 무교의 신봉자들은 그들이 신령들을 어떻게 대우하는가에 따라서 행운을 얻기도 하고 불행을 당하기도 한다고 생각한다. 그리하여 그 자체로 선하거나 악한 신령이 있는 것이 아니라, 그때그때의 기분에 좌우된다는 것이다. 심지어는 저승사자마저도 잘 달래서 기분을 맞추어주면 고인이 어려움 없이 극락세계에 도달할 수 있으며, 그럴 때 비로소 남아 있는 유족들도 사령의 시달림을 받지 않고 편안히 살 수 있다는 것이다(박일영 1992. 67-96).

한국의 무교에는 수많은 신령들이 존재한다. 신령들에 대한 이야기인 신화는 국내에서 생겨나기도 하고 외국에서 유입되기도 하다가 언젠가는 슬며시 사라지기도 한다. 이 신령들은 살아 있는 인격체로서 이 세상에 남아 있는 사람들과 실존적 경험을 나누는 것으로 여겨진다. 그리하여 무신도로 그려져서 구체적인 모습을 띤다. 무신들의 만신전萬神殿에서 예외적으로 지고신인 하느님과 잡귀잡신은 구체적 형상으로 잘 나타나지 않으며 무신도로 그려지지 않는다(박일영 1991. 79-106). 조흥윤은 한국 무巫 전통에서 신격이 형성되는 일곱 가지의 가능성을 제시하였다(조흥윤 1983. 104-11). 이러한 가능성들은 한 공통성을 가지는데, 그것은 바로 무교 공동체 내지는 무교사회의 공감이라는 것이다. 그래서 신령들은 공동체의 공감을 잃게 되면 굿판을 떠나게 된다. 무교의 세계관에 따르면, 이 세상에 현재 살고 있는 사람 이외의 모든 사물 안에는 신적인 힘이 들어 있다. 이러한 힘의 위계질서상 하느님이 최상위에 위치하여 우주 만물을 다스린다. 그러나 한국 무교에서 하느님은 자신의 능력을 하위 신령들에게 양도하며, 인간사에는 하위 신령들이 구체적으로 직접 관여한다.

한국 무교에서 신앙의 내용과 체계는 이상에 언급한 세 주역 사이의 관계에서 자리를 잡는다. "무꾸리"(占卜)를 통해 신령과 인간 사이에 처음으로 접촉이 이루어지며, 그 결과에 따라 어떠한 신앙행위를 해야 할지가 정해진다. 집에서 혼자 "비손/비나리"를 할 것인가, "부적"을 써붙이거나 몸에 지니든가, 아니면 본격적으로 "치성"을 드리거나 "굿"을 하게 된다.

비손·부적·치성이 재앙에 대한 미봉책이거나 최종적 해결방안의 효력 강화 수단이라면, 굿은 신령과 기주祈主 사이에 중개자 역할을 하는 사제자인 무당을 통해 "흉하고 험한 일"(兇險之事)을 최종적으로 거두어버리고 새로이 조화를 이룩하는 일이라 할 수 있다. 그래서 굿에서는 수많은 신령들이 불려오고(請神), 노래와 춤과 온갖 제수로 달래지고 나서(娛神), 다시 전송되는 절차(送神)를 밟는다(박일영 1990. 11-27). 한마디로 정리하자면, 원초적 시간인 "그 때 그 시절"in illo tempore 구원(제수)의 상황이던 것이 현재 비구원의 상황(한, 살, 탈, 액)으로 떨어짐으로 해서 다시 구원의 상황을 추구하게 된다. 이러한 구원과 비구원의 양극성이 신령-무당-신도의 삼각관계를 통해 순환성으로 전환되어 풀어지는 것(한풀이)이다.

## 2. 한풀이와 한맞이 — 삶의 성사성

고난(恨)은 극복될 수 있다는 것이 무교 신봉자들의 경험이다. 고난이 극복된 새로운 삶이 일종의 상징언어로서 의례에 나타난다. 굿의 치유 효과에 착안한 이부영은 무당굿이 일정한 해피 엔딩의 유형을 갖추고 있다고 본다 (이부영 1982, 163-4). 신령들이 처음에는 인간들의 게으름과 무관심을 탓하다가도 결국에는 축복을 하고 불운으로부터의 보호를 약속한다는 것이다.

1) 신령의 위협과 비난: "신령을 잘못 모셨으니, 지금 네가 당하는 불행은 당연하다."
2) 기주가 용서를 청함: "몰라서 그랬으니 보호해 달라."
3) 신령의 조건부 용서: "이번만 특별히 용서해 준다."
4) 훈시와 축복: "걱정하지 마라. 앞으로는 잘 될 것이다."

이러한 단계를 거쳐서 신령들과 인간 사이에 또는 인간들 상호간에 새로이 정립된 관계가 형성된다. 그것은 특히 미래에 대한 낙관적인 조망이라는 심리적인 기제를 통해서 이루어진다. 이렇게 볼 때 굿의 핵심은 갈등과 고통의 가능성으로 가득 찬 세계 안에서 "재수"를 확보하는 것이라고 말할 수 있다. 여기서 말하는 재수라는 개념은 안전・보호・생존 등을 포괄하는 의미로 이해되어야 한다. 한국 무교신앙에서 이 개념은 마치 히브리 성서에서 샬롬shalom이 가지는 의미처럼 초자연적인 존재로부터 오는 총체적인 구원이라는 뜻에서 이해될 수 있다.

무교의 신앙 내에는 죄의식이 별로 없다고 주장하면서, 죄에 대한 이야기를 명료하고 체계적으로 하지 않는다고 하여 무교를 비윤리적이고 저급한 종교라고 보는 것은 편협한 시각이다. 그러한 시각을 종교사 속에서 살펴보면, 민중종교를 억누르고 그 자리에 지배자의 이데올로기를 심으려는 의도에서 나타나곤 하였다. 지배자들은 민중의 생활 깊숙히 자리잡고 있는 민간종교를 "미신"으로 매도하는 대신 자신들의 신념체계를 강요함으로써 존재 기반을 강화해 왔다(최경호 1996).

실제 굿 의례에 참여해 보면 무교에도 건전한 윤리가 살아 있음을 확인할 수 있다. 일례로 전국적 분포를 보이는 대표적 무교신화 "바리공주 무가"를 분석해 보면 부모에 대한 효심, 나라에 대한 충성심, 불쌍한 이를 도와주기, 자신을 희생하기 등 고도의 윤리적 요소가 곳곳에 들어 있다(조형경 1996).

무교는 그러한 윤리적 요소들을 내포하면서도 윤리의 차원을 넘어선다. 무당은 신령과 인간을 이어주는 매개자 역할을 하면서, 인간관계만으로 해명되지 못했던 물음들을 해명해 주고 가슴깊이 맺힌 한을 풀어준다. 이해되지 않았던 불행들로 인해 고통받던 사람들이 한풀이를 통해 치유되는 과정을 거치고 나면 적극적으로 한을 수용할 수 있는 "한맞이"가 가능해진다. 따라서 무교의 신앙은 한풀이의 장으로 끝나는 것이 아니라, "한풀이"의 과정을 거친 다음 고통으로 가득하고 한많은 이 세상의 의미를 깊이있게 체험하면서 적극적으로 살아가게 하는 "한맞이"의 자세도 갖추게 해준다.

## 3. 의례 공동체의 연대감 — 종교의 현장성

민중종교의 신앙체계 안에서는 자연계와 인간사회의 질서가 서로 교차하면서, 자연의 요소들과 인간이 우주적인 친교를 이룸으로써 사회 안에 조화 harmony가 확보된다고 한다. 무교의례인 굿이 진행되는 동안에 구경꾼까지 포함한 모든 참석자들은 가족적인 분위기에서 풍성한 대접을 받게 된다. 굿 중간의 식사시간이나 제의적인 대동음복의 경우에 화기애애한 분위기가 이루어지곤 한다. "굿당"은 일상생활을 영위하는 장소와 비교하여 그 크기나 모양에서 별 구별없이 친근한 장소이다. 굿의 내용은 "재앙을 쫓고 복을 부름"으로써 한恨을 풀고 원願을 들어주는 데 적합하다.

알로이시우스 피에리스는 이러한 민중종교의 종교성을 "우주적인 종교성"(Pieris 1986, 135-8)이라고 칭한다. 이렇게 우주적인 종교성에서 계발된 소속감은 공동체 구성원의 연대적인 삶의 추진력으로 작용한다. 그것은, 즉 함께 나누는 생활, 함께하는 식사, 삶의 갈등과 모순에 대한 공동해소 노력 그리고 불운이나 재앙에 대한 공동대처로서 말이다.

무교 의례에서 사용되는 언어는 그 의례를 청한 단골이나 진행하는 무당이 겪은 실존적 경험에 대한 집단 전승이요, 의사소통이라고 할 수 있다. 한국 종교사의 흐름 속에서 보더라도 지배자들은 사회비판적인 기능이 다분한 피지배자들(民衆)의 제의를 금지하지 않았을 뿐 아니라, 어떤 의미에서는 장려하고 즐기기까지 했다는 것을 알 수 있다. 예를 들어 강릉 단오제에는 원래 탈춤이 없었다고 한다. 그러한 사실을 관가에서 애석하게 여겨 관노(官奴)들을 시켜서 연희하게 한 탈춤이 바로 관노가면극이라는 것이다(장정룡 1989). 이것은 민중종교의 제의가 단지 양반의 오락거리 구실을 했다고 보기보다는 지배자와 피지배자간의 중요한 언로의 구실을 했다는 의미가 된다. 민중제의에서 드러난 이러한 이야기들은 절실한 삶의 현장에서 발생한 이야기들이고 생존을 위한 노력의 결과물이다. 그래서 이러한 이야기들은 단지 입으로만 전해지는 것이 아니라, 온몸으로 증언되는 언어이다.

맑은 물이 펑펑 쏟아지라고 새미굿을 하는 고인들 (경남 통영, 처리섬 별신제: 1984년 4월)

이러한 언표는 "시대의 징표"signum temporis를 깨닫도록 해준다. 고난받는 이들이 경험한 집단적인 전승의 이야기라든가 그러한 고난의 극복과 관련한 민중의 감수성이 무교제의에서 감지된다. 고난에 대한 경험이 주로 비극적인 분위기의 "공수"에서 잘 드러나고, 그러한 고난의 극복이 희극적인 분위기로 전환된 "덕담"에서 구체적으로 드러난다.

  에, 에, 오늘은 부모라구 낯없구 면목없이 왔노라. 세상 천지 만물 중에, 아휴, 부모 노릇 못하구, 이 세상 하직하구, 저 세상 허락하야, 다시 영천 오지 못할 길을 … 아휴, 어허 어허, 원통한 말을 어데다 다하구, 시원한 말을 어데다 다 하랴!(무녀 C「조상거리 공수」1985.10.17).

  이봅소! 우리 대감님 청해서, 하, 돈두 벌어다 줘야갔지? 하, 우리 양반대감 한번 오던 길에 … 이 정성 드려놓고, 우리 부자 됐담네, 안암동 새 부자 나왔담네 …(무녀 U「대감거리 덕담」1984.3.7).

오늘날에도 여전히 한국인의 삶에 밀접한 연관을 맺고 있는 무교신앙은 한국인의 실존적 체험을 반영한다: 삶과 죽음, 기쁨과 슬픔 그리고 좌절과 희망이 그 속에 용해되어 있는 것이다. 무교의 영성에서 나타나는 역동적이고 우주적인 종교성은 한국 종교문화의 기본 토양을 여실히 드러내 보여준다. 이러한 종교성 안에서 인간은 대자연의 여러 요소들과 우주적인 친교를 이룸으로써 사회적인 조화를 이루게 된다.

## 무교의 구원관

정치·경제·문화의 급속한 변혁기를 맞이하고 있는 이 시대 한국인의 삶에서 그 정신적인 기저를 이루는 종교성은 이 땅에 가장 오래 전부터 있어 온 종교 형태인 무교의 모습이라고 많은 사람들이 주장한다. 그것은 한편으로 좀처럼 변하지 않는 종교 특유의 지속성에 기인한다. 다른 한편으로는 외래 고등종교들의 무서운 확대 속에서도 민중의 심리를 잘 표현해 주고 대변함으로써 한국인의 종교성에 부합하기 때문이겠다. 그 중에서도 특히 가난과 고난에 힘겨워하는 서민 대중들의 종교체험은 소위 민중종교의 특징들과 일치한다. 그것은 비합리적 내지 초합리적인 신화적 사고구조, 초인간적인 세계에 인간의 영향력을 행사하려고 시도하는 주술에 의한 해결책의 추구, 내세보다는 지금 당장 이곳을 중시하는 현세지향 그리고 윤리적인 중립 등이다. 이와 같은 한국인의, 특히 대다수 민중의 종교성은 한국인 자신의 기본적인 체험을 반영한다. 바로 우리 자신이 일상적으로 체험하는 삶과 죽음, 기쁨과 슬픔 그리고 좌절과 희망이 여기서 드러나는 것이다.

### 1. 한풀이와 조화/평화

앞에서 살펴본 대로 비나리·치성·굿 등 무교의례에서 사용되는 언어나 행동이나 제물들은 그 의례를 주문한 의뢰자와 주재하는 무당의 실존적 경험에 대한 전승이요, 재해석이며 의사소통이라 할 수 있다. 굿판에서 드러나는 이러한 내용들은 절실한 삶의 현장에서 생성된 것들이고, 생존을 위한 발버둥에서 피어난 이야기들이다. 비구원의 세계 안에서 고난당하는 이들의 이렇듯 진지한 이야기들은 이 시대의 징표를 깨닫게 하는 이정표이다. 이러한 이정표들은 사람들이 어떻게 한맺힌 고난으로부터 벗어나 구원과 초월의 경험을 하는지 가리킨다. 다시 말하자면, 모순으로 가득 차고 구조적으로 악이 횡행하는 세계를 어떻게 이해하고 대처하는지, 미래에 대하여는 어떤 꿈을 꾸고 어떠한 해방과 구원을 기대하는지를 암시해 준다.

고난에 대한 종교적 표현이라고 규정될 수 있는 "한맺힌 이야기"들이라든지, 고난의 극복으로서 "한풀이"와 관련된 제의 참가자들의 감수성이 무교의례들에서 감지된다. 이러한 현실 인식과 치유방식은 그들 고유의 언어로 전해진다. 그것은 바로 무교의 대표적 의례인 굿이 진행되는 동안 풍성하게 쏟아지는 말의 성찬盛饌(혹은 聖餐)인 무가巫歌・사설・본本풀이・공수・덕담 등이다. 고난의 경험, 비구원에 대한 체험이 비극적인 분위기가 주조를 이루는 "공수"에서 대표적으로 드러나며, 그러한 비구원의 상황 극복이 희극적인 분위기로 전환된 "덕담"에서 여실히 드러난다.

신령과 인간이 화합을 이루는 장場인 굿판에서 굿이 진행되는 동안에 모든 참석자들과 구경꾼들은 가족적인 친밀한 분위기에서 풍성한 대접을 받게 된다. 굿당은 일상생활을 영위하는 장소와 비교하여 크기나 모양에서 별 구별없이 친근한 장소이다. 굿의 내용은 재앙을 쫓고 복을 부름으로써 한을 풀고 원을 들어주는 데 적합한 구조를 가지고 있다. 이렇게 "우주적 종교성"에서 계발된 소속감은 굿을 함께하는 의례 공동체의 구성원들이 삶을 연대적으로 이끌어가는 데 추진력으로 작용한다.

## 2. 굿떡과 굿덕

기도祈禱가 초인간적인 존재와 통교하거나 일치를 이루는 개인의 종교행위라면, 의례儀禮는 제물봉헌sacrifice을 통한 집단의 종교행위라고 대비할 수 있다. 무교의례에서 사용되는 제물 중에 대표적인 것은 떡이다. 일상생활 속에서도 우리는 스스럼없이 흔히 "굿이나 보고 떡이나 먹는다"라는 말을 쓴다. 이렇게 볼 때에 "굿떡"을 바치는 무교의례는 결국 "굿덕"을 얻으려는 상징언어이며, "행동으로 바치는 기도"(Schmidt 1935, 454)라고 할 수 있다. 그렇다면 굿의 핵심 요체는 이것이다. 즉, 갈등과 고통으로 가득 찬 세계, 비구원의 세계 안에서 "굿덕"을 입어, 총체적인 완성이요 구원인 "재수"를 확보하려는 것이라 할 수 있다. 고난과 한은 극복될 수 있다는 신념을 우리는 무교의 의례를 통하여 볼 수 있다. 한이 풀리고 고난이 극복된 새로운 삶의 모습이 일종의 상징언어로서 의례에 나타난다. 이렇게 보면 무당굿은 일정한 해피 엔딩의 플롯plot을 유지하고 있다. 신령들이 처음에는 인간들의 무관심과 게으름을 탓하다가도 정성껏 잘 차려진 굿상에서 음주가무로 대접을 받고 나면 마음이 풀린다. 결국에는 인간을 축복하고 불운으로부터 보호를 약속한다는 것이다.

이러한 단계를 거치면서 일종의 잘 짜여진 치유의 과정이 진행된다. 이러한 과정 속에서 신령들과 인간 사이에, 또는 인간 서로간에 새로이 정립

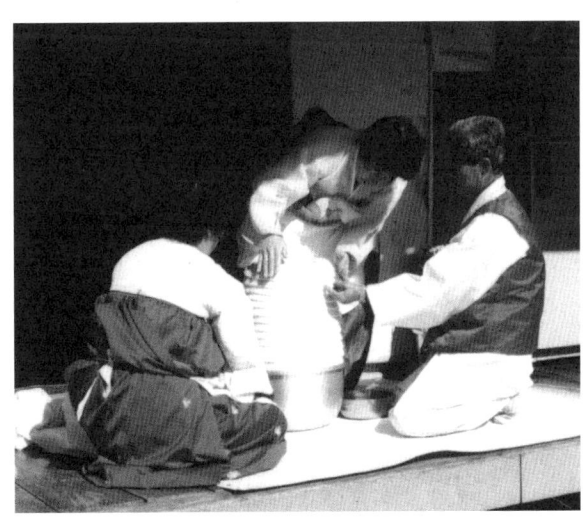

마을굿에서 사용할 떡을 마을 주민들이 정성스레 장만하고 있다. (경북 문경 오얏골, 십년맞이 별신제: 1995년 2월)

된 관계가 형성된다. 그것은 특히 미래에 대한 낙관적인 조망을 통하여 이루어진다. 이러한 과정을 통하여 신령들과 인간 사이에는 소원해졌던 관계가 "다시 이어져서"re-ligare 화해하고 통교가 이루어지며, 인간과 인간 상호간에도 관계가 활성화되어 친교親交(koinonia)가 이루어진다.

굿상의 음식은 그리스도인의 입장에서 이해하자면 성찬聖餐(eucharistia)과 비교된다. 신령과 인간들이 굿떡을 나눔으로써 신령과의 합일을 상징적으로 이루어, 구원을 체험하게 한다. 1989년 서울에서 개최된 제44차 세계성체대회World Eucharist Congress 기념행사의 일환으로 열린 학술 심포지엄 "제찬과 성찬"에서도 한국의 대표적 종교들인 무교・불교・유교・그리스도교의 의례에서 음식의 의미가 고구考究된 바 있다. 음식은 종교의례에서 신과 인간이 통교하는 데 필수적이다. 당시에 필자는 무교 분야의 발표를 맡아, 굿에서 바치는 음식을 대표적으로 상징하는 것이 떡이라고 보았고, "굿떡"을 바침은 바로 "굿덕"을 얻고자 함이라는 무교의례의 과정을 천착하여 밝힌 바 있다(박일영 1990, 129-34).

## 3. 제상이자 밥상인 굿상

이승과 저승이 명백하게 갈라지지 않는 원시미분原始未分의 일원적인 신앙체계 안에서는 자연세계와 인간사회의 질서가 서로 중첩되고 교차하면서, 자연 요소들과의 우주적인 친교를 통하여 사회의 조화가 확보된다고 한다(Pieris 1986. 135-8). 일원적 신앙체계를 가진 한국 무교에서 굿이 진행되는 동안에 모든 관계자들은 그들이 신령이든, 의례 담당자인 무당이든, 굿을 의뢰한 굿주이든, 심지어는 구경꾼이든지간에 가리지 않고 친근한 분위기 안에서 푸짐한 대접을 받게 된다. 그런 대접은 제의적인 대동음복이 이루어지는 제상에서뿐만 아니라, 일상의 식사가 이루어지는 밥상에서도 그러하다. 그도 그럴 것이, 원시종교 내지 확산종교인 무교의 특징은 식사와 밥상 그리고 잔치와 정치로 상징되는 이승과, 제상에서의 제사 그리고 의례와 종교로 대표되는 저승이 별개의 것으로 나뉘어지지 않는 근원적인 미분의 상태이기에, 그것은 당연한 귀결인 것이다.

굿상은 그래서 식사와 제사가 연이어 이루어지는 공간 표상으로서 제상인 동시에 밥상이 된다. 굿상은 굿떡이 진설되는 판인 동시에 굿덕을 받아내는 판이다. 일상생활을 영위하는 장소와 크기·모양·기능 면에서 별 구별없이 친근한 굿당 안에서 그리고 그 속에 놓여진 제상이며 밥상인 굿상을 통하여 "우주적 종교성"이 형성된다. 이렇게 계발된 소속감은 의례 공동체 구성원의 연대적인 삶의 원동력으로 작용한다. 즉, 공동식사와 대동음복으로 요약되는 대동잔치인 굿은 공동생활을 통하여 삶의 갈등과 모순에 공동으로 대처하고, 불운이나 재앙에 대하여 공동으로 해소 노력을 기울임으로써 연대적 집단치유의 과정을 진행하는 셈이다.

## 4. 재수, 구원의 길

앞에서도 언급하였던 바와같이 "재수"라는 말이, 한국 무교의 맥락에서 해석해 볼 때 단순히 "금전이나 건강 장수를 위한 좋은 운수"를 나타내는 말에 국한되는 것이 아니다. 오히려 삶 전체의 안전·보호·생존의 보장 등을 의미하는 말이다. 한마디로 말하라면 재수는 총괄적인 구원이라는 의미를 내포한다. 그렇다면 한국 무교의 맥락에서 말하는 "재수"는 바로, 한恨·살煞·탈脫·역逆 등으로 표현되는, 잃어버린 조화 내지는 부조화를 제거하고 새로 얻는 조화로 말미암아 실현되는, 궁극적이고 총체적인 구원을 뜻한다. 어떻게 보면 히브리 성서 전통에서의 샬롬이라는 개념과 상통한다고도 말할 수 있다. 이하에서는 재수를 찾아 떠나는 길, 구원을 회복해 가는 길을 한국의 무교에서 몇 가지 더 찾아보도록 한다.

무당이 신내려서 사람들에게 들려주는 말을 흔히 "공수"라고 한다. 그러나 필자는 공수가 단순히 신령의 의사를 인간에게 전하는 일방적인 의사전

달(神託 oracle)이 아니라, 신령과 인간 사이의 쌍방간 의사소통이라 새기고 있다. 공수를 내릴 때에는 신내린 무당이 일방적으로 신의 말을 하는 것이 아니다. 그 말에 다른 무당들이나 "굿주"네 식구들이 대꾸를 하고 떼를 쓰거나, 이의를 제기하기도 하고 잘못했다고 빌기도 한다. 그러면 신내린 무당은 그러한 사람들의 태도에 또 적절히 대응을 한다. 이러한 과정들은 바로 신령과 인간 사이의 언로言路 개설이라고 여겨진다. 말문이 막히고 언로가 막힌 억울(語屈)한 사람들이 속시원한 말을 다 쏟아놓는 것 자체가 구원의 체험 아닌가!

다음으로, 치병의례로서의 "병굿"은 구원관과 직접 관련이 있는 종교적 행위이다. 치병과 구원의 밀접한 관련은 서양사상에서도 마찬가지이다. 독일어에서는 "하일"Heil이라는 개념이 "구원"이라는 의미와 동시에 "치유"라는 의미를 가지고 있다. 영어에서 구원이라는 의미의 "샐베이션"salvation이라는 말도 건강 내지 치료를 의미하는 라틴어의 "살루스"salus에서 유래함은 주지의 사실이다. 최신 의학에서도 확인하듯이, 병이라는 것은 단순히 신체적인 문제 현상일 뿐 아니라, 정신적인 문제와도 연관된다. 그래서 이즈음에는 병의 원인에 대하여 말할 때에 흔히 심인성心因性(psycho-somatic) 질병이라는 말을 듣게 된다. 그러한 "마음에 까닭을 두는 병"은 개인의 문제이기 이전에 사람들 사이의 관계에서 발생하는 부조화가 더 큰 문제이다. 그러므로 사람들 사이에서 누군가가 소외되고 그 결과로 잃어버린 조화를 다시 얻어내야만 병도 치유되는 것이다. 한편으로 개인적인 차원에서도 조화는 필요하다. 개인의 경우에도 조화를 상실하면 — 구체적으로 예를 들어 영양실조가 역시 조화 상실의 한 종류이듯이 — 병이 나고 문제가 생긴다. 그렇다면 조화는 사람들간의 관계에서만 필요한 것이 아니라, 소우주인 개인 안에서조차도 벌써 구원을 위하여 필요한 요소이다.

치병의례와 관련하여 흥미로운 내용 한 가지는 다음과 같은 사실이다. 즉, 병귀病鬼가 신령의 힘으로 환자의 몸에서 제거되어, 경인지방에서 흔히 "군웅닭"이라고 불리는, 산 닭의 몸 속으로 넣어진다. 그 닭은 인간의 목숨을 대신하여 대수대명代壽代命의 상징으로 땅에 묻힌다. 이러한 메커니즘은 유대교나 그리스도교의 "속죄양" 사상과 관련하여서도 흥미로운 공통점을 지닌다(Girard 1972. 154: Schwager 1978).

의례의 준비 과정에서 제장의 정화와 관련하여 종래 물과 불에 의한 의례의 상징성이 막연히 강조되어 왔다. 그러나 그것은 제가집에 관련된 것을 위시한 모든 잡귀잡신을 굿판 밖으로 물려놓는 정화의 조치이다. 영국의 사회인류학자인 니담Rodney Needham은 샤먼의 의례에 있어서 아주 시끄러운 굉음을 냄으로써 부정을 풀어내고 위기를 극복하여 정화하는 기능에 주목하고 있다. 그렇다면 굿의 준비 과정에서 "신청울림"이라든가 "부정치기"와 같이 온갖 무악기巫樂器를 울려 소리를 내는 일은 이러한 충격음을 통한 위기 극복이라는 메커니즘mechanism으로 가정할 수 있다. 진오귀굿에서의 "베째" 혹은 "베가르기"도 역시 무명과 베를 찢어 다리를 놓고 저승길을 연다는 모습을 상징적으로 보여주는 시각적인 효과뿐만 아니라, 베를 째면서 내는 파열음의 "짜악쫙" 찢는 소리가 청각적으로도 의례 참가자들의 심금을 울리며 부정함과 위기를 넘어가는 소리라고 해석할 소지가 충분히 있다(Needham 1979. 311-8).

신령들의 신통神統체계와 관련하여서, 과연 오늘날 한국 무교의 의례에서 인간의 구원을 빌기 위하여 지고신至高神이 모셔지는가 하는 문제가 제기되곤 한다. 물론 굿거리에서 모셔지는 신들 중에는 천신 계열의 신들이 있고 드물게는 "천신"이라는 명칭을 가진 무신도가 나타나기도 한다. 하지만 여기서 말하는 천신은 불교의 영향을 받은 중간 기능신인 33천(신)을 뜻할 가능성이 높다고 본다. 그래서 한국 무교의 경우 신도들이 개인기도나 집단의례 거행시에 재수를 기원하고 구원을 비느라고 직접 상대하는 신령들은 대개 조상신 계열의 신령들이라고 여겨진다.

사람이 죽어 일정한 과정을 거쳐 신격화됨으로써 살아남은 사람의 구원에 결정적인 영향을 끼치는 것으로 여겨지는 조상신의 범위는 흔히 제가집 양주兩主의 4대 조상이라고 한다. 그런데 필자가 조상거리를 하는 굿판 현장들에서 확인한 바로는, 더 넓은 범위의 죽은 가족 구성원이 "조상"으로 등장하였다. 죽은 남편, 죽은 아내, 심지어는 죽은 동생이나 죽은 자식들도 등장한다. 그렇다면 한국 무교의 굿에 나타나는 "조상숭배"는 좁은 의미의 조상신을 모시고 위할 뿐만 아니라, 폭넓은 "사자死者숭배"는 아닌가 하는 문제의 해명을 과제로 남기게 된다.

주부가 중심이 되어 신행信行되는 가신신앙이 집안의 평안과 조화를 목적으로 하는 점은 당연하다. 그런데 일부 주장에 의하면, 한국의 어머니들이 (전통적으로) 자신을 위한 개인적 복락을 추구하지 않았는데, 최근에 와서 한국 무교가 저질화·세속화되는 바람에 자신의 행복을 추구하는 경향이 높아졌다고 진단한다. 과연 전통적인 한국의 어머니는 철저히 자신을 버리고, 개인의 복락福樂에는 초연했겠는가? 다만 이 시대에 와서 한국인 종교 심성의 세속화·저질화 때문에 그러한 고상한 성품이 무너졌겠는가? 종교성이 인간 내면의 가장 개인적이고 심오한 부분이라면, 이 점은 다시 한번 생각해볼 소지가 있다고 본다. 그것은 행복추구의 최소 단위, 궁극적으로는 가장 완전한 행복이라 할 수 있는 구원을 추구하는 최소 단위의 테두리가 달라진 데, 다시 말하면 축소된 데 기인하지는 않는가? 동아시아의 전통상 개인이라는 요소가 오랫동안 독립된 "존재"Sein로서의 구실을 못하고 집안이라는 테두리를 가질 때 비로소, 마치 그물 망처럼, 조상과 나와 후손이 얽히고 설키어 하나의 최소 단위로서 구원 추구의 기능을 하는 "공존재"共存在(Mit-Sein)를 형성한 것이 아니었겠는가. 그러던 것이 시대가 변하고 서양의 영향 등으로 각 개인의 독립성이 보장되면서 개인 단위의 복락 추구라는 경향으로 흐르는 것은 아닌가 하는 점이다.

일부 무교 연구자들은 무교가 기복신앙으로 폄하되고 비윤리적인 미신으로 낙인찍혀 온 이유를 무교의 구원관이 타력 구원의 종교로 여겨진 데 기인한다고 본다. 흔히 자력 구원의 종교로 불교를 대표적으로 꼽고, 타력 구원의 종교로는 그리스도교를 든다. 각자의 마음 안에 들어 있는 불성佛性을 스스로 계발하고 해탈하여 열반에 이른다는 것이 불교의 가르침이요,

구세주 그리스도의 공덕功德으로 구원에 이른다는 것이 그리스도교의 구원 관임에는 틀림없다. 그렇다고 그리스도교를 개인의 도덕성을 무시하는 비도덕적이고 비윤리적인 종교라고 하지는 않는다. 무교를 종교들의 유형 속에 집어넣어 나눌 때에, 자력 구원과 타력 구원의 종교라는 구분방식에 따라서만 구분하기는 무리라고 본다. 자력 구원의 종교와 타력 구원의 종교라는 구분 자체가 문제이기도 하다. 그보다 무교는 불교나 도교처럼 우주의 원리를 깨치거나, 그리스도교와 이슬람처럼 유일신의 개입으로 인간의 완성을 희구하는 종교들과 다른 모습을 지니고 있다고 할 수 있다. 무교는 이 세상 안에서 작용하는 초인간적인 힘에 의지하여 인간의 자유와 해방을 추구하는 종교 형태, 성격상 다른 제3의 종교 형태로 볼 수 있겠다.

흔히 무당이 강신의 전문가이기는 하나 무교에서 구원에 결정적인 인물은 아니라고 한다. 과연 그러한가? 창시자가 분명하지 않고, 공인 경전이 있지도 않으며, 종교 조직도 완비되지 않은 종교를 종래에 "원시"종교라고 불러왔다. 그러나 오늘날에 와서는 다양한 문화에 대한 존중의 정신으로, 가치중립적인 용어를 사용하는 추세이다. 그래서 종교인류학에서는 이러한 종교에 대하여 문자로 기록된 공인 경전을 가지지 않았다는 의미로 "무문자 종교 전통"이라 하고(Thiel 1984 표지), 종교사회학에서는 사회와 종교가 분리되는 제도종교와 대비하여 사회와 종교가 미분 상태인 종교를 "확산종교"라고 부르기도 한다(오경환 1990. 56). 명칭이야 어떻든지간에 이러한 성격의 종교 전통에서는 종교 전문가의 권위나 역할이 상대적으로 중요함은 불문가지이다. 그래서 무당이 무교에서 구원에 결정적인 인물은 아니라 하더라도, 세계종교들에 비하여 그 역할의 상대적 중요성을 간과해서는 안되리라는 생각이다.

상당 기간 동안 한국 무교에 대한 연구뿐 아니라, 세계 샤머니즘 연구의 고전으로 여겨져 오던 엘리아데Mircea Eliade의 저술들은 오늘날에 와서 현장 연구의 부재와 수집된 자료의 부정확성으로 비판받고 있다. 하지만 그의 종교 연구가 가지는 기본적인 사고의 틀은 많은 사람들이 그냥 지나쳐서는 안될 시사점을 여전히 보여주고 있다. 엘리아데는 우선 뒤도 돌아보지 않고 앞으로만 치달리는 일직선적인 현대 서양인들의 구원사救援史 이해에 의문을 품는다. 그런 맥락에서 그는 주기적 반복을 통해 "아득한 그 옛날"illud tempus인 영원으로의 회귀eternal return를 실현하는 "원시"종교primitive religion나 고대종교archaic religion의 중요성에 착안했던 것이다. 그것이 그로 하여금 "불멸성과 자유를 추구하는 요가"Yoga. Immortality and Freedom(1958)라든지 "접신술의 고대적 기술(이라고 보았던) 샤머니즘"Shamanism. The Archaic Technique of Ecstasy(1964)에 심취하게 만들었던 주원인이었다.

무교에 있어서 조화와 구원관은, 한마디로 다시 정리하자면, 이러한 영원한 생성·변화의 과정을 말하는 음양론적인 구원관이다. 포스트모던postmodern한 탈중심주의 시대에 들어서 있는 무교의 구원관은 시대에 걸맞은 한국 종교문화를 재창출하는 데 한몫을 해야 한다. 위기는 호기라고 했다. 서양화·상업화·세속화로 변질되고 탈종교화된 한국과 세계 사회를 재정비하는 데 한국 무교가 시사하는 바 크리라고 본다. 범위를 좁혀 그리스도교의 토착화inculturation와 관련해서도 그렇다. 교황청에서 내어놓은 그간의 선교 관련 문건들이나, 종교간 대화위원회의 최근 문헌들에서도 비중을 더해 가는 종교간의 대화를 통한 신학, "종교신학"의 당위성은 여기 무교와 그리스도교를 앞에 두고서도 명료하게 드러난다.

제 3 부

# 무교와 이웃 종교

본서의 셋째 부분에서는 무교와 이웃 종교들 사이의 관계를 살펴보기로 한다. 한국에서 가장 오랜 역사를 갖는 무교가 그리스도교를 비롯한 다른 종교들과는 어떤 관련을 맺어오고 있는지를 여기서 풀어가 보기로 한다. 무교와 동양 고전종교들(유·불·도교)의 융섭, 무교와 한국의 자생종교들(천도교·증산교계·원불교·통일교)의 습합·융합의 관계 그리고 그리스도교계 일각에서 문제시되고 있는 무교와의 혼합문제 등을 다루고자 한다. 이어서 그리스도교에서 본 무교라는 주제를 과거 서양 선교사들의 시각과 현대 한국 신학자들의 관점으로 나누어서 보겠다. 마지막으로는 한국의 다多종교 상황 안에서 그리스도인들이 무교를 비롯한 민간신앙에 대하여 어떠한 자세를 가져야 할 것인지를 생각해 보려 한다.

# 무교와 한국 전통종교의 교섭

한반도에 전래된 종교들 중에서 동아시아 문화권에서 형성되고 발전한 대표적인 종교들을 거론한다면, 두말할 나위 없이 유교·불교·도교를 들 수 있다. 이들 세 종교는 이미 4세기 후반부터 우리 나라에 전해져서 한국 종교문화의 지형을 결정적으로 형성해 오고 있다. 이들은 지난 1,500여 년의 한국 종교사 안에서 무교와 공존하면서 상호교섭 관계를 이어오고 있는 것이다. 특히 불교는 1,000년, 그리고 유교는 500년 동안 이 땅의 주도적인 정신문화로 기능을 하면서 무교와 공존하여 왔다고 할 수 있다. 한편 유교, 불교와 혼합되어 들어온 도교도 음으로 양으로 한국의 무교 문화에 적지 않은 영향을 끼쳤다. 그런가 하면, 한국 땅에는 지금 400여 개 안팎의 신(흥)종교 교단이 활동하고 있다. 이들 신종교들의 경우에도 무교의 가치관은 많은 영향을 주고 있음을 확인할 수 있다.

## 1. 무교와 불교

무교와 불교의 교섭관계는 6세기경에 이미 시작되고 있다. 신라시대 화랑도花郎道가 그 대표적인 사례이다(유동식 1975. 82-97). 화랑도는 신라의 엘리트 청소년 단체인 동시에 우리 나라에 본래부터 있어 왔던 고유종교로서 풍류도風流道를 가리킨다. 최치원이 쓴 「난랑비」 서문의 말처럼, 풍류도 안에는 유교, 불교, 도교를 모두 포함하는 현묘한 종교적 사상이 들어 있다. 또한 역사 기록에 의하면, 화랑 집단 속에는 불교의 승려가 가담하고 있다. 화랑이 지은 신라 향가鄕歌 속에는 불교의 개념과 용어가 배어 있다. 신라 진흥왕대에 시작되어 고려말까지 800여 년간 계속된 민족의 축제 팔관회도 여기서 빼어놓을 수 없다(유동식 1975. 130-7). 팔관회는 불교의 팔관재회八關齋會와 무교의 전통적인 제천의례가 혼합된 종교의식이었다.

한편 민중의 생활 속에 무교와 불교가 섞이게 되는 것은 불교가 대중화되는 8세기 이후부터이다. 무불습합巫佛習合을 보여주는 전설을 한 가지 보자. 이능화의 『조선무속고』(1927. 44)에 의하면, 불교 승려인 법우화상法祐和尚이 지리산신智異山神인 성모천왕聖母天王과 부부관계를 맺고 딸 여덟을 낳았다는 전설이 전해지고 있다. 이 여덟 명의 딸에게 무당일을 가르쳐서 전국을 돌아다니며 굿을 하게 했다는 이야기이다. 그리고 이 사건은 신라 중엽에 일어났다고 적고 있다.

12세기경에 굿하는 모습을 묘사한 시 한 수가 전해진다. 이규보의 「동국이상국집」에 전하는 「노무편」이라는 장편의 시이다(최길성 1985. 38-47). 여기에 묘사된 내용은 현재 행해지고 있는 굿과 그 양상이 같다. 우선 무당이 신을 받아 예언을 하였음을 알 수 있다. 또 무당들이 신당에다 굿상을 차려 놓고 벽에는 많은 무신도를 걸어놓았다. 이러한 신당 안에서 타악기에 의한 장단에 맞추어 춤을 추며 굿을 했음을 알 수 있다. 무당집에 찾아드는 많은 사람들의 모습도 알려주고 있다. 그런데 무당에게 내린 신은 "천제석天帝釋님"이라고 했다. 전통적인 무교의 하느님 대신에 불교의 천신인 제석을 거명하고 있다. 신 개념을 매개로 한 무교와 불교의 혼합 양상을 여기서 확인할 수 있다.

조선조에 이르러 불교는 심한 박해를 받고 산중으로 숨어들게 된다. 이때 특히 무교적인 요소들을 더 많이 받아들여 민중에 다가가게 된다. 그 대표적인 예가 불교 사찰의 칠성각七星閣이나 산신각山神閣이다. 지금도 한국의 사찰 중에서 칠성각이나 산신각이 없는 사찰이 없으며, 심지어 법당은 없고 독성, 산신, 칠성을 모시는 삼성각三聖閣만 있는 절도 있다고 한다(최준식 1998. 57). 칠성신은 본래 도교적인 신이겠지만, 중국에서 불교화한 신이다. 이렇게 불교의 신들이 무교의 세계로 편입되어 장수를 관장하는 현세적인 신으로 탈바꿈하였다.

현재 전국에서 불려지는 서사무가로 "제석본풀이"와 "바리공주"가 있다. 이 두 가지 무가 속에는 무불습합의 전형적인 형태가 들어 있다(서대석 1980, 77-83). 앞의 장 "무교의 생명론"에서 살펴본 바와 마찬가지로 제석본풀이에 의하면, 탁발승과 당금아기라는 처녀가 결합하여 세 쌍둥이를 낳는다. 그리고 이 세 아들이 출산과 생명의 신인 "삼신"이 되었다고 말한다. 그러나 "제석"이라는 명칭만 불교에서 빌려왔을 뿐, 불교적인 호법천신護法天神의 기능을 가져온 것은 아니다. 제석본풀이는 그보다는 무교적인 세계관을 그린 단군신화와 그 구조를 같이한다. 단군신화는 하느님의 아들과 땅의 웅녀가 결합하여 시조 단군을 낳았다는 구조를 가지고 있다.

"바리공주" 무가에 의하면, 버림받은 공주가 저승의 영약을 구해 와서 죽은 부모를 살리고 나서 무당의 시조가 되었다고 한다(홍태한 1998, 32-60). 그런데 이 무가의 특색으로는 노래 속에 불경 구절이 자주 등장한다는 사실이다. 여기서 사용되는 불경의 어구들은 불전 본래의 뜻과는 전혀 상관없이, 일종의 주력呪力을 가진 진언眞言으로 사용되고 있다. 천수경千手經을 노래하면 닫힌 문이 열리고, 법성게法性偈를 읊으면 아무 탈없이 무사히 저승에서 이승으로 돌아올 수 있었다는 따위이다.

무교와 불교의 교섭관계는 굿 전체에서 쉽게 찾아볼 수 있는 특색이다. 굿의 제차祭次에는 불교적 색채를 띤 제석거리·천왕거리·불사거리 등이 들어 있다. 이런 거리들에서 무당은 승려 복장을 갖추고 노래하며 춤춘다. 그러나 겉으로 불교 용어를 사용하고 중의 모습을 하였지만, 속 내용상으로는 무교 본래의 틀을 간직하고 있다. 다시 말하면, 무교의 신령, 무당 노래, 무당굿에 이르기까지 수많은 불교적 요소가 들어와 있지만, 종교적 내용과 구조는 여전히 무교 본래의 모습을 보존하고 있다(김인회 1987, 217).

불교와 무교의 교섭관계를 보면 무교가 불교에서 받아들인 내용이 그 반대보다 훨씬 더 많다. 무교의 내세관에서 이 점이 특히 두드러진다. 죽은 이를 저승으로 보내는 진오귀굿에서는 불교적 사후세계가 그려지고 있다. 사람이 죽으면 저승에서 사자使者가 망자를 데리러 온다. 인간의 힘으로는 어쩔 도리가 없다. 저승에 간 망자는 명부의 시왕 앞으로 나아가 생전의 선악행위에 따라 심판을 받는다고 한다. 이 점은 민간 불교의 명부전冥府殿이나 시왕전十王殿의 믿음을 그대로 옮긴 내용이다. 인간이란 저승에서 왔다가 저승으로 돌아간다는 것, 인생은 이미 주어진 운명에 따라 살고 죽는다는 것, 죽더라도 다시 태어난다는 것, 그리고 선악의 행위에 따라 극락과 지옥으로 저마다 갈 길이 갈라진다는 것이다. 본래 무교신앙에는 지옥 관념이 따로 없다. 사람이 죽어서 저승에 가지 못하면 이승에 떠도는 뜬귀나 잡신의 신세가 된다. 지옥에 떨어진다는 관념은 불교적이다. 무교에서 지옥은 저승으로 가는 중간단계이다. 무교의 입장에서 보면 결국 불교적인 사후세계관은 죽음을 확인하는 데 사용되는 방편일 뿐이고, 죽음 자체에 대한 설명으로서의 무교의 내세관을 부분적으로 보완하고 있다(조흥윤 1999. 31-79).

그외에도 많은 불교적인 요소가 무교에 들어와 있다. 예를 들면 제석신이 농경을 관장하는 신으로 등장한다. 민간신앙에서는 "제석단지"라든가 "제석항아리"라는 이름으로 농사의 풍년을 이루어주는 신으로 모셔진다. 황해도 지방에서 행해지는 굿 중에 제석거리에서는 농경의례적인 축제의 분위기에서 "소놀이굿"이 놀아진다. 멍석이나 가마니를 말아 소를 만들어 그 속에 사람이 들어간다. 목동이 소를 몰면서 농경의 신(帝釋)으로 분장한 무당과 말을 주고받으며 논다. 이처럼 불교의 천신인 제석이 무교에 들어와 농경의 풍요를 담당하는 신으로 바뀌어 있음을 알 수 있다(최길성 1994, 270-8). 부산이나 제주도 지방에서 조사 보고된 바에 따르면, 노인들이 살아생전에 극락에 가는 것을 보장받기 위해 벌이는 "산오구굿"이 있다. 산오구굿이란 죽기 전에 미리 극락에 가는 길을 닦는 불교의 예수재豫修齋와 같은 의례이다. 즉, 예수재를 살아서 미리 올린 사람은 죽은 뒤에 누구나 극락에 갈 수 있다는 불교의 믿음에서 영향을 받았다고 보인다.

불교가 상대적으로 강한 지역적 특성상 경상도지역의 무교는 불교적 영향을 많이 받고 있다. 굿당의 장식이나 굿상의 구성이 불교적이다. 굿당에 무신도가 아니라 불화를 걸어놓는다거나, 한가운데에는 극락문을 그려 붙인다. 불교에서 말하는 인간 구원의 상징으로서의 탑등塔燈을 만들어 굿당에 걸어둔다. 굿당 밖에는 망자를 저승으로 데려가는 용선龍船을 색색의 종이로 만들어 달아 매둔다. 또 여러 굿거리에서 불경을 외운다. 특히 불교적 색채가 강한 굿거리로서는 별신굿 가운데의 시준굿과 오구굿 가운데 문굿이 있다. "시준"은 세존, 즉 석가모니를 지칭하는 명칭이 분명하다. 중부지방의 불사거리에서와 마찬가지로 무녀가 장삼과 고깔을 갖추어 입고, 염주를 목에 걸고, 바라를 들고 노래를 하며 춤을 춘다. 오구굿 가운데 한 거리인 문굿은 물에 빠져 죽은 사람을 건져다 놓고 저승문을 여는 굿이다.

죽은 이를 천도하는 오구새남굿에서 "대너리춤"을 추는 무당
(서울 공간사랑, 통영 오구새남굿: 1984년 4월)

고리짝으로 만든 "신태집"에 망자의 위패를 담아, 그것을 다시 용선에 실어 저승길로 보내는 상징적인 의례를 행한다. 이와 같은 상징적인 의례를 통하여 망자는 신령이 되어 "극락"으로 떠나가는 것이다. 여기서 극락이라는 곳은 막연히 좋은 곳을 지칭한다. 굳이 불교적인 지옥의 대립개념이 아니다. 이렇게 볼 때 불교는 무교의례에 형식성을 제공하였을 뿐 기본적인 무교의 신앙세계를 변질시키지는 않았다고 볼 수 있다(최길성 1994, 270-8).

## 2. 무교와 유교

무교와 불교의 교섭관계는 주로 개별의례인 "집굿"의 테두리 안에서 확인할 수 있었다. 반면에 무교와 유교의 상호관계는 집단의례인 "마을굿"에서 찾아볼 수 있다. 지배 엘리트들이 조선시대에 유교의례 절차인 주자가례朱子家禮를 따르게 된 것은 조선조 초창기인 14세기말부터이다. 일반 민중들이 모두 유교의 의례를 지키게 된 것은 그보다 1세기 정도 지나서 유교의례의 법제화가 되고 나서부터이다. 그렇다면 민중의 종교인 무교와 엘리트의 종교였던 유교가 의례문제로 직접 갈등을 빚은 것은 15세기말 이후의 일이라고 볼 수 있다. 유교를 통치 이념으로 삼아 나라를 다스리다 보니, 이전 시대정신적 이상이었던 불교와 민중의 지지를 받던 무교가 배척을 받고 탄압을 받는 것은 당연한 일이었다(유동식 1982, 137-8).

그리하여 무교도 심한 견제와 금압의 대상이 되었다. 양반 사대부들은 기회가 있을 때마다 무교를 금해야 한다는 주장을 펴왔다. 그러나 이와 같은 기록들은 역설적으로 말하자면, 무교가 탄압의 대상이 될 만큼 늘 성행했다는 반증이 되기도 한다. 또 한편 관 주도의 무교 금지령은 공동체의 마을굿에 영향을 미쳤을 뿐, 개별적으로 행하는 집굿까지 통제하고 금할 수는 없었다. 이전에 제천의례의 형식으로 떠들썩하게 거행되던 마을굿은 이제 유교식의 조용한 제사인 동제洞祭로 바뀌어갔다. 이러한 유교풍의 마을 제사는 오히려 가난한 민중들에게 비용을 절감시켜 주는 편리한 면도 있었다. 거기다가 유교식이라 관의 감시와 통제를 벗어나 마음 편하게 지낼 수 있었다. 그런 까닭으로 조선조에서는 마을굿이 급격히 유교식 동제의 모습으로 바뀌어갔던 것으로 보인다. 물론 마을굿의 내용 자체가 변한 것은 아니었다. 겉모습은 유교의 형식을 띠었더라도, 속내는 여전히 무교의 마을굿을 반복하였던 것이다. 거기다 몇 년에 한 번씩은 전통적인 무교식 마을굿을 거행하였다. 오늘날에도 마을굿을 유지하고 있는 대부분의 지역에서 이러한 절차가 행해지고 있다.

더 나아가 조선 정부의 무교 탄압은 무교의 완전 말살을 목적으로 한 것이 아니었다. 조선의 무당 박해는 언제나 제한된 규모의 박해였다. 기껏해야 은근한 차별과 멸시였던 것으로 보인다. 조선조의 무교 박해가 그러한 양상을 보인 것은 한편으로 무교가 이미 안정된 지배 이데올로기로서의 유교를 위협할 만큼 적수가 되지 못한다는 강자의 아량일 수 있겠다. 다른 한편으로는 민중들이 통제된 사회에 대하여 갖는 불만을 어느 정도 분출시키는 언로言路의 구실을 무교가 하였다고도 할 수 있다. 그 당시 양반세력이 체제도전적인 성격이 다분히 들어 있는 굿이나 탈춤을 장려하고 즐기기까지 하였다는 사실은 그러한 심증을 굳혀준다(장정룡 1998).

그렇다면 조선조의 무교에 대한 정책은 유교 지배체제를 적절히 옹호하고, 힘의 균형을 유지하고자 한 고도의 정치적 계산이 깔린 종교정책이었지 않나 한다. 구체적인 사례를 들어보자. 무당에게서 무세巫稅를 징수하고, 동서활인원東西活人院을 설립하여 질병의 치료에 무당을 동원하였다. 심한 가뭄이 드는 등 국가적인 재난을 당하였을 때에는 무당을 동원하여 나라에서 기우제를 지내기도 하였다(최종성 1998, 299-324). 이러한 통치술을 활용하여 조선 왕조는 정치적으로 사회질서를 유지하였으며, 문화적으로는 민족의 동질성을 지속할 수 있었던 것으로 보인다.

조선조의 종교문화는 남성 위주의 유교와 여성 주도의 무교로 나누어 볼 수 있다. 이 둘은 서로 돕는 관계를 유지했다. 당시 위정자들은 형식적이고 규범적인 성리학적 신유교 질서를 모든 삶의 척도로 제시했으나 대부분의 백성들은 유교의 미약한 종교성으로는 만족할 수 없었다. 죽음과 내세 문제, 대재앙 앞에 선 인간의 무기력 등을 달래고 풀어줄 종교가 필요했다. 열정적 종교성을 가진 무교가 그 빈자리를 메워주었다. 이런 면에서 무교와 유교는 서로 대립보다는 보완 관계 속에서 조화를 이루어왔다(김인회 1987. 215-6). 오늘날까지도 무교신앙 체계 안에서는 유교적 덕목이 강조되며 신행信行되고 있다. 무가의 내용에는 유교 경전의 구절들이 많이 삽입되어 있으며, 효도나 충성과 같은 유교적 덕목들이 거듭 강조되고 있다(조흥윤 1996. 88-90).

무교와 유교 양 종교의 보완관계는 의례에서도 잘 드러난다. 즉, 제사와 고사, 그리고 제사와 굿의 관계를 보면 무교와 유교의 상보관계를 쉽게 볼 수 있다. 유교식 제사는 철저하게 여성이 배제된 종교의례이다. 제사에서 제주는 집안의 가장인 남자가 맡는다. 한 사회의 기본 공동체인 가정에서 행사되는 가장 권위있는 권한인 종교의례의 집전권을 남성이 독점하는 것이다. 그러나 한국의 가정에는 여자들이 집전하는 의례인 "고사"가 있다. 매년 가을 여자들이 집안을 다스리는 신령들에게 정성스런 제물을 바친다. 여성의 권한이 집안에서만큼은 남성 못지않음을 보여주는 좋은 예이다(최준식 1998. 52-6).

굿과 제사를 비교해 보아도 비슷한 결론에 도달하게 된다. 제사에서는 철저하게 남성 중심으로 부계父系의 조상신만이 받들어 모셔진다. 하지만 굿에서는 다르다. 굿을 주재하는 무당들은 대다수가 여성이다. 그런가 하면 특히 굿의 제차 중에서 "조상거리"에서는 남녀노소를 불문하고 죽은 이는 누구나 굿판에 불러 모셔질 수 있다. 더 근원적으로 굿판이 가진 종교적 축제의 모습은 유교적 일상의 숨막히는 질서와 그 질서가 파생시키는 긴장을 깨트리는 기능을 한다. 그렇게 굿을 한 판 벌이고 나면 흔히 "속이 시원해진다"고 한다. 그 말은 굿판의 난장亂場(orgy)을 통하여 질서(cosmos)잡히기 이전의 원초성(chaos)으로 돌아가는 경험을 하기 때문이리라.

## 3. 무교와 도교

도교는 중국에서 일찍부터 민간 종교로 뿌리를 내리고 있었다. 우리 나라에도 도교가 전래된 것은 고구려시대로서 상당히 이른 시기부터였다. 고려시대에는 왕궁 내에 도교의 사원인 도관道觀을 지어놓고, 도교식 제사인 초제醮祭를 지내는 등 제도적으로 도교를 보호하기도 하였다. 중국을 통해 전래된 고전종교들이 한국에서 대부분 뿌리를 내려 번성했다. 불교나 유교가 좋은 예이다. 그러나 유일한 예외가 도교이다. 도교는 한국 종교사 안에서 독립된 교단으로 형성된 적이 없다. 그 이유는 중국에서 도교가 담당하는 민중 종교로서의 기능을 한국에서는 무교가 담당했기 때문일 것으로 보인다.

중국에서는 도관이 지금도 흥성하고 있다. 특히 타이완에서 그러하다. 그곳에서 도교의 성직자인 도사道士들이 옥황상제나 칠원성군七元星君 등 수많은 신령들을 모셔놓고 민중의 종교심을 만족시켜 준다. 죽은 이의 명복을 빌기 위하여 천도遷度를 해주거나 신도들이 귀신과 이야기를 주고받게 해준다. 한마디로 한국의 무당과 같은 역할을 한다. 그러므로 중국의 민중은 따로 무당이 필요없었을 것이다. 반면에 한국에서는 무당이 민중종교의 역할을 부족함 없이 하고 있었기 때문에, 독립 교단으로서의 도교가 발붙일 틈이 없었다고 말할 수 있다.

그러나 한국의 무교에는 도교적 요소들이 일찍부터 곳곳에 들어와 있다. 앞에서 언급한 이규보의 시 「노무편」에는 이미 "칠원성군"을 무당이 섬기고 있었다는 구절이 나온다. 오늘날 무당들이 부르는 무가에는 그외에도 "옥황상제님"이나 "칠성님" 같은 도교 계통 신들의 이름이 자주 나온다. 옥황상제는 원래 하느님에 해당하는 도교의 가장 높은 신이다. 칠성신은 북두칠성을 신격화한 존재로 인간의 수명장수를 맡아 다스리는 신이다. 특히 한국 무교에서 칠성신은 어린아이의 건강과 수명을 담당하는 신으로 여겨진다. 무당이 사용하는 도구 중에 신령의 거울인 "명도"의 뒷면에는 북두칠성을 새겨넣는다. 죽은 아이의 신을 몸주(守護神)로 모시는 무당을 "명도"

혹은 "명두"라고 하는데, 이러한 현상과 일정한 관련이 있는 듯하다.

도교의 신들 중에 한국 무교에 편입된 신으로서 특별한 관심을 끄는 존재로는 "관성제군"關聖帝君이 있다. 삼국지의 맹장 관우關羽를 신으로 모시는 것이다. 임진왜란 시기 명나라 군인들이 전쟁의 신으로 관우를 진중陣中에 모셔온 것이 계기가 되었다. 강력한 군대인 명나라의 군사들이 섬기는 신령이니 오죽 강한 신령이랴. 지레짐작한 조선의 군사들과 민간인들이 덩달아 관우를 섬기게 된 것이다. 왜란이 종결된 후 선조 임금은 명나라에 감사하는 마음을 전하고, 전후 흐트러진 민심을 선무宣撫한다는 대내외적 목적을 겨냥하여 곳곳에 관우의 사당을 짓게 만들었다. 서울 시내 동대문구 숭인동에는 관우를 모시는 사당 동묘東廟가 지금도 남아 있다.

도교와 가장 관련이 깊은 한국 무교의 형태는 "앉은굿"을 하는 "법사" 계열이나 "판수"의 독경讀經이다. 충청권에서 활동하는 법사라든가 맹인으로서 무당 노릇을 하는 판수는 각종 무경巫經을 읽음으로써 주로 악한 귀신들을 추방하는 의식을 거행한다. 이들이 사용하는 무경의 대부분이 민간 도교의 경전들인 경우가 많다. 예를 들면 옥추경, 축귀경逐鬼經 또는 팔양경八陽經 따위이다. "선거리"를 하는 무당의 굿에서는 신령들이 춤과 노래로 대접을 받고 정중히 모셔지는 데 반하여, 법사나 판수가 거행하는 의례에서는 신들에 대한 공격성이 드러난다. 즉, 신령들을 위협하고 추방해 버린다. 중국에서 행해지는 민간 도교의례의 영향을 받은 것이다.

마지막으로 살펴볼 도교의 영향은 무당의 부적이다. 동양종교사에서 볼 때 부적을 본격적으로 사용하기 시작한 종교는 중국의 도교로 밝혀진다. 4세기 중국 동진東晋의 도교를 대표하는 인물 중 하나인 갈홍葛洪이 저술한 「포박자」抱朴子에는 다양한 종류의 부적이 나타난다. 현존하는 중국의 민간 도교에서도 부적이 자주 사용된다. 인생사 전반의 길흉 및 특히 농경의 풍흉을 관장하는 신들에게 빌기 위하여, 도교의 맥락에서는 일찍부터 「옥추경」이라든지 「자미결」 따위의 도교 경전에 적힌 비법에 따라 작성된 부적이 널리 사용되었다. 오늘날 한국의 무당들이 사용하는 부적과 도교의 부적에 그려진 내용은 서로 유사한 점이 많다. 서로간에 영향을 주고받은 역사적인 증거가 되는 셈이다.

## 4. 무교와 신종교

무교와 신종교의 관계를 논하기에 앞서서 "신종교"新宗敎란 과연 무엇이며, 현대사회 속에서 신종교가 가지는 의미는 무엇인가를 먼저 살펴보도록 한다. 현대는 흔히 "세속화"secularization의 시대라고 한다. 사람들은 이제 신성성神聖性은 뒤로 밀쳐놓고, 그 대신에 합리성을 가치판단의 최고 기준으로 당연시한다는 것이다. 이런 세상에서 종교들이 할 수 있는 일이란, 기껏 세속적인 문제들에 대하여 상대적인 의견을 개진할 뿐인 것으로 보인다. 아울러서 많은 수를 거느리던 전통종교들의 신도 숫자는 여러 나라에서 대부분 감소하고 있기도 하다. 그러나 다른 한편 현대는 "영적 갈구의 시대"이기도 하다. 움직일 수 없는 하나의 예가 바로 신종교의 존재이다. 신종교란 "지배적인 영적 전통의 대체수단이 되는 작은 집단으로서, 강력한 권위적이고도 카리스마적인 지도력을 지니고 있어서, 개인적 요구에 부응하는 강한 주관적 경험을 제공하며, 일종의 분리주의를 표방하고 합법적인 전통에의 연관성을 주장하는 집단"이다(김종서 1994, 10).

신종교의 발흥은 세속화된 현대사회에서도 사람들이 종교를 찾으며, 여전히 "성스러움"이 살아 있다는 증거이다. 그런데 신종교의 경계는 사실상 모호하다. 그 주된 이유는 많은 수의 신종교 집단이 비공개적이고, 신자수의 유동성이 심하다는 데 있다. 통계에 따르면, 입교자들의 90%는 2년 내에 가입 종단을 탈퇴하는 것으로 되어 있다(김종서 1994, 3). 그런데도 실제 교세에 비하여 신종교들의 "체감 교세"는 훨씬 막강하다. 혁신적renovative인 데 초점을 두면서, 적극적이고 자극적인 활동을 펼쳐 사람들에게 강한 인상을 주기 때문이다. 일례로 동학의 창건 이후 한국에서 발생한 신종교들은 "한국이 앞으로 세계의 중심이 된다"고 주장하면서 주체적인 이미지를 특히 강조한다. 신종교는 학자들에게 있어서 살아 있는 생생한 종교로서 인간의 종교적 상상력을 자극하는 연구의 대상이기도 하다.

주제를 좁혀 한국의 신종교들을 보자. 한국 신종교의 시작은 조선조말 1860년 경주 출신 최제우가 "득도체험"을 한 후 동학을 창건하면서부터라고 본다. 서학으로 대변되는 서구 문물의 엄청난 충격에 제대로 대응하지 못한 조선 왕조는 그후 마침내 일제에 의하여 강점당하고 만다. 그러한 충격은 사회 전체에 혼란과 불안정을 연쇄적으로 일으켰다. 힘에 의한 지배로 힘없는 민중은 일방적으로 수탈을 당하고 억울한 일을 겪게 된다. 그에 따라서 무력한 민중은 "말세"가 다가왔다는 위기의식을 자연스레 가지게 된다. 당시 많은 사람들이 이러한 말세의식을 가지게 된 데는 조선조 중엽 이래 널리 유포되어온 "정감록"이나 "토정비결" 따위 감결鑑訣신앙이 한몫을 하였다(한국종교연구회 1998. 274-88). 이러한 불안의식, 말세의식은 조선시대에만 국한되지 않는다. 이어지는 일제시대 피식민지 민족으로서의 자괴감, 갑작스레 닥친 해방과 전혀 낯선 새로운 정치체제의 등장, 한국전쟁, 학생혁명과 두 차례의 군사 쿠데타, 그리고 급속한 산업화는 한국 사회를 계속하여 격동과 불안 속에 휘둘러왔던 것이다. 이러한 와중에 "이제는 내가 이 시대를 이끌어갈 길을 알고 있다"고 주장하면서 새로운 가치관을 제시하는 신종교들의 출현은 불가피하게 된다(한국종교연구회 1998. 366-71).

한 사회를 독점하던 종교의 붕괴, 지배가치의 몰락은 다른 한편으로 사람들로 하여금 신앙의 자유에 대한 새삼스런 인식을 가지게 한다. 엄격하게 배타적이던 신유교, 성리학이 이제 자신만이 유일하고 유효한 가치체계라는 점을 더 이상 고수할 수 없게 되었다. 그러자 민중은 유교 이외의 종교들 중에서도 자기에게 맞는 종교를 골라 신앙할 수 있다는 사실을 새삼 깨닫게 된다. 이런 전반적인 사회 분위기가 "서학 천주교"와 "동학 천도교"가 그토록 빨리 한국 사회에 번지게 된 요인이기도 하였다. 일본 제국주의 식민당국은 한국의 민중이 종교를 기화로 하여 결속할 것을 두려워한 나머지 종교에 대한 탄압과 통제에 주력하였다. 실제로 대종교大倧敎 등 일부 신종교는 독립운동을 주도하기도 하였다. 해방 후 헌법에 따라 신앙의 자유가 보장되자 신종교의 숫자도 그만큼 더 늘어난 것도 같은 이치에서이다.

한국에서 신종교들이 유독 많이 생겨나고 번성하는 이유는 그외에도 여러 종교들의 공존이라는 한국 종교사의 특징적 전통이 고려되어야 한다. 한국의 종교 역사는 전통적으로 무·불·유·도교가 관용과 조화를 바탕으로 공존해 온 특징을 지닌다. 한국 사회는 전통적으로 이러한 종교들이 서로 회통會通하면서 교류하여 오고 있다. 그러다가 사회구조가 전면적으로 재편되는 경우에는 이러한 종교들이 서로간의 습합을 통하여 제3의 종교 형태를 띠고 나타남으로써 이른바 신종교들이 나타날 토양을 이루어놓고 있다.

그와 더불어 신종교 창시자들의 강력한 종교체험이 새로운 종교가 생겨나는 중요한 요인이 되는데, 이들의 종교체험은 민중의 사회적 욕구를 강력하게 반영한다. 다음의 사실들이 이와 같은 분석을 뒷받침한다. 신종교의 창시자들은 대부분 어려운 환경에서 불우하게 성장한 자들이다. 이들은 가정적으로나 경제적으로 또는 신분상 극도의 어려움을 겪은 경험을 지닌다. 그러한 성장 과정중에 이들은 현실 사회의 모순과 부조리를 누구보다도 뼈저리게 느끼는 동시에, 그러한 모순과 부조리를 제거할 방도를 모색하게 된다. 그러나 이러한 어려움이 결국 현실적으로는 해결이 불가능함을 인식하게 된다. 그때에 이들은 자신이 당하는 어려움을 종교적으로 승화시키게 된다. 그러나 이들은 기성종교에서 자신이 처한 문제에 속시원한 해답을 찾지 못함으로써 새로운 구도의 길을 모색한다. 그런 과정중에 그들은 남다른 종교체험 내지 신비체험을 하게 된다. 그러나 이러한 성장 배경과 종교체험을 갖추었다고 해서 누구나 다 새로운 종교집단의 창시자가 되지는 못한다. 이러한 체험은 단지 개인의 체험만으로 끝날 수도 있다. 그들이 새로운 종교의 추종자들을 모으기 위해서는 사회의 공감을 얻는 비전vision을 제시하여야 한다. 민중이 받는 고통의 실체가 무엇이고 그것을 어떻게 극복할 수 있는지 그 길을 제시해야 하는 것이다. 그렇게 될 때라야

비로소 그는 일반인과 구별되는 존재로서 인정받는다. 즉, "카리스마"charisma를 지니는 것이다(노길명 1988. 36-9).

1860년, 최제우가 서학 천주교에 대응하여 동학 천도교를 창건한 이래 한국 사회에는 수많은 신종교들이 생겨나고 있다. 1994년에 "종교사회연구소"가 발간한 『한국종교연감』에 의하면, 한국 신종교의 계보는 13개에 이르며 종단의 수효는 400여 개에 달하는 것으로 나타나 있다. 『한국종교연감』에 나타나는 이들 신종교들의 분포 지역을 살펴보면, 이들은 과거 충청도 계룡산이나 전라도 모악산과 같은 특정지역에 집중되어 자신들만의 폐쇄적인 공동체를 유지했다. 그러다가 1980년대 이후 서울을 비롯한 대도시 지역으로 진출하면서 적극적인 포교활동을 전개하고 있음을 알 수 있다.

최근 한국에서 발생하고 있는 신종교들은 지난 30여 년 동안 급속한 산업화와 도시화 과정에서 나타난 문제점들과 밀접한 관련이 있는 것으로 분석된다. 지난 한 세대 동안 이 땅에서 이루어진 경제개발 정책은 한편 빈곤문제를 어느 정도 해결하기도 했지만, 다른 한편 정신적 가치의 상실과 함께 부의 불공평한 분배와 편재 현상을 가속화시킴으로써 소외계층의 상대적 박탈감을 심화시킨 것도 사실이다. 그와 더불어 농민들을 산업노동자로 충당함으로써 이루어진 급속한 도시화 현상은 농촌 마을과 같은 기존의 생활 공동체들을 단기간에 와해시킴으로써 서민 대중이 의지할 단체나 권위마저 한꺼번에 없애고 말았다. 최근의 신종교들은 이와 같은 상황에서 의지할 곳을 잃고 혼란을 겪는 민중들을 주 대상으로 나타나고 있다. 이제 신종교들을 주도하는 지역은 더 이상 산골 오지가 아니다. 농촌을 떠나 서울, 부산, 대구 등 대도시로 이주한 서민계층을 기반으로 하여 신종교들이 발생하며, 이들을 주 대상으로 번성하고 있다. 물론 이들 이농민들뿐만 아니라, 경제적으로는 어느 정도 기반을 갖추었으나 정신적으로 불안하고 공허한 일부 중산층도 여기에 동조하고 있다(한국종교연구회 1998. 441-7).

아울러 신종교의 발생 배경이 되는 더욱 근본적인 이유는 기성종교가 가진 한계이다. 신종교는 기성종교를 비판하고 도전한다. 한국의 신종교들은 오늘날의 기성종교들이 물질주의와 성장제일주의, 개인주의와 형식주의, 교권주의와 권위주 그리고 외세 의존에 물들어 있다고 비판한다. 이들은 이와 같은 사회 병리현상들을 비판하고 도려내야 할 기성종교들이 오히려 이러한 현상들을 저들 종교의 내부문제로 떠안고 있으며, 그러한 결과 종교가 당연히 추구해야 할 구원의 능력을 상실하고 있다고 비판한다. 이들은 대부분의 기성종교들이 신도수의 팽창과 그에 따른 물질적인 풍요에 안주하면서 중산층의 사교장으로 변하고 있으며, 고도성장의 그늘 아래 가리어진 서민 대중의 고단한 삶과 처절한 고통을 제대로 보지 못하고 있다고 비판한다. 그런 까닭에 민중의 삶과 고통에 동참하여 그들을 해방시킬 새로운 종교가 출현해야 한다고 역설한다(노길명 1996. 285-95).

그렇다면 결국 신종교는 기성종교가 틀에 박힌 사고방식에 머물면서 민중의 절박한 상황을 외면한 채, 그때그때마다 새롭게 제기되는 인간의 절박한 물음에는 무관심하거나 무감각할 때 생겨난다. 기성종교들이 구체적인 삶의 때와 장소에 상관없이 준비된 해답만을 천편일률적으로 배급해 주는 일로 만족하거나, 또한 그러한 고답적인 "시혜"에 불만을 품거나 반항하는 자들을 손쉽게 이단으로 규정하고 척결하는 것으로 만족할 때에 발생하는 현상이라고 할 수 있다. 그렇다면 신종교의 발생과 번성은 사회 병리현상이라고 매도될 성격이 아니다. 그것은 어쩌면 사회 병리현상에 대한 심각한 반응이고, 사회 병리현상에 대하여 능동적으로 대처하지 못한 기성종교의 한계와 문제점을 적나라하게 드러내주는 시대의 징표이다. 다시 말하여 신종교는 불안한 사회와 경직된 종교의 합작품인 것이다. 신종교는 썩은 사회와 병든 종교가 결합하여 만들어내는 시대의 산물인 셈이다. 이러한 사실에서 볼 때, 신종교의 발생과 번성은 사회의 불안 정도와 기성종교의 한계가 어디인지를 보여주는 지표라고 할 수 있다(노길명 1996. 63-76).

신종교는 예언을 하거나 병을 고치는 능력, 또는 특별한 영적인 능력을 가졌다고 주장하는 교주와 그의 능력을 신봉하는 추종자들에 의하여 생겨난다. 그들은 대체로 신들림, 신이한 언어, 도를 깨우침, 병을 고침 등의 신비적인 체험을 과시하거나, 사업의 번창이나 승진, 자녀의 상급학교 진학과 같은 구체적이고 현세적인 복락의 약속, 또는 광신적인 신행에 의거하여 전파된다. 이러한 경향은 특히 그리스도교 계통 신종교에서 두드러지게 나타나고 있다.

대부분의 신종교들은 영세한 규모를 벗어나지 못하고 있다. 피상적으로는 그들의 열광성이나 적극성으로 인해 그 규모가 과장되어 보이기도 하지만, 실제로는 그렇지 못한 경우가 대부분이다. 그러나 교세 신장률이라는 측면에서 보자면, 이들은 기성종교의 신장률에 뒤지지 않는다. 이들이 자신의 교단을 어떻게 조직화하고 어떤 모습으로 사회 속에서 기능하는가에 따라, 몇몇 종단들은 이미 기성종교들과 어깨를 나란히하는 종단으로 발돋움하고 있으며, 그 중에는 더 거대한 종교집단 내지는 세계종교로 성장할 가능성을 보이는 종단들도 없지 않다.

이하에서는 무교의 영향을 받은 신종교의 모습을 보도록 하자. 한국의 신종교들 중에는 무교 계통으로 분류되는 종파 내지 종단들이 있다. 일제 시대 계룡산에 있었던 "칠성교"七星敎나 "삼신당"三神堂 그리고 전라북도 운주의 "무량교"無量敎 등이다(이강오 1982. 609-68). 최근(1988)에는 "천우교" 등이 결성되기도 하였다. 이것은 무당들의 조직을 정식으로 종단화宗團化하려고 시도한 움직임으로 볼 수 있다. 이렇게 직접적으로 무교의 교리나 의례를 그대로 계승하는 종파들 외에도 한국의 신종교들 중에는 무교와 교섭관계에 있는 종단들이 있다. 심지어는 한국에서 생겨난 신종교들은 어느 면에서 모두 무교의 영향을 받았거나 무교를 현대화한 종교들이라는 주장도 있다.

한국의 신종교들 중에서 무교의 영향을 직접적으로 받은 종교는 아무래도 증산계甑山系 종단들이다. 동학 천도교의 창립이 유교의 현대화라면, 원불교는 불교의 대중화라고 할 만하다. 천도교·원불교와 함께 한국 신종교의 3대 주류를 형성하고 있는 증산계 종교들은 무교의 제도화라고 하겠다. 증산계 종교들은 증산甑山이라는 호를 가진 강일순姜一淳(1871~1909)의 가르침을 따르는 계통의 종교들을 일컫는다. 강일순은 동학 농민혁명(1895)에 가담

한 후 도탄에 빠진 민중을 구제하려는 열망을 가지고 있었다. 그는 구도편력 중 역학易學의 대가로서 정역正易사상을 독창적으로 정립한 일부 김항一夫金恒(1826~1898)을 만나 가르침을 받는다. 그후 전라북도 모악산의 대원사大願寺에서 깨달음을 얻었다고 한다. 그는 최제우의 동학을 대신할 깨달음을 얻었다고 믿었다. 그리하여 동학혁명 실패 후 실의에 빠져 있던 동학교도들의 호응을 얻어 새로운 종교를 제창하게 된다.

강일순의 가르침 중에서 핵심사상은 그의 "천지공사"天地公事에 있다. 그는 혼란에 빠진 세상 천지를 정리하고 재앙에 빠진 사람과 신명들을 모두 구하여 새로운 세상인 선경仙境을 만들려고 천지공사를 벌인다고 했다. 이 천지공사를 강일순은 다른 말로 "천지굿"이라고도 불렀다. 일체의 재액災厄, 질병과 원한을 풀어(解冤) 신선의 세계에 들어가자는 것이다. 무당굿을 통해 쌓인 한과 맺힌 살을 푸는 "한풀이 · 살풀이"의 구조가 그대로 들어 있다. 그에 따르면, 현재는 "말세"이기 때문에 신명神明과 사람들이 모두 많은 재난에 둘러싸여 있다. 천지공사를 통하여 이 재난을 벗어나서 후천세계의 선경에 이르면 무상의 복락을 누릴 수 있게 된다. 천지공사는 운도運度공사 · 신명神明공사 · 인도人道공사로 나뉘어진다.

운도공사는 선천先天과 후천後天의 교체기인 말세에 일어나는 갖가지 재앙을 다스리고 미래의 이상향인 후천세계에 도달하도록 만드는 공사이다. 신명공사는 모든 신령들에게 맺혀 있는 원한을 인간이 나서서 풀어줌으로써 서로 돕고 살도록 벌이는 공사이다. 인도공사는 모든 사람이 후천세계에 들어갈 수 있도록 각자 자기 도를 닦게 만드는 일이다(유동식 1978. 287-90). 맺힌 한을 풀고 천지와 다시 조화를 이루는 것은 한국인이 가진 기본적인 종교심이라고 말할 수 있다. 이렇게 한국인의 무적巫的인 종교성에 부응하는 가르침을 내놓았기에 증산 계통의 신종교들은 지금도 한국의 신종교들 중에서 상당한 호응을 얻는 것으로 보인다(최준식 1998. 65-7).

⑯

# 무교와 그리스도교의 만남

현대사회 안에서 가톨릭 교회의 적극적인 적응을 주된 목표로 개최되었던 제2차 바티칸 공의회(1962~1965)는 이 시대의 특징을 "심각하고도 신속한 변화"mutatio profunda et rapida(제2차 바티칸 공의회 「사목헌장」 4항)라고 규정하였다. 인간 삶의 점증하는 사회화 현상은 교통·통신의 비약적인 발달에 힘입어 세계 전체를 하나의 생활권으로 만들어가고 있다. 다른 한편 인간은 자신의 능력을 크게 확대해 가면서도 항상 그 능력을 제대로 제어하는 것은 아니다. 한 가지 예를 든다면, 세계 경제는 인류의 역사상 지금처럼 호황을 누린 예가 일찍이 없었으나, 또 한편 현대처럼 기아와 빈곤의 심각성이 인류를 위협한 적도 없었다는 사실이다. 이러한 모순된 상황을 전환기의 위기 내지는 "간극의 위기"interstitial crisis(Douglas 1966)라고 할 수 있겠다. 인간의 창조적 능력을 극대화해 가는 과정중에 일어난 일대 변혁들이 이제는 오히려 인간 스스로를 변화시키기에 이르렀다. 역사 이래 기존의 인류가 살아온 방식과는 전혀 다른 사고방식과 삶의 태도를 지닌 "신인류"新人類의 등장을 예고하거나, 이미 그러한 인류의 출현을 주장하는 미래학자의 이야기도 마냥 새삼스럽기만 한 일이 아니다. 과학무기의 가공할 위력과 수량, 환경공해로 인한 지구 파괴의 위협으로 팽배한 위기의식은 서구 여러 나라에서 "녹색당"이 급속히 세력을 확장하고 있는 데서도 찾아낼 수 있다.

이렇게 "심각하고도 신속한 변화"의 한가운데에서 희망과 불안이 엇갈리는 중에 현대인들은 끊임없는 "도전과 응전"challenge and response을 요청받고 있다. 종교적 측면에서 보면, 이렇게 "새로운 사태"Rerum Novarum(교황 레오 13세의 1891년 회칙 제목)는 종교와 사회 내지는 종교와 정치 사이의, 즉 제·정祭政

의 새로운 관계정립에 대한 요구라고 볼 수 있다. 제·정 일치 시대를 지나 제·정 대결 시대를 거쳐서 바야흐로 제·정 대화의 단계로 진행되고 있는 정치·경제 및 종교·문화의 사회화 과정이 보여주는 이 시대의 바람직한 시대정신Zeitgeist은 상극相剋의 모습을 보여주는 "상대성원리"相對性原理가 아니라, 서로 함께 사는 상생相生의 "상보성원리"相補性原理임을 드러내 준다.

정치·경제·종교·문화·인구 분포 등 세계 구조의 전반적인 재편성과 함께 가치관의 재정립으로 말미암아 인간의 사고방식과 생활 유형에도 근본적인 변화가 요청되고 있다. 이와 같은 상황을 종교문제에 국한시켜 보면, 그것은 바로 종교 자체에 대한 새로운 도전이라고 보겠다. 일례로, 벨기에의 종교학자 케르콥스. Kerkhofs에 의하면, 그리스도인이 대부분인 유럽 사람의 30%는 공식적인 교회의 가르침과는 관계없이 환생reincarnation을 믿는다고 한다. 또한 47%에 이르는 유럽인들이 신을 "생명력"이라든지 "정신 에너지" 등 애니미즘animism적으로 이해하고 있다. 다만 32%만이 그리스도교 신조에 부응하는 유일한 인격신을 신봉하고 있다는 것이다(Kerkhofs 1987, 13-8). 한국 갤럽 조사연구소에서 1984년에 실시한 "한국인의 종교와 종교의식"에 관한 조사보고서에 따르면, 많은 불자들이 윤회설을 믿지도 않으면서 불교도라고 대답하였으며, 반면에 상당수의 그리스도인들이 윤회설을 믿으면서도 개신교인이요, 천주교 신자라고 응답하였다(오경환 1990, 106-12). 미국의 종교사회학자 피터 버거Peter L. Berger(1971, 219-20)는 이와 같은 현대인의 종교성을 "종교 없는 종교성"이라고 명명하였다. 그는 이러한 종교 현상을 보이는 현대를 한마디로 "종교의 슈퍼마켓 시대"라고 하였다. 현대인 각자는 종교의 여러 가지 요소들 중에서 "구매자" 자신이 원하는 내용들만을 골라 취사선택할 수 있게 되었다는 말이다.

이상과 같은 현실 안에서 어느 특정 종교든지간에 나만이 종교적 진리를 간직하고 있다는 배타적인 진리보유권Wahrheitsrecht의 주장이나 절대성 요청 Absolutheitsanspruch을 쉽사리 할 수 없게 된 듯하다. 그뿐 아니라 "지역별 종교분할책"(qualis regio talis religio)마저도 종교간의 (제한적이기는 하나) 평온을 유지하는 사회적 기능을 상실한 지 오래이다. 이러한 상황에 대한 인식으로부터 각 종파간에 그리고 각양각색의 종교들 사이에 상호 접촉과 대화와 만남에 의한 새로운 이해가 요청된다. 스위스의 종교학자 프리들리Richard Friedli의 말대로, 우리는 지금 "상호선교"相互宣敎(gegenseitige Mission)로서의 종교신학Theologie der Religionen이 절실히 요청되는 시점에 서 있는 것이다(프리들리 1989. 66-165). 물론 각 문화권이 처한 맥락에 따라서 그곳의 종교가 가지는 관심사도 저마다 서로 다를 수밖에 없다. 소위 선진국이라는 제1세계의 관심사가 "(마치) 신이 없는 (듯이 사는) 사회에서 어떻게 하면 설득력있게 신에 관해서 이야기할 것인가?"라면, 제3세계의 관심사는 "인간 없는 (비인간화가 횡행하는) 세상에서 어떻게 인간(다운 삶)에 관해 이야기할 것인가?"라고 대비시킬 수 있다.

수량數量적인 측면에서 볼 때, 한국의 종교들은 목하 대단한 진전을 보이고 있다. 하지만 한국의 종교들은 숫적인 증가에 자족하고 있을 것이 아니라 질적인 성숙도 도모해야 한다. 각 종교의 메시지가 화음禍音(Droh-botschaft)이 아니라 진정한 복음福音(Froh-botschaft)이 되기 위해서는 오로지 교세 확장만을 추구하는 직접 전도에 머무를 일이 아니라, 인간 삶의 모든 분야에 대하여 질적인 관심을 기울여야 한다.

이러한 질적인 선교 작업은 수많은 종교들의 집합장인 한국이라는 삶의 자리에서 다양한 종교들의 수용과 교류라는 맥락에서 진행되어야 한다. 한국은 바로 세계종교들의 전시장이라 해도 과언이 아니기 때문이다. 그래서 이제부터는 한편으로 한국의 대표적인 민간신앙이면서 확산종교의 전형인 무교신앙과 다른 한편 이즈음 한국의 종교문화를 주도하고 있는 제도종교의 전형인 그리스도교, 특히 가톨릭과의 접촉과 갈등, 교류의 현황과 종교간inter-religious 만남의 가능성을 타진해 보고자 한다.

민간신앙의 무교적으로 정향定向되어 있는 종교성을 올바로 깨닫고 제대로(ortho-praktisch) 계발하는 일은 한국 그리스도교 초미의 관심사인 조화로운 "토착화" 내지는 문화적응inculturation을 위해서도 최우선의 의미를 지닌다고 생각한다. 물론 무교의 종교성은 한국 종교사 안에서 단순 전승되기만 하는 것이 아니라 다양한 모습으로 변용acculturation되어 오고 있다. 주위 문화의 강한 영향력으로 인해 외래종교들과의 깊은 교섭관계 속에서 자기 정체성을 보존하려는 노력은 한편으로 종교혼합syncretism의 현상을 보인다. 또 다른 한편으로는 무제한의 포용력으로 개방적이며 창조적인 고양高揚의 길을 걸어오고 있다. 여기서는 우선 이러한 한국 종교사의 전개 특성을 고려한다. 특히 무교의 종교성과 그리스도교의 사회의식이 상호선교적인 종교신학의 견지에서 어떻게 접근이 가능하며 상호 보완될 수 있는지 개략적이나마 살필 것이다. 그리하여 이러한 두 종교의 만남이 현대가 지닌 갈등과 모순의 해결에 어느 만큼 공헌할 수 있을 것인가에 초점을 맞추고자 한다.

## 1. 무교와 그리스도교의 첫 만남

무릇 모든 종교문화는 대단한 역동성을 지녀서 한곳에 안주하기보다는 무한히 뻗어나가려는 속성을 가진다. 여러 측면의 역동성을 들출 수 있겠다. 지리적인 측면에 국한하여 보더라도, 종교문화는 한군데 고립된 적이 없다. 끊임없이 움직이는 것이다. 한 가지 구체적인 사례로 경교景敎(Nestorianism)의 7세기 중국 선교를 들 수 있다. 당시 시리아에 근거를 두고 있던 그리스도교의 한 종파인 네스토리안 선교사들이 중국 당나라에까지 진출하였던 기록이 지금도 「대진경교유행중국비」大秦景敎流行中國碑에 남아 있는 것이다 (서양자 1986, 11-23).

네스토리아니즘이 전래될 당시의 중국은 당나라 태종의 시대로 주위 여러 나라에 막강한 영향력을 행사하고 있었다. 중국과 서역西域 사이에 교통이 빈번해지자 서역으로부터 많은 종교들이 중국으로 발길을 향했다. 페르샤의 조로아스터교Zoroastrianism, 마니교Manichaeism, 이슬람 그리고 경교의 선교사들이 앞다투어 당나라의 수도 장안長安으로 모여들었다. 「대진경교유행

중국비」에 의하면, 635년에 시리아 출신의 경교 고위성직자 올로펜Olopen(阿羅本)이 처음으로 중국에 경교를 전했다고 한다. 올로펜은 중국에 머물며 머리를 삭발하고 수염을 기름으로써 불교의 승려나 도교의 도사와 같은 외모를 갖추었다. 경교의 예식은 중국의 전통예식과 불교의 영향을 받았으며, 경전의 번역에는 불교 승려들이 참가했다고 전한다(Laurentin 1977, 5-16).

이렇게 볼 때 경교는 동방으로 진출하면서 현지의 종교사상과 습합習合되었다. 동방에 전래된 경교는 자신의 정체성을 잃어버릴 정도로 주위세계에 융합되어 버렸다. 경교인지 불교인지 모를 정도까지 되어버려 "비경비불"非景非佛이라거니, "사경사불"似景似佛이라는 혹평을 들을 정도였다. 송나라, 원나라를 거치면서 중국에 뿌리를 내린 경교는 특히 원나라 시대 몽골 풍속에 따라 일부다처제를 인정하고 받아들였다. 심지어는 사제직을 매매하기까지 하였다고 한다(서양자 1986, 38).

삼국시대 이 땅에 전래된 불교는 경교와 혼합되었거나, 적어도 경교의 영향을 다분히 받은 불교라는 설이 있다(오윤태 1973, 315). 고든E. A. Gorden의 주장에 의하면, 경주 석굴암 내벽에 부각되어 있는 십이면관음상十二面觀音像 십나한十羅漢은 경교의 영향을 받은 것이라 한다. 그밖에도 신라시대 능묘의 호석護石에 부조된 십이지상十二支像이나 능묘 앞에 배치된 무인상武人像들이 모두 경교의 영향이라 한다. 1956년 경주 불국사에서 석십자가石十字架가 출토되고, 불상을 닮은 성모 마리아상이 출토되었다고도 한다. 이러한 현상을 바탕으로 신라시대에 경교가 이미 우리 나라에 전래되었다고 단정하는 주장까지 제기되고 있다(서양자 1986, 90).

고려시대에 와서 몽고와의 빈번한 접촉으로 경교가 이 땅에서 부흥의 전기를 마련하였을 가능성은 훨씬 더 크다. 특히「삼국유사」를 저술한 고승 일연은 바로 이 시기의 사람이다. 그의 사상 형성에 경교를 통한 그리스도교의 영향을 직·간접적으로 받았을 가능성이 충분히 있다. 이와 관련하여 『삼국유사』의 기록과 그리스도교 성서의 유사한 내용들을 대비시키면 흥미 있는 사실들이 발견된다. 예를 들면,「삼국유사」신라시조 혁거세왕조新羅始

祖 赫居世王條에서 계룡이 왼쪽 갈비에서 어린 계집아이를 낳는 이야기와 구약성서 창세기 2장 21-24절에 나오는, 아담의 갈비뼈에서 하와를 창조하는 이야기가 가지는 유사성 따위이다(서양자 1986, 91-102).

또한 고려시대의 불교는 정치와 긴밀한 관계를 유지하면서 현세기복적 성격이 강하였다. 고려시대는 태조의 훈요십조에 이미 나타나듯이 종교간의 융합 현상이 심하였다. 그리하여 무교적인 기복신앙을 통한 현세적인 복락의 추구도 두드러졌다. 이러한 시대사조는 「삼국유사」에도 그대로 반영되어 있다(「三國遺事」 卷5).

이상의 내용들을 종합해 보면 다음과 같은 결론을 잠정적으로 도출할 수 있겠다. 중국에서 당나라 시대부터 퍼지기 시작한 그리스도교의 한 지파인 경교는 신라시대 혹은 늦어도 고려시대에는 우리 나라에까지 들어와 전파되었다. 해당 지역의 종교문화에 적극적으로 순응하는 속성을 지닌 경교가 이 땅에 들어온 것이 사실이라면, 한반도의 무교적 특성을 지닌 종교적 토양과 상호 교류했음에 틀림없다. 그러한 교류의 구체적 증좌가, 고려시대 그것도 원나라의 영향을 강하게 받던 시기에 승려 일연이 저술한, 흔히 무巫·불佛·선仙 삼교의 습합적 내용으로 구성되었다고 알려진 「삼국유사」의 내용이다. 그렇다면 무·불·선적인 요소에 덧붙여서, 그리스도교적 세계 인식과 병행하는 「삼국유사」의 진술들은 무교와 그리스도교가 이 땅에서 접촉한 최초의 기록인 셈이다. 물론 이러한 주장은 현 단계에서는 아직 사료의 미비로 해서 좀더 철저한 고증이 요구되는 한 작업가설에 머무르고 있기는 하다.

## 2. 전래 초기 천주교와 무교의 관계

조선 후기의 급격한 사회변동은 이 땅에 선교사의 도움 없이 자발적으로 천주교 신앙을 받아들이게 하였다. 세계 그리스도교의 역사를 보면, 선교사들이 "전교傳敎 지방"에 파견됨으로써 새로운 그리스도교 공동체가 창립

된다. 하지만 한국의 경우는 특이해서, 구도자 스스로가 책을 통해서 종교에 관한 지식을 얻은 후에 신앙 실천으로까지 승화시켰던 것이다. 새로운 신앙을 받아들인 그리스도인들은 당시의 사회를 유지하고 있던 성리학적인 질서, 체제, 윤리를 근본적으로 변혁시켜, 그리스도교의 가르침에 따라 새로운 세상을 건설하려던 사람들이었다. 그것은 구질서에 대한 전면 도전이요, 기득권자들의 눈에는 일종의 혁명사상이었던 셈이다. 그리하여 집권자들은 천주교도들을 탄압하였다. 그도 그럴 것이 당국자들의 눈에 이들 천주교 신자들은 나라를 원망하는 무리들(怨國之徒)이요, 세상을 뒤집어엎으려는 자들(思欲變世者)이었기 때문이었다(최석우 1982ᵃ, 46-88; 조광 1989, 27-39).

이렇게 천주교가 한국에 도입되는 과정에서 한국의 무교가 그리스도교를 만나 어떠한 충격을 받았는지에 대한 연구는 거의 전무한 실정이다. 그 반대로 그리스도교가 한국에 전래된 이후 무교로부터 어떠한 영향을 받아왔는가에 대한 연구만이 일방적으로 있어 왔다. 이제까지 대부분의 연구가 그러했듯이, 유학자 출신들이 세례를 받고 천주교에 입교하였다는 표면적으로 드러나는 현상에만 국한하여 그리스도교가 유교의 바탕 위에서만 한국에 수용된다고 보는 관점은 한국 종교사의 특징인 다종교 현상을 간과하는, 너무 단순하고 표피적인 안목에 머무르고 만다. 그리스도교의 한국 도입에 대한 배경으로는 고래로 한국인이 기본적으로 지닌 무적(巫的)인 종교심성과 관련하여 무교의 영향도 함께 살펴보아야 할 것이다. 다른 한편으로는 무교를 연구하는 학자들이 그리스도교 전래에 따른 무교의 변화에 대하여 지금에 이르기까지 미처 주목하지 못하고 있기도 하다. 그와 아울러서 주의깊게 살필 또 하나의 과제는 다음과 같은 점이다. 즉, 조선 왕조의 성리학 이념이 무교를 탄압하였다고는 하나 정치 이념의 종교신앙에 대한 간섭은 표면적인 데 머물고 말 수밖에 없다. 그리하여 무교는 조선 사회에서 전면에 나서서 활동하지는 못하였다. 그러나 한정된 범위 내에서는 왕실의 비호까지 받으며 한국인의 기층종교로 제 몫을 하였다. 이와 같은 상황을 조선조말 그리스도교의 전래 배경으로서 십분 감안하여야 할 것이다.

조선조 후반에 이르러 무교의 양상은 변모를 겪는다. 궁중에서는 여성들을 중심으로 점복·예언·주술의 측면에서 무교를 꾸준히 신봉했으며, 민간에서는 무당이 점복을 하고 치병을 위해 굿을 벌이는가 하면, 마을 단위로 집단 제의가 이루어졌다. 이러한 사실들은 무교의 원리인 조화가 사회 전체에 걸쳐 적용되지 못하고, 겨우 마을 단위에 국한되고 마는 양상을 보여준다. 본디 마을굿의 의미는 온 나라가 모여 하느님께 올리는 천제天祭였다. 그러던 것이 유교의 질서에 따라 중국의 천자만이 천제를 올릴 수 있다고 여기게 되어, 하늘에 제사지내던 고래의 전통적 마을굿이 문제가 되었다. 표면적인 명분상의 이러한 이유 외에도 그 속에는 절대권을 확보하지 못한 조선조의 왕족과 자기네 세력을 신장시키려 꾀하는 귀족세력간의 주도권 쟁탈전의 양상도 들어 있다고 보인다. 모든 인간을 대표하여 왕이 하늘에 제사를 지낸다는 사실은 정치적 절대권력을 종교의 이름으로 인정하는 셈이다. 그리하여 왕권의 강화를 달가워하지 않은 양반세력은 중국의 천자만이 천제를 올릴 수 있다는 명분을 내세워서 조선 임금이 주도하는 천제를 극구 반대했다. 마을굿을 두고 "음사"淫事니 "음풍대행"淫風大行이니 하는 비난의 말들은 그렇다면 다시 새겨보아야 한다. 어떤 의미에서는 자국의 자주독립권을 희생하면서까지 왕을 견제하려던 양반으로 대표되는 귀족 주도의 정치적 술수의 언행들이었던 셈이다. 그러한 결과 마을굿은 적어도 표면적으로는 하느님에 대한 신앙을 공공연하게 드러내놓지 못하고, 다만 하위의 여러 기능신들을 모시는 현세구복적 제의로 변모하였다.

이렇게 마을굿이 가진 천제의 성격이 위축되어 있던 판에 천주교가 들어와 "천주님"께 대한 전례를 거행하게 되니 무교로서는 차라리 반가운 일이었다. 긍정적 의미에서의 놀라움, 즉 반가운 충격이었다고나 할까. 반면에 천주교의 조상에 대한 제사금지는 조상숭배를 중시하는 무교로서는 엄청난 부정적 충격이 아닐 수 없었다. 18세기말과 19세기 전반에 무교의례는 재정비되고 무교는 활기를 되찾게 된다. 이런 현상은, 조선조말 천주교가 들어와서 성리학 일색의 고질적 종교 상황이 더 이상 지탱되지 못하게 됨으로써, 본래의 조화를 되찾기 위한 움직임이라고 보인다. 그러나 오랜 세월 유교에 짓눌려 살아온 무교는 천주교가 들어오면서 촉발된 시대상황의 급변에도 불구하고 적극적 대처나 교단의 정립에까지 이르지는 못하고 만다.

이렇게 천주교가 한국에서 정착하는 과정 속에서 한국의 전통종교들은 갈피를 잡지 못하고 있었다. 이러한 와중에 1860년에 동학東學이 창교된다. 한국 종교사의 맥락에서 보면 동학은 "고대형 무교" 내지 "풍류도" 이래 이 땅에 있어온 다양한 종교들의 근대적 통합이라는 양상을 띤다. 동학 창시자인 수운 최제우의 신내리는 체험은 바로 무교적 전통과 맥을 같이하고 있다. 동학의 "한울님"(天主) 개념은 기실 천주교의 자극을 받아 되살려낸 한국고유의 하느님 개념이다. 최제우가 "한울님 모시기"인 시천주侍天主를 가르치고, 동학이 단기간에 호응을 얻어 민중 속에 급속히 전파되어 나간 점은 다음과 같은 사실을 보여주지 않을까? 천주교의 전래로 말미암아 한국 전통종교가 강렬한 충격을 받았으며, 이러한 충격이 오랜 동안 묻혀 있던 한국의 제諸종교들 사이에 있어온 전통적 조화정신을 동학에 의해 되찾게 했다고 말이다.

## 3. 서양 선교사들의 무교에 대한 시각

1830년대부터 이 땅에 잠입해 들어오기 시작한 "파리 외방 전교회"Missions etrangères de Paris 소속의 서양인 선교사들은 한국 천주교회와 로마 교황청을 연결시킴으로써 한국의 그리스도인들이 천주교회라는 국제적인 종교 공동체의 일원이 되도록 만들었다(최석우, 1982ᵇ, 81-9). 그러나 이들 서양 선교사들은 한국의 고유한 문화전통에 대한 몰이해로 해서 이 땅에 진작부터 있어온 종교문화 전반을 우스꽝스러운 미신으로 치부하는 데 서슴지 않았다. 한국에서 숨어다니며 활동하던 선교사들이 몰래 보내준 편지들을 토대로 방대한 분량의 「한국천주교회사」를 집필한 프랑스 신부 달레Charles Dallet는 한국인들의 종교성을 이렇게 묘사하고 있다.

> 그들은 — 조선사람들은 — 가장 미신을 잘 믿는 사람들이다. 그들은 어디에서나 귀신을 본다. … 끊임없이 그들은 운명을 점치고 점장이들을 찾아간다. … 집집마다 출생과 생명의 보호신인 성주와, 주거의 보호신인 터주 등의 가신家神을 넣어두는 단지가 한두 개 있고 … 산을 지나다가 무슨 사고가 일어나면 산신에게 어떤 제물을 바쳐야 한다. … 궁중에서부터 아주 보잘것 없는 오막살이에 이르기까지 널리 행해지고 있다. 이런 점으로 보아, 조선에는 남녀간에 얼마나 많은 사기꾼이며, 음양가며, 점장이며, 요술장이며, 사주장이가 민중의 고지식함을 이용하여 살아가고 있는가를 알 수 있다. … 돈을 받고 와서 알맞은 집터나 묏자리를 살펴주고, 사업하는 데 상서로운 날을 점쳐 주고, 장래 배우자들의 사주를 보아주고, 불행이나 사고를 액막이하여 주고, 악기惡氣를 몰아내 주고, 이러저러한 병에 주문을 외워주고, 귀신을 내쫓아 주고 하는 자들을 어디서나 볼 수 있다. 그때마다 큰 의식을 행하고, 법석을 떨고, 많은 음식을 차린다. 왜냐하면 점장이들의 게걸이 조선에서는 널리 알려진 것인 까닭이다(달레 1979. 219-21).

달레는 계속해서 당시 조선 천주교회의 책임자였던 다블뤼Daveluy(安敦伊) 주교의 편지글을 직접 인용한다.

> 굉장한 목소리가 아닌가! 정말이지 지옥의 마귀들을 모두 달아나게 하기에 충분하다는 것을 나는 단언합니다. 푸닥거리마다 서너 시간씩 계속되고, 때로는 다시 시작하는데, 줄곧 더 세차게, 하룻밤에 세 번씩 며칠 밤을 계속해서 합니다. 이런 일이 벌어지는 집 옆에 사는 사람들은 불쌍합니다. 나도 여러 번 겪어 보았습니다만, 눈을 붙이기란 절대로 불가능한 일입니다(달레 1979. 222).

그러면서 달레는 마술에 의거해서 악마와 직접 교통하는 마술사나 무당이 실제로 있다는 사실을 시인하면서, 조선에서뿐 아니라 성서에서도 그 예를 찾을 수 있다고 덧붙이고 있다. 이러한 서양 선교사들의 태도는 신교信敎의 자유가 허용된 후 이 땅에 들어온 개신교 선교사들에게서도 여전히 나타난다. 이들은 서구 문화의 일부를 그리스도교 자체와 혼동하였다. 서구식으로 물든 그리스도교의 교세 확장이라는 선교 목적에 따라 한국의 고유 신앙을 바라본 관계로 오해와 편견으로 일관하고 있다. 한 예로, 상당한 정도의 학술적 연구를 한 클라크Charles-Allen Clark 같은 이도 한국 무교를 단순히 "마귀숭배"demon worship로 치부하였던 것이다.

가톨릭의 경우 선교사들의 태도는 특히 제2차 바티칸 공의회를 계기로 달라지고 있다. 선교 대상 국가의 문화에 대한 존중과 토착화의 강조로 그리스도교의 선교는 새로운 국면을 맞이하게 되었다. 오늘날에 와서는 한국에서 활동하는 서양 선교사들이 한국의 고유 종교문화에 관심을 갖고, 종교학·인류학·문학 등 다양한 연구방법론을 동원하여 전문적으로 연구하는 이들까지 생겨나고 있다.

## 4. 한국 그리스도인들의 무교를 향한 애증

한국 무교에 대해 그리스도인들이 가지고 있는 현재의 태도는 적어도 외면상으로는 대부분 거부와 배척으로 일관한다. 그것은 한편으로 한국의 종교문화에 대한 전반적인 이해 부족과 서구 문화우월주의에 입각하여 선교활동을 하였던 서양 선교사들의 영향이 원인이 된다. 다른 한편으로는 불교와 함께 무교를 배척했던 유학자 출신의 초창기 그리스도인들의 종교관에 주로 기인한다고 보인다. 이들은 한결같이 민중의 의식 속에 남아 있는 무교적 현실도피라든가 기복행위 따위의 부정적 측면을 강조하여 부각시키고, 무교는 한국에서 극복되고 소멸되어야 할 대상으로만 취급하는 것이다.

그 반면에 다른 그리스도인들은 무교가 한국 문화의 근저를 이루고 있으므로, 무교에 대한 깊은 연구와 이해야말로 그리스도교가 한국에서 효과적으로 뿌리를 내려 토착화하는 데 결정적인 중요한 구실을 할 것으로 기대한다. 특히 한국 천주교회의 일각에서는 최근 무교에 대한 관심의 폭이 증대되고 있는 것으로 보인다. 일례로 미래의 사제를 양성하는 가톨릭계 신학대학들의 정규 교과과정 중에 한국 무교 강좌의 개설을 들 수 있다. 필자와 관련된 몇 가지 예를 들어보겠다. 한국 천주교회 역사상 최초로 필자가 1989년 가을 학기에 수원 가톨릭대학에서 한국 무교를 정규 과목으로 강의하였다. 1991년에는 서울 소재 가톨릭대학교 신학대학에도 한국 무교 강좌가 개설된다는 신문 보도가 있었다. 1997년부터는 필자가 격년으로 이곳에서 대학원생들을 대상으로 개설된 한국학 강좌의 한 과목으로 샤머니즘 강의를 하고 있다. 1990년 가을에는 천주교회의 남녀 수도자들을 교육하는 수도자 신학원의 수사·수녀 학생들이 "종교학" 수업의 일환으로, 필자의 인솔하에 서울 원효로 4가 소재 "남이 장군 사당"에서 벌어진 마을굿을 단체로 참관함으로써 당시 현장을 취재중이던 매스컴의 표적이 된 적도 있다.

　더 나아가 그리스도교 계통의 신종교들은 그리스도교와 한국 무교간의 적극적인 융합을 시도하는 것으로 보인다. 일례로, 통일교에서는 3단계의 시대 구분을 하면서 그리스도교의 분류방법대로 구약시대와 신약시대를 말한 다음에 소위 성약成約시대를 말하면서 그 근거로 「정감록」鄭鑑錄을 든다. 세계를 완성할 인물인 "정도령"이 한반도에서 태어나는데, 바로 통일교 교주 문선명이 그 인물이라는 주장이다(세계통일신령협회 1966, 547).

　이렇게 다양한 자세들은 한국의 그리스도인들이 토착종교에 대하여 그들 내부에 상호 모순되는 태도를 갖고 있음을 극명하게 드러낸다. 즉, 그리스도인들이 한편으로는 무교신앙을 타도의 대상으로 적대시하든가, 아니면 그냥 막연하게 호감을 표시하는 수준에 아직 머무르고 있다. 대다수의 그리스도인들이 한국의 가장 오래된 종교 전통에 대하여 막연하게 미신시하거나, 아니면 정반대로 한국 종교문화 일반의 모태matrix라고 양가감정적인 ambivalent 주장을 해오고 있는 실정이다.

17

# 무교와 그리스도교의 대화

오늘날에도 여전히 한국인의 삶과 밀접한 연관을 맺고 있는 무교는 한국인의 실존적 체험을 반영한다. 삶과 죽음, 기쁨과 슬픔 그리고 좌절과 희망이 그 속에 용해되어 있는 것이다. 무교의 의례에서 나타나는 역동적이고 우주적인 종교성은 한국 종교문화의 기본 토양을 여실히 드러내 보여준다. 이와 같은 종교성 안에서 인간은 대자연의 여러 요소들과 우주적인 친교를 이룸으로써 사회적인 조화를 이루게 된다. 이러한 종교성은 초인간적인 힘에 관한 신앙에 바탕하고 있으며, 고등종교들의 초월적인 혹은 초우주적인 종교성과 상호 보완될 때 종교성을 근본적으로 갖춘 모든 인간homines religiosi에게 건설적으로 공헌할 터이다. 그러나 피에리스의 표현대로, "현대 기술사회는 인류에게서 우주적 종교성을 앗아가는 대신에 노이로제를 안겨주며, 종교적 가난을 가져가는 대신 맘몬Mammon을 가져다준다"(Pieris 1986, 148).

이러한 세태를 부도덕한 정치지도자들만 활용하고자 하는 것은 아니다. 겉으로 토착화를 운위하는 종교식민주의 내지는 종교제국주의의 간계도 간과할 수 없다. 이러한 한국 종교문화의 맥락과 무교적인 종교 토양 안에 외래종교들이 제대로 뿌리를 내리려면, 이 시대 이 땅을 위해 종교간에 협력사업으로서 그리고 종교 안에서 새롭게 해석하고 실천해야 할 과제들이 무엇인지를 제諸종교들은 우선적으로 찾아야 한다.

이제 주제를 무교와 그리스도교간의 대화라는 문제로 좁혀보기로 하자. 한국이라는 삶의 자리에서 무교와 그리스도교가 실현해야 할 지상과제를 든다면 다음과 같다. 오늘날의 우리 사회는 세기와 천년기의 변동이라는 정황을 비롯하여 안정적이지 못한 모습들이 시대의 불안을 전반적으로 표출하고 있다. 이럴 때 특히 한풀이라는 명목으로 일부 무교의례에서 벌어지고 있는 무분별한 격정의 폭발과 감정의 유희를 자제해야 한다. 종교들은 언제 어느 때든 민중의 일상 경험에 충실해야 한다. 그러면서 공동체의 유대감을 확인하는 과정 속에서 조화를 회복하는 일에 적극적이어야겠다. 그와 같은 과제는 사회의식에 투철해야 하는 그리스도교의 경우에도 마찬가지이다. 그래서 무교신앙 속에 간직되어 온 민중의 역동적인 종교성과 그리스도교의 사회의식은 상호 보완되고 "상호 선교"해야 하리라고 본다. 현대 종교의 가장 시급한 과제 중 하나는, 서로 다른 맥락에서 형성된 다양한 사회의 저마다 다른 경험들을 겸허하게 받아들이는 일이다. 제각각의 맥락에 대한 인식은 서로를 성장시킬 뿐만 아니라, 자기 자신이 처한 위상에 대한 분명한 인식 가능성을 제공하며, 자신의 고유한 문제를 되돌아보게 만든다. 저마다 이러한 자세를 견지할 때, 점점 좁아져가는 지구촌 아니 "지구시"地球市(global city) 안에서 인류는 공존공영의 방도를 찾아나갈 수 있다.

## 1. 예수와 바리데기

역사의 실재 인물이면서 그리스도인들에 의하여서는 하느님의 아들이며 구세주로 숭앙되는 예수 그리스도는 가장 낮은 자의 모습으로 이 세상에 왔고, 무력한 모습으로 십자가형에 처해져서 비참한 삶을 마쳤다. 그러나 그리스도인들의 신앙고백에 따르면 바로 이 무력한 이가 온 인류를 해방하는 가장 숭고한 자 "바로 그 사람"(Ecce Homo)이다(필립 2,6-11의 그리스도 찬가 참조). 한편으로 한국 무교에서 무당들의 원조(巫祖)로 여겨지는 바리공주는 부모로부터 버려지는 지경(바리데기)에까지 이르렀으나, 갖은 환난고초 끝에 저승의 영약을 구해와서 죽을병에 걸린 부모의 목숨을 구하게 된다. 결국에는 모든 인간을 구하는 무당이 되었노라고 무가 사설은 읊고 있다.

이렇게 볼 때, 바리공주 신화와 예수 그리스도 사건에서 한 실존적 공통점이 추출된다. 두 이야기의 근저에 깔린 종교적 흐름은 다음과 같다. 가장 존귀한 자가 가장 비천한 자가 되는 자기비하自己卑下(kenosis) 과정에서, 주인공들은 세상의 온갖 고통을 극복하여 영원한 해방을 얻으며, 궁극적인 자유와 평안을 얻게 된다. 이 수행의 밑바탕에는 부모에 대한 자식의 도리를 다한다는 효성이 깔려 있다. 하느님 아버지에 대한 예수의 죽음에까지 이르는 순종과 바리공주의 비길 데 없는 효심은 고통의 절정인 죽음까지도 극복하는 구원의 과정을 감동적으로 보여준다. 사람들은 바로 이러한 본보기를 통해 자기원형상Selbst-Archetypus을 획득한다. 그렇게 해서, 외형 구조상 그리스도 예수와 무조巫祖 바리데기는 양쪽의 신앙체계 안에서 신과 인간의 중개자라는 유사한 모습을 보인다. 개신교 신학자인 현영학은 무당의 소명체험인 신병神病을 예수의 유혹사화와 비교한다. 그래서 두 사건을 가난한 이들의 고난, 즉 민중의 한과 대결하는 강력한 종교체험으로 여긴다.

> 무당의 신병은 필자로 하여금 한국인으로서 그리스도교 신학의 문제를 새로운 시각에서 다시 검토해 보아야 할 계기를 마련해 준다. … 또 예수가 광야에서 40일 동안 마귀에게 시험을 받으셨다는 이야기를 보는 눈에 관한 것이다. 예수는 강대국들 사이에 끼여서 들볶임을 당해온 이스라엘 민족의 한과 수도 예루살렘에 집중된 권력자·부자·지도자들에 의해서 수탈당하고 업신여김을 당해온 갈릴래아 시골 사람들의 한을 안고 씨름을 하신 것이 아닌가, 말하자면 "신병"에 걸리셨던 것이 아닌가 한다(현영학 1984. 769-70).

## 2. 한풀이 그리고/혹은 그리스도풀이

한국 종교사는 어떤 의미에서 외래종교들의 "무교화 과정"의 역사라고 볼 수도 있다. 불교·유교·도교·그리스도교 등 이 땅에 들어온 모든 "수입

종교"들은 시간이 흐르면서 해당 종교 안에 무교적인 요소들을 받아들이고 있다. 불교 사찰에 산신각이 들어서는 현상이라든가, 유교 제사에 떡이 주요한 제물로 등장하는 형태는 그 대표적인 예가 되겠다. 가톨릭에 입교하는 많은 수의 신자들이 교회의 전례를 굿의 한 형태로 생각한다든가, 묵주나 성수聖水 그리고 십자고상十字苦像을 비결 처방이나 부적으로 간주하는 예는 비일비재하다. 개신교에서는 성서에 대한 자유 해석을 통하여 무교적으로 정향된 종파들이 생겨나는 여지를 마련한다. 구약의 예언서들이나 신약의 묵시록을 취향대로 해석함으로써 생겨난 통일교나 전도관(현 천부교)이 좋은 예이다.

　정통 그리스도교 종파의 선교에 있어서도 부정적이고 소극적인 "무속화" 과정을 어떻게 적극적이고 긍정적인 선교로 이끌어갈 것인가는 중요한 문제이다. 이러한 맥락에서 "새로운 토착화" 내지는 "비옥화"肥沃化(fertilization)가 한국에서 그리스도교 선교 역사의 성패를 가르는 관건이 될 것이다. 선교의 또 다른 측면인 사회선교와 관련지어 보면, 한국이라는 삶의 자리Sitz im Leben에서 무교의 역동적인 종교성을 여하히 사회의식의 원동력으로 전환시키겠는가의 문제이다. 개인 구복적이고 세계 도피적인 "한풀이"Han-therapie를 사회의식을 갖춘 "바른 실천"Orthopraxis 내지는 "그리스도 (안에서의) 풀이"Christo-therapie로 고양시킴으로써 민중의 잠재적 능력을 활성화하는 일이다. 말을 바꾼다면 "굿정신"의 회복이라고 할 수 있겠다. "그리스도 (안에서의) 풀이"라는 말은 고난의 일시적인 제거라는 의미에서의 "한풀이"와 대비시키는 개념이다. 그것은 한국 그리스도교의 선교활동이라는 맥락 안에서, 비구원의 온갖 상황에 대한 능동적이고 본격적인 극복을 의미한다. 한국의 역사 속에는 이미 그리스도풀이의 실현 가능성을 예고하는 선례들이 있어 왔다. 동학 농민혁명, 독립운동, 4·19 학생혁명과 1970년대 이후 그리스도인들의 사회 참여는 대표적으로 손꼽히는 사례들이다. 오랜 기간 "한국 가톨릭 농민회"를 지도했던 정호경 신부는, 예수의 민중을 향한 선교의 장이 바로 "굿판"이었다고 규정한다(정호경 1984, 93-6). 이 굿판이 바로

"치유와 해방과 일치(구원)가 이루어지는 자리"라고 풀이하였다. 인간을 치유하고 세상을 구원하는 (해방과 일치시키는) 힘에 대한 예수의 소신은 바로 하느님에 대한 신앙이었으며, 이와 같은 예수의 확고부동한 신앙이 현실적으로는 희망을 전혀 가질 수 없었던 민중에게도 같은 신앙을 불러일으켰다는 주장이다.

위에서 살펴보았듯이 한국 종교문화의 기본 토양인 무교는 강한 역동성을 내포하고 있다. 이같은 내면적인 힘이 그리스도교 전통의 예언적이고 사회적 의식과 능동적으로 만날 때, 한국의 다종교 사회에 창조적으로 공헌할 것이다. 그리스도인의 예언적이고 사회적인 역할이 세계 도피적인 종교성을 보완하고 견제할 것이며, 이미 다양한 형태의 카리스마 운동에서 진행되고 있듯이 그리스도교의 부정적인 측면에서의 "무속화"를 방지할 터이다.

단오굿을 참관하기 위해 굿판에 모인 수많은 구경꾼들 (강원도 강릉 남대천변, 단오제: 1984년 6월)

## 3. 굿과 미사 사이에

짜임새가 느슨한 무교의 의례 안에서는 자연과 사회의 질서가 서로 교차하면서, 자연의 요소들과의 우주적인 친교를 통하여 사회의 조화가 확보된다. 굿이 진행되는 동안 모든 참석자는 가족적인 분위기에서 풍성한 대접을 받게 된다. 일상의 식사시간이나 제의적인 음복에서 화기애애한 분위기가 자연스레 형성되는 것이다. "굿당"은 서민 대중이 일상생활을 영위하는 장소와 비교하여 크기나 모양에서 별 구별없이 친근한 장소이다. 이러한 굿당의 소박한 모습은 개선주의에 입각하여 사치와 규모의 경쟁을 일삼으면서 한국의 그리스도 교회들이 짓고 있는 건축물들과 좋은 대조를 이루고 있기도 하다. 굿이 추구하는 주된 내용은 재앙을 쫓고 복을 부름(除災招福)으로써, 굿을 "노는" 사람들의 한恨을 풀고 원願을 들어주는 데 적합한 듯이 보인다. 이렇게 "우주적 종교성"(A. Pieris)에서 계발된 소속감은 공동체 구성원들에게 연대적인 삶의 추진력으로 작용한다. 그러한 추진력은 바로 공동생활, 공동식사, 삶의 갈등과 모순에 대한 공동해소 노력 그리고 불운이나 재앙에 대한 공동대처라는 형태로 드러나는 셈이다.

그리스도교에서 감사의 공동제의라고 말할 수 있는 성찬례eucharistia는 해방과 구원의 효력있는 표지로서 가장 중요한 성사적聖事的인 의미를 가지고 있다. 해방과 구원은 그러한 성찬의례에 참가하는 사람들이 가지고 있는 궁극 목표이다. 성찬례 안에서 해방과 구원은 세 단계의 과정을 거쳐 이루어진다. 첫째 단계는 회개metanoia이다. 모든 비구원의 상황으로부터 벗어나는 근본적인 참회와 돌아섬이다. 둘째는 친교koinonia이다. 회개한 새 인간과 하느님 사이에, 그리고 그렇게 바뀐 사람들 사이에 회복된 친밀감이다. 셋째는 봉사diakonia이다. 아직도 비구원의 상황에 놓여 있는 사람들을 향하여 회개한 사람들이 조건없이 투신하는 것이다.

무교에서 보자면, 의례에서 시행하는 공동식사인 대동음복이 그리스도교의 성찬례와 구조적으로 유사한 모양과 기능을 갖추고 있다. 먼저 화해의 과정을 거쳐서 한이 제거되고, 연대감 내지는 공동 소속감이 보장된다. 그러고 나서 인간 상호간에 그리고/혹은 인간과 신령들 사이에 조화를 회복시키고, 묵은 인간을 새 인간으로 재생시킨다. 이러한 과정이 바로 상징적인 공동식사를 통하여 실현된다. 바로 여기에서 오늘날 수동적이며 개인적이고 반복적인 모습으로 조락한 한풀이가 능동적이고 사회의식적이며 구조적인 해결책을 찾도록 바뀌어야 한다. 오늘의 한국 종교는 소모적인 한풀이의 폐쇄적 과정을 결정적인 해방과 구원 shalom의 과정을 향하여 열어가야 한다.

오늘의 상황에서 이 과제를 이끌어가야 할 그리스도교의 모습은 그러나 또 어떠한가? 외형적으로는 가히 폭발적인 교세 확장을 이루고 있는 그리스도교 안에서 정작 그 가운데 있어야 할, 가난과 고난에 억눌린 민중은 설 자리를 잃어가고 있는 실정이다. 그것은 소위 냉담자의 증가와 신자 증가율의 둔화를 우려하는 목소리들에서 감지된다. 승리주의 triumphalism에 입

마을굿을 끝내고 음복을 하는 주민 대표들 (강원도 강릉 남대천변, 단오제: 1984년 6월)

각한 제도교회는 스스로를 게토ghetto화하여 세상으로부터 유리되고 참된 종교 공동체의 주인이 되어야 할 사람들로부터 멀어지고 있다. "나그네의 길을 가는 교회는 본성상 선교하는 것을 사명으로"(「선교 교령」 2항) 하는데, 최근 한국 그리스도교의 선교는 인간다운 삶을 위한 파견이라는 선교의 본래 과제는 소홀히 다루면서 교세 확장만을 강조하는 본말전도의 자세를 보이지나 않는지 점검해 보아야 할 것이다.

그리스도교에서는 구원의 유효한 징표로 성사sacramentum를 말하고 있다. 그리고 바로 교회 자체가 성사적이라는 것이 강조된다. 제2차 바티칸 공의회는 교회의 본질과 사명을 논하면서 그 성사적인 성격을 강조한다. "교회는 그리스도 안에 있는 성사와 비슷하다. 즉, 교회는 하느님과의 깊은 일치와 전 인류의 깊은 일치를 표시하고 이루어주는 표지요 도구인 것이다"(「교회 헌장」 1항). 이러한 논의를 감안해 볼 때, 무교적인 기반을 갖고 있는 종교문화의 맥락 안에서 한국 그리스도 교회의 바람직한 모습은 어떠해야 할 것인가?

첫째로, 종교 공동체인 교회는 문화적인 배경으로 조건지어진 구체적인 인간이 절대자를 만나는 장소가 되어야 한다. 이러한 맥락에서 대형 교회당의 건설과 소박한 민중의 삶에 가까이 있는 굿당은 좋은 대조를 이룬다. 굿당은 한국의 서민 대중이 일상생활을 영위하는 장소와 거의 같은 크기와 형태를 지님으로써 그들 서민 대중들에게 친밀감을 느끼게 해준다. 반면에, 그리스도 교회당은 점점 더 크고 점점 더 서양식의 형태로, 아니 서양보다 더 서양식으로, 웅장하고 화려하게 지어지고 있다. 이것은 단순히 건축 규모나 양식상의 문제만이 아니다. 한국 그리스도인들이 아직까지도 서양식으로 각인된 정신상태latin captivity에서 벗어나지 못하고 있음을 단적으로 보여주는 증좌이다.

둘째로, 사회불의를 고발하고 정의구현을 외치는 교회의 예언자적인 역할을 일깨우기 위하여서는 제대로 이해된 종말론적(완세론적)인 의식이 계발되어야 한다. 무교의 영향을 다분히 받고 있는 한국의 민중종교성 안에는 이와 관련하여 이미 후천개벽이라는 사상이 내재되어 있다. 종교학자 정진홍에 의하면, 민중의 후천개벽 사상에는 다음과 같은 징표들이 나타난다: 현실에 대한 부정, 새로운 창조에 대한 기대, 현재의 실패라든가 좌절에 대한 극복과 새로운 세상에서 충족된 행복 등이다. 그리스도교 역시 미래에 완성될 새 세상에 대한 기대와 긴장이라는 종말론적 지평 안에서 그 역량을 발휘해야 하겠다.

셋째로, 교회 공동의례의 한가운데에는 하느님의 백성이 자리해야 한다. 바로 그리스도 교회 초창기의 예수 공동체에서는 민중ochlos이 주체가 되었다. 무교의례에서 신봉자들은 신령들과 밀접하고 능동적인 접촉을 가진다. 예를 들면, 굿 중간에 일반 신도가 무당의 복장(巫服)을 하고 춤을 추는 무감(trance dance)에서 신도는 무당의 힘을 빌리지 않고 신령들과의 통교 상태에 직접 들어가는 것이다.

넷째로, 교회의례나 용어는 민중이 바라는 구체적인 삶의 필요에 부응해야 한다. 이와 관련해서 무교의 풍부한 의례들은 그리스도교 전례의 토착화에 시사하는 바가 있다. 여기에는 민중문화의 전통적인 요소들이 가급적으로 많이 수용되어야 한다. 다양한 형태의 치성이나 굿에서 제의 복장이나 도구, 경문 등이 진지한 비교와 연구를 거쳐서 검토되고 수용되어야 한다. 이와 관련해서 게르만 민족의 그리스도교화Christianisierung 당시에 용어나 풍습 등 게르만 민족문화에서 많은 요소들이 그리스도교 안에 수용된 점을 참작할 수 있겠다.

마지막 다섯째로, 교회 공동체에서는 하느님 백성의 현실이 살아 숨쉬면서, 민중의 해방을 지향해 나아가야 한다. 굿이 진행되는 중에 이루어지는 무당과 신도의 대화는 민중의 구체적인 삶을 주제로 이루어진다. 종교의례가 사람들을 수동적으로 묶어놓을 때, 종교의 사회변혁 기능은 상실되고 만다. 이즈음 대부분의 무당굿에서나 교회의 카리스마 운동들에서 일부 이러한 소모적인 현상들이 나타나고 있는 것으로 보인다. 그러나 종교 공동체가 의례를 통한 자기부정(決斷)으로 연대감과 사회의식을 일깨울 때에는 가난하고 소외된 민중 속에 구원의 진리를 설득력있게 증거할 수 있을 것이다.

## 4. 종교 안의 intra-religious 만남

어떤 종교든지 다른 종교를 만나게 되면, 자신의 정체와 위상을 다시 묻게 되고 상호관계를 정립하지 않을 수 없다. 이런 경우 많은 종교들이 다른 종교들을 사교시邪敎視하거나 미신으로 치부한다. 그러면서 자신만이 유일 절대적인 진리를 지닌 참된 종교라는 배타적인 태도exclusivism를 드러낸다. 경우에 따라서는 노골적인 적대감이 아니더라도, 타종교의 부족한 점을 내가 보충한다거나 포용한다는 일견 관대한 포용주의inclusivism를 내세우기도 한다. 어떤 경우든지 자기만이 올바른 종교라는 의식이 그러한 주장 안에 담겨 있는 것이다. 그러나 이런 태도는 종교들이 저마다 내세우는 자세이기에, 주관적 의미에서 자기들에게만 해당되는 진리라고 할 수 있다. 그렇다면 종교간의 참된 만남은 언제 어디에서 가능할까?

오늘날 세계에서 다양한 문화간에 교류가 점점 잦아지고 있다. 그러므로 종교간의 관계도 새롭게 정립되어야 한다. 전세계 가톨릭 교회의 현대세계에 대한 적응을 지상 과제로 삼아 개최되었던 제2차 바티칸 공의회는, 현대세계에서 더욱 빈번히 발생하고 있는 종교간의 갈등과 만남이라는 문제를 새삼 강조하여, 배타적인 호교론으로부터의 탈피를 호소한 바 있다. 종래의 한국 그리스도교계는 타종교에 대하여, 특히 무교나 민간신앙에 대하여, 타파해야 할 대상으로 간주하거나 적대적인 무관심과 몰이해로 일관해 왔다. 그러한 풍토에 젖어온 한국 그리스도교계 일각에서 스스로의 정체성을 찾고 자신의 종교성을 심화하는 일환으로 타종교에 대한 진지한 관심이 피어나고 있음은 고무적인 현상이라 하겠다. 한민족 마음의 고향이며 신앙의 뿌리인 무교신앙을 위시한 민중종교가 지녀온 종교적인 신앙 내용이나 의례들을 스스로가 미신이라 경멸하고 배척으로만 일관한다면, 현대인인

체하면서 결국은 뿌리잘린 자아상실의 미아 신세를 면하기 어렵다. 이러한 의미에서 종교"간"의 대화는 우선 바로 나 자신의 종교행위 "안"intra-religious 에서 시작되고 진행되어야 하는 일이다(파니카 1992. 72-5).

오늘날 그리스도교 신학의 중심지는 서구 제국으로부터 소위 제3세계로 이동하고 있는 추세이다. 제3세계에서는 신학의 주된 관심사가 바로 현실적인 삶 속에서 가장 예민하게 비구원을 체험하는 민중의 구체적인 고난의 이야기이기 때문이다. 한국에서 연구하고 실천하는 그리스도교 신학은 자기 삶의 자리에서 일궈낸 경험들로부터 도출되어야 한다. 그런 사정으로 해서 "신학의 해방"Liberation of Theology이 한국의 그리스도인들에게도 요구된다. 물론 "복음을 유럽 문화의 감옥과 지중해 연안의 봉건영주식 그리스도교의 속박으로부터 해방시키는 것은 어려울 것이다"(Dussel 1985. 84)라고 갈파한 멕시코인 해방신학자 두쎌의 말대로, 오랜 세월 서구 문화와 융합되어 온 모습을 간직하고 있는 것이 그리스도교의 현재 모습이다. 여기에서 복음 진리의 핵심을 따로 추출해 내어 개별 문화권에서 자기에게 맞도록 새롭게 해석하고 적용한다는 "문화적응"은 지난한 작업이기는 하다. 프리들리Richard Friedli(1989)는 이러한 맥락에서, "그리스도(라는 역사적이고 복음적인) 사실 자체"Christus-Wirklichkeit로서의 "그리스도다움"Christus-tum과 지리적·문화적으로 조건지어진 다양한 "그리스도 이해들"Christus-Verständnisse로서 이루어진 "그리스도교"Christen-tum를 구별하자고 제안한다. 그리스도가 전한 구원의 소식은 제각각의 환경과 의식구조에 맞춰서 전해지고 "육화"肉化(inkarnieren)되어야 한다. 역사가 짧은 교회는 자신의 정체를 잃지 않도록 하면서 동시에 그리스도 안에서 성장하여야 한다. 이러한 인식을 바탕으로 개별 문화마다 고유한 신학작업이 이루어지는 것이다. 오늘 한국에서의 신학을 정립하기 위해서 최우선의 과제는, 삶의 현장에다가 직접 그리스도의 본래 정신(복음)을 적용시켜 가면서 사회윤리적 전망을 획득하는 일이다. 한 가지 예를 든다면, 그리스도교에서 말하는 죄罪의 개념은 한국의 종교문화라는 맥락에서는 "한"과 결부되어 이야기되어야 한다. 일부 한국 신학자들의 해석에 따르면, 죄와 한은 마치 동전의 양면과 같다. 죄가 가해자의 편에 쌓여가는 것이라면(sinned for -), 한은 피해자의 편에 쌓여가는 것이다(sinned against -). 홍콩 출신의 중국인 신학자 레이먼드 풍Raymond Fung(1980, 83-92)에 따르면, 인간은 단지 죄를 짓는 주체로서 죄인일 뿐 아니라, 같은 인간이 바로 죄가 저질러지는 대상이기도 하다는 것이다. 그래서 가난한 이들에게 있어서 그리스도의 복음은 단지 죄인을 용서하라는 요청에 국한되는 것이 아니다. 아울러서 복음의 메시지는 가난한 이들에게 몹쓸 죄를 짓는 위세에 대한 저항으로 그리스도인들을 부르는 소명이기도 하다는 것이다.

이러한 맥락에서 볼 때, 굿과 같은 무교의례는 억울한 피해자의 한을 풀어내는 기능을 분명히 가지고 있다. 그러나 여기에서 요청되는 일은 가해자에 대한 보복이라는 중독적인 악순환의 고리에 매달리지 않으면서, 가해자와 피해자 사이의 화해와 용서가 이루어지는, 적극적인 해방을 통한 조화의 전망을 획득하는 일이다. 무교와 그리스도교가 이 땅에 형성된 "삶의 조건"condition humaine 속에서 서로 만나 창조적인 종교문화에로 고양되는 길이 여기에 있다고 본다. 한국의 역사 안에서 지속적이고 다양한 민중운동들과 근세 이후 의식있는 그리스도인들의 사회참여는 이러한 창조적인 상승작용synergy effect이 얼마든지 가능하다는 모범적 선례들이다.

〈맺음말〉

# 상호선교적 관점에서 본 무교의 전망

오늘날 한국 사회는 세계에 유례가 없는 다종교 상황에 놓여 있다. 이러한 맥락에서 오늘 이 땅에 사는 종교인들에게는 특별한 과제가 주어졌다고 본다. 종교인들은 누구나를 막론하고 각 종교·종파의 풍부한 유산과 활력을 가지고 누리와 겨레의 해방에 공헌해야 한다. 나아가 하나의 거대한 도시로 변하고 있는 세계, 즉 지구시地球市라는 세상의 구원을 위하여 하나의 새로운 원리를 찾아내야 한다. 세계종교 판도의 축소판을 방불케 하는 한국의 종교 현황 안에서 바람직한 인간해방의 바른 실천이 계속 이어질 때, 한국의 종교문화는 세계 전체의 정의와 평화의 실현을 위하여서도 중요한 몫을 담당하게 된다. 현대 인류가 대면하고 있는 "심각하고도 신속한 변화" 앞에서 제각각의 문화가 보유한 사회적이고 역사적인 경험을 서로 진지하게 수용한다는 자세는, 인류 전체가 공동으로 당면하고 있는 "전환기의 위기"interstitial crisis(Douglas 1966)를 극복하고 성숙해져서 온누리에 조화와 평화를 가져오는 첩경이 될 것이다.

지금 한반도에는 아득한 선사시대부터 한민족의 신앙을 형성해 온 무교신앙을 비롯하여 19세기 후반기 이래 창교되고 있는 "동학"을 위시한 각종 민족종교 그리고 세계종교들이 병존하고 있다. 세계에 유례가 없는 한국의 다종교 상황에서 종교인들은 자기 종파의 풍부한 유산과 잠재력과 생명력을 가지고 온 누리와 겨레의 구원(인간화)에 공헌해야 한다. 그 중에서도 민중은 특히 비인간화를 거슬러 부단히 저항해 온 전통이 있다. 이와 같은 전통에서 한국의 종교들은 점점 좁아져가고 있는 세계 — 지구촌地球村 내지 지구시地球市 — 의 해방을 위하여 하나의 새로운 원리를 갖추어야 한다.

민중이 지닌 종교성의 내면적인 힘을 바탕으로 개별 종교전통은 "상호선교"(프리들리 1989, 153-60)의 주체로서 자기 전통을 보존하는 동시에 자신을 피선교의 대상으로 내어놓아야 한다. 종교신학자 파니카R. Panikkar(1992, 72-5)의 말대로, 각 종교인들이 종교간 만남의 상대방에게 개종당할 위험까지도 감수한다는 자세를 허심탄회하게 가져야 한다. 그럴 때 종교적 인간homo religiosus인 인류는 너와 내가 아닌 "우리 모두"(Smith 1981, 101)로서 세계평화를 향하여 창조적인 공헌을 하게 될 것이다. 그러한 제종교의 작업을 지구신학global theology 또는 세계신학world theology이라고 할 수 있겠다. 각각의 종교는 상호선교의 주체로서 자기 전통과 정체를 보존하는 동시에, 자신을 피선교의 대상으로 내어놓음으로써 각자의 성스러움을 더욱 심화하여 세계평화를 위하여 효과적으로 공헌하게 될 것이다.

이러한 관점에서, 여타 종교인들도 마찬가지이기는 하지만, 특히 한국의 그리스도인들은 무교신앙을 보는 시각을 교정할 필요가 있다. 무교를 성급히 원시적 미신으로, 우상숭배로, 사회 근대화와 발전의 장애물이라고 일방적으로 매도할 것이 아니다. 반대로, 엄밀한 연구를 수행하지도 않은 상태에서 막연하게 호감을 나타내어, 무교야말로 한국 종교의 모태라든지, 종교심성의 기반이라고 하는 등 무조건 찬양 일변도의 태도도 바람직하지 못하기는 마찬가지이다. 민간 종교성의 기능과 공헌을 제대로 평가하는 한편, 민간 서민에 국한되는 계층성이나 피지배층의 종교성을 대변한다라는 한계 내지 역기능을 균형있게 보는 태도가 요구된다. 민중종교의 강한 역동성, 그 내적인 폭발력은 고등종교의 예언적이고 사회비판적인 의식과 조우할 때에 물신주의物神主義가 팽배한 현대사회에 창조적으로 공헌할 것이다. 덧붙여서, 무교에 대한 연구를 통하여 주로 들여다보려 하는 한국인 고유의 종교성에 대한 분석과 그에 따른 그리스도교 토착화/한국화의 시도 역시 다양한 종교간의 비교연구로 보완해야 하리라 사료된다.

이상과 같은 맥락에서 보아, 상대적으로 점점 더 좁아지고 있는 세계 안에서 그 필요성이 점증해 가는 "종교신학"은 오늘 한국의 다종교 상황에서 모범적으로 발전할 가능성을 충분히 지니고 있다. 구체적으로 그것은 "한국의 문화와 분리할 수 없는 무속(巫敎)·불교·유교의 … (신앙 내용과) 그 의미를 있는 그대로 바라다보고, 그 안에 숨겨져 있는 말씀의 씨를 기쁨과 경이를 가지고 발견하도록 노력"(서공석 1990. 252)하려는 작업이다. 왜냐하면 종교신학은 하나의 역사나 특정한 문화로 제한되지 않는 하느님을 더 잘 알고 인류 정신사에 나타난 제諸종교들이 같은 하느님의 다양한 현현顯現임을 살펴서 나의 신앙체험을 재조명하고 심화하는 일이라 보기 때문이다.

인류는 바야흐로 생명파괴의 기계론적 패러다임의 절대성 요청으로부터 만물을 살리는 생명론적 패러다임의 유기적 통합으로 나아가야 할 문명의 일대 전환, 생명문화의 육화incarnation가 요청되는 시점에 서 있다. 이렇게 되면 이제 (제도)교회라는 좁은 울타리 안에서만 찾던 구원의 명제(Extra ecclesiam nulla salus!)는 더 이상 유효하지 않은 것으로 보인다. 구원과 해방에 대한 논의는 이제 "생명 밖에서는 구원이 없다!"Extra vitam nulla salus!라는 우주적 영성의 대명제로 확대되어야 할 시점에 도달한 것으로 보인다. 물리학자 장회익 교수의 견해로는, 우주 안에는 개별 생명체(낱생명)들이 모여서 거대한 우주 전체라는 하나의 큰 생명(온생명)을 이루고 있다고 본다(장회익 1998). 그와 관련하여 어느 철학자의 진술은 새 천년이라는 미증유의 전환기를 맞이하는 우리의 자세를 다시 한번 심사숙고하도록 요청하고 있다.

> 우리는 우리의 현재적인 삶에 많은 관심을 쏟아야 할 것이다. 탐욕, 다툼, 경쟁, 지배, 소유, 소비, 소모, 방탕, 후안무치 속에 … 삶을 끝낼 것이라면 지금 이대로 기계화된 마음에 우리 자신을 맡겨버리면 될 것이다. 그러면 인류도 아마 21세기를 온전하게 넘기지는 못할 것이다. 또 하나의 새로운 천 년은 아마도 인간 없이 계속될지도 모른다. …
> 21세기는 새로운 영성, 정신성, 종교성의 시대가 될 것이며 되어야 한다고 주장하는 지성인들이 많다. … 이제 자신의 자아라는 좁은 울타리에서 벗어나, 인간의 주체성만을 고집하는 인간 중심적인 태도에서 벗어나 하늘

의 뜻을, 우주의 숨은 명을 알아야 … 육체에 묻히거나 가족이나 민족의 울타리에 갇히거나, 돈이나 이념에 눈이 멀어버리지 않고, 나 중심, 민족 중심, 종파 중심, 인간 중심에 빠지지 않고, 욕망을 비우고 맘을 자유롭게 놓아 우주의 얼과 하나되는 그런 깨달음에 이르러야 … 그럴 때 인류가 고대하는 새로운 영성의 시대를 열 수 있지 않은가?(이기상 1999, 122).

# 참고 자료

여기 모아 실은 참고 자료를 본문에서 인용할 때에는 되도록 간단히
저자와 연도(와 쪽수)만 표기했다.

葛洪『抱朴子』〔諸子集成 第8卷〕香港: 中華書局 1978.
건들바우박물관 편『그림으로 보는 한국의 무신도』이가책 1994.
교황 바오로 6세〔이종홍 역〕『현대의 복음선교』(*Evangelii Nuntiandi*) 한국천주교중앙협
 의회 1975.
교황 레오 13세〔한국천주교 정의평화위원회 역〕『노동헌장』(*Rerum Novarum*) 성바오로
 출판사 1982.
국립민속박물관 편『큰무당 우옥주 유품』국립민속박물관 1995.
김명자「삼신」『한국가톨릭대사전』6〔한국교회사연구소 1998〕4177b-4179b.
金玟基『韓國의 符作. 丹의 美術符作을 통해서 본 基層文化』保林社 1987.
김열규『韓國神話와 巫俗硏究』일조각 1982(¹1977).
──「전통적 종교심성의 한 이해」『司牧』107〔1986.9〕33 이하.
김인회「내림굿. 성숙한 인격의 구도자로서의 전환」『황해도 내림굿. 한국의 굿 1』〔열화
 당 1983〕75-96.
──『한국무속사상연구』집문당 1987.
김인회/정진홍/김수남『수용포 수망굿』〔한국의 굿 4〕열화당 1985.
김종서/박승길/김홍철『현대 신종교의 이해』한국정신문화연구원 1994.
김태곤『韓國巫俗硏究』집문당 1979.
──『한국무가집』〔전4권〕집문당 1980.
──『한국민간신앙연구』집문당 1983.
김헌선『한국의 창세신화. 巫歌로 보는 우리의 신화』길벗 1994.
노길명『한국의 신흥종교』가톨릭신문사 1988.
──『한국신흥종교연구』경세원 1996.
달레, Ch.〔최석우/안응렬 역주〕『한국천주교회사』상, 분도출판사 1979.
문화공보부 문화재관리국『한국민속종합조사보고서』문화재관리국 1969~.
박계홍「한·일 민간신앙의 비교고찰(III) ─ 祭神의 性格과 表象을 중심으로」『국어국문
 학』85〔국어국문학회 1981〕37-59.
박복개「천지순환지법」(필사본) 통영 1984년 7월 5일.

박일영「1970년대 한국 가톨릭 교회의 정의구현운동」『현상과 인식』 44〔특집: 한국사회의 저항운동 ― 종교분야. 연세대 한국인문사회과학원 1988.11〕 9-30.
――――「거듭난 자의 삶」『성서의 세계』 6〔동아출판사 1989〕 180-90.
――――「종교간의 갈등과 대화. 무속과 그리스도교를 중심으로」『종교·신학연구』 2〔서강대학교 1989〕 99 이하.
――――「무속의 대동잔치」『종교·신학연구』 3〔서강대학교 종교신학연구소 1990〕 115-44, 297-304.
――――「한국 무속의 신관. 토착화연구발표」『司牧』 149〔1991.6〕 79-106.
――――「무속의 사후세계와 사령제. 상제례 토착화 특별연구발표』『司牧』 166〔한국천주교중앙협의회 1992.11〕 67-96.
――――「무속의 제천의례」『이성과 신앙』 6〔수원가톨릭대학교 1993〕 88-148.
――――「한국 무속의 신관」『신관의 토착화』〔사목연구총서 7. 한국천주교중앙협의회 1995〕 7-45.
――――「현대 교황청 문헌의 선교 이해」『현대사상연구』 6〔대구효성가톨릭대학교 1995.8〕 1-29.
――――「부적」『한국가톨릭대사전』 6〔한국교회사연구소 1998〕 3627-30.
서공석「"제찬과 성찬" 종합발제」『종교·신학연구』 3〔서강대학교 종교신학연구소 1990〕 251-75〔제44차 세계성체대회(서울 1989) 기념 "제찬과 성찬" 심포지엄에서 발표된 5편의 논문과 그에 따른 토론문 전체는 11-328쪽에 실려 있음〕.
서대석『한국 무가의 연구』문학사상사 1980.
서양자『15세기 이전에 동방에 온 전교사』계성출판사 1986.
서영대「韓國古代 神觀念의 社會的 意味」서울대학교 대학원 국사학과 문학박사 학위논문 1991.
成門財『萬法靈符秘傳』聖文書籍 1974.
세계통일신령협회『원리강론』성화사 1966.
송명석「남근목(男根木) 깎아 풍어 기원한다. 삼척 신남마을 당제」『중앙일보』1999년 2월 10일자, 40.
심상태「격동기를 사는 종교심성」『사목』 56〔1978.3〕 2-3 및 5편의 "한국인의 종교심성" 특집 논문.
안병무/Wolfgang Kröger「민중신학 세미나 자료」〔한신대학교 대학원 신학과 1985.12.3〕.
연세대학교출판부 편『高麗史』연세대학교출판부 1955.
오경환『종교사회학』〔개정판〕서광사 1990.
오윤태『한국경교사』〔한국기독교사 1〕혜선문화사 1973.
옷토. 루돌프〔길희성 역〕『성스러움의 의미』〔종교학 총서 2〕분도출판사 1989.
龍潭閣藏版『民符叢典』金剛出版社 1980.
원광대학교 민속학연구소『샤머니즘의 현대적 의미. 제2회 국제 민속학 학술회의. 동양 샤머니즘학자 대회록』원광대학교출판부 1972.

유동식『한국 巫敎의 歷史와 構造』연세대학교출판부 1975.
──『민속종교와 한국문화』현대사상사 1978.
──「한국 무교의 종교적 특성」『한국 무속의 종합적 고찰』〔고려대학교 민족문화연구소 1982〕127-45.
──「한국인의 종교심성과 기독교 이해」『사목』93〔1984.5〕41 이하.
──「한국의 문화와 신학사상. 풍류신학의 의미」『신학사상』47〔한국신학연구소 1984/겨울〕718-34.
윤이흠『한국종교연구』1. 집문당 1986.
尹幸嶽『萬法靈符豫防秘傳』韓林院 1986.
이강오「신흥종교」『민간신앙・종교』〔한국민속대관 3. 고려대학교 민족문화연구소 1982〕609-68.
이광규「한국인 종교심성의 기저 구성」『사목』37〔1975.1〕88 이하.
──「한국의 가신 숭배와 무속. 인류학적 측면에서 본 한국인의 종교심성」『사목』56〔한국천주교중앙협의회 1978.3〕31-9.
李奎報「老巫篇」『東國李相國集』.
이규태「이규태 코너」『조선일보』1986년 11월 29일자.
이기백『한국사 신론』일조각 1977.
이기상「21세기 기술시대를 위한 새로운 가치관 모색」『가톨릭철학』창간호〔한국가톨릭철학회 1999〕68-125.
李能和「朝鮮巫俗考」『啓明』19〔계면구락부 1927〕.
李丙燾 校譯『三國史記』〔國譯篇・原文篇〕을유문화사 $^5$1983($^1$1977).
李丙燾 譯註『三國遺事』〔修正版 原文兼 譯註〕광조출판사 1982.
이부영「한국 무속의 심리학적 고찰」『한국 무속의 종합적 고찰』〔고려대학교 민족문화연구소 1982〕147-78.
──「鬼靈現象의 分析心理學的 理解」『韓國思想의 源泉』〔박영사 1983〕294-340.
이소라「치리섬 별신제」『문화재』17〔문화재관리국 1984〕187-217.
이수자「제주도 무속과 신화 연구」이화여자대학교 박사학위논문 1989.
이은봉『종교세계에의 초대』지학사 1984.
장익「미사와 굿 사이에」『사목』55〔1978.1〕2-3〔및 7편의 "샤머니즘과 그리스도교" 특집 논문〕.
장정룡『관노 가면극 연구』1989.
──『강릉단오민속여행』두산 1998.
장주근「삼신」『한국민족문화대백과사전』13〔한국정신문화연구원 1991〕351a.
장회익『삶과 온생명. 새로운 과학문화의 모색』솔 1998.
정양모「예수의 최후만찬과 교회의 성찬. 그 형태와 의미와 현실성」『종교・신학연구』3〔1990〕29-56.
정진홍「韓國宗敎文化의 展開」『韓國宗敎의 理解』(張秉吉 敎授 隱退紀念論叢)〔집문당, 1985〕53-99.

정호경『나눔과 섬김의 공동체. 농민 사목』분도출판사 1984.
조광『한국천주교 200년』햇빛출판사 1989.
조자용『삼신민고』가나아트 1995.
조형경「바리공주 무가의 기호학적 분석」대구효성가톨릭대학교 석사학위논문 1996.
조흥윤『한국의 巫』정음사 1983.
────「잡귀·잡신연구」『종교·신학연구』1〔서강대학교 1988〕79-98.
────『巫. 한국 무의 역사와 현상』민족사 1997.
────「한국 지옥 연구 ─ 巫의 저승」『샤머니즘연구』1〔한국샤머니즘학회 1999〕31-79.
陳壽〔김원중 역〕『三國志』〔전8권〕신원문화사 1994.
차옥숭『한국인의 종교경험. 무교』서광사 1997.
천우교 편『천우교 교리서』서울 1988.
최경호「"미신타파" 이후의 洞祭와 마을의 正體性」석사학위논문. 영남대학교 1996.
최광식「삼신할머니의 기원과 성격」『여성문제연구』11〔효성여자대학교 한국여성문제연구소 1982〕47-57.
최길성「한국 무속의 엑스타시 변천고(考)」『아세아 연구』12-2〔통권 34호〕고려대학교 아세아문제연구소 1969.
────『한국무속의 연구』아세아문화사 1978.
────『무속의 세계』〔정음문고 181〕정음사 1985.
────『한국 무속의 이해』예전사 1994.
최남선『조선상식』(1937)〔육당 최남선 전집 3〕현암사 1973.
최석우「邪學懲義를 통해서 본 初期 天主敎會」『韓國敎會史의 探究』〔한국교회사연구소 1982ª〕46-88.
────『한국천주교회의 역사』한국교회사연구소 1982ᵇ.
최정무「무속에 나타난 신과 문화질서 의식」(미간행 발표문) 서강대학교 동아연구소 1986년 1월 9일.
최종성「무속의 國行儀禮연구. 의례의 성격과 巫의 위상」『종교연구』16〔한국종교학회 1998〕299-324.
최준식『무교·유교·불교』〔한국의 종교, 문화로 읽는다 1〕사계절 1998.
최진경「현대 사회 속의 신점(神占). 그 의례적 특성을 중심으로」이화여자대학교 석사학위논문 1998.
최창조『땅의 논리, 인간의 논리』민음사 1993.
村山智順『朝鮮の鬼神』朝鮮總督府 1929.
────『朝鮮の巫覡』〔調査資料 第三十六輯. 民間信仰 第三部〕朝鮮總督府 1929.
────『釋奠·祈雨·安宅』朝鮮總督府 1938.
────〔鄭鉉祐 역〕『朝鮮의 占卜과 豫言』明文堂 1991.
秋葉隆·赤松智城『朝鮮巫俗の研究』〔上·下卷〕朝鮮總督府 1937/38.

키스터, 다니엘 A.「무당언어의 상징성」『문학사상』 60〔1977〕.
─── 『무속극과 부조리극. 원형극에 관한 비교연구』 서강대학교출판부 1986.
─── 『삶의 드라마. 굿의 종교적 상상력 연구』 서강대학교출판부 1997.
파니카, R.〔김승철 역〕『종교간의 대화』(*The Intra-religious Dialogue*) 서광사 1992.
프리들리, 리카르트〔박일영 역〕『현대의 선교. 선교인가 反선교인가』(*Mission oder Demission. Konturen einer lebendigen weil missionarischen Gemeinde*)〔신학선서 10〕성바오로출판사 1989.
한국민속학회 편 『점복신앙』〔1999년 춘계 학술대회 자료집〕 국립민속박물관 1999.6.5.
한국종교연구회 『한국종교문화사강의』 청년사 1998.
韓定燮 『神秘의 符籍. 韓國符籍信仰研究』 法輪社 1975.
韓重洙 『靈符大典』 明文堂 1977.
許愼 『說文解字』 北京 1977(reprint).
현영학「민중신학과 한의 종교」『신학사상』 47〔한국신학연구소 1984/겨울〕 762-73.
현용준 「삼승할망본풀이」『한국민족문화대백과사전』 13〔한국정신문화연구원 1991〕 350a-b.
홍태한 『서사무가 바리공주 연구』 민속원 1998.
황루시「한풀이의 현장. 수망굿을 중심으로」『문학사상』 127〔1983/5〕 256-75.
황루시/최길성/김수남 『전라도 씻김굿』〔한국의 굿 6〕 열화당 1985.
황선명 『민중종교운동사』 종로서적 ²1981.

Ball, J. Dyer, "Life and Death (Primitive)", James Hastings ed., *Encyclopedia of Religion and Ethics* 8 [Edinburgh 1981] 11.

Berger, Peter L., *La religion dans la conscience moderne*, Paris 1971.

Casanowicz, I. M., *Shamanism of the Natives of Siberia* [Annual Report of the Smithsonian Institution] Washington D.C. 1924.

Clark, Charles-Allen, *Religions of Old Korea*, New York 1929 (reprint 1961).

Czaplicka, Marie-Antoinette, *Aboriginal Siberia. A Study in Social Anthropology*, Oxford 1914.

Douglas, Mary, *Purity and Danger*, London 1966.

Dussel, Enrique, *Herrschaft und Befreiung. Ansatz, Stationen und Themen einer lateinamerikanischen Theologie der Befreiung*, Freiburg i.Br. 1985.

Eliade, Mircea, *Le chamanisme et les techniques archaïques de l'extase*, Paris 1951.

─── *Die Religionen und das Heilige. Elemente der Religionsgeschichte*, Salzburg 1954.

─── *Yoga. Immortality and Freedom* [tr. Willard R. Trask] London 1958 〔정의교 역 『요가. 불멸성과 자유』 고려원 1989〕.

─── *Shamanism. Archaic Techniques of Ecstasy* [Bollingen Series 76, tr. Willard R.

Trask] New York: Princeton University Press 1964 [이윤기 역 『샤머니즘. 고대적 접신술』까치 1992].

―――― "Pantheism and Panentheism", *The Encyclopedia of Religion*, vol. 11 [1987] 165-71.

Friedli, Richard, "Afrikanische Philosophie und Kulturen", *Vorlesungsskriptum*. Univ. Fribourg, WS 1982/83, Switzerland: Fribourg 1982.

―――― "Interkulturelle Theologie", *Handwörterbuch missionswissenschaftlicher Grundbegriffe*, Düsseldorf 1989.

Fung, Raymond, "Good News to the Poor. A Case for a Missionary Movement. Report on the World Conference on Mission and Evangelism, Melbourne, 12. – 25. May 1980", *Your Kingdom Come*, Geneva 1980, 83-92.

Gadamer, Hans-Georg, *Wahrheit und Methode. Grundzüge einer philosophischen Hermeneutik*, 1975.

Girard, René, *La violence et le sacré*, Paris 1972 [김진식/박무호 역 『폭력과 성스러움』 민음사 1993].

Helle, Horst Jürgen, *Religionssoziologie. Entwicklung der Vorstellungen vom Heiligen*, München: Oldenbourg 1997.

Hultkrantz, Åke, "A Definition of Shamanism", *Temenos* 9 [1973].

Janelli, Roger L. / Janelli, Dawnhee Yim, *Ancestor Worship and Korean Society*, Stanford, Stanford UP 1982.

Jung, Carl-Gustav, *Allgemeines zur Komplextheorie* [Gesammelte Werke, Bd. 8] Olten, 1971.

Kendall, Laurell, "Caught between Ancestors and Spirits: Field Report of a Korean Mansin's Healing Kut", *Korea Journal*, August 1977, 8-23.

―――― "Mugam. The Dance in Shaman's Clothing", *Korea Journal*, December 1977, 38-44.

Kerkhofs, Jan, "Dieu en Europe", *Pro Mundi Vita-Dossiers*, 1987, 13-8.

Kim, Chi-ha, "Gewissenserklärung", *Forum*, 1976.

Kim, Harvey, Youngsook, *Six Korean Women. The Socialization of Shamans*, St. Paul / Minnesota: West Publishing Company 1979.

Kristensen, W. Brede, *The Meaning of Religion. Lectures in the Phenomenology of Religion*, The Hague: Martinus Nijhoff, 3rd ed. 1971 (1960).

Laurentin, René, *Chine et Christianisme. Apres les Occasions manquées*, Paris 1977.

Lee, Jung-Young, *Korean Shamanistic Rituals* [Religion and Society vol. 12] Mouton Publishers 1981.

Motzki, Harald, "Der Schamanismus als Problem religionswissenschaftlicher Terminologie". Magisterarbeit, Bonn 1974.

Needham, Rodney, "Percussion and Transition", *Reader in Comparative Religion. An Anthropological Approach* [New York: Harper & Row 1979] 311-8.

O, Sek-keun, *Der Volksglaube und das Christentum in Korea*. Dissertation, Freie Universität Berlin 1979.

Ohlmarks, Åke, *Studien zum Problem des Schamanismus*, Lund-Kopenhagen 1939.

Park, Il-young, *Minjung, Schamanismus und Inkulturation. Schamanistische Religiosität und Christliche Orthopraxis in Korea*. Dissertation Universität Fribourg 1988.

─── "Communion Feast in Korean Shamanism", *Korea Journal* 31/1 [Seoul: Unesco Korea, Spring 1991] 73-86.

Parrinder, Geoffrey, "Triads", M. Eliade ed., *The Encyclopedia of Religion* [New York: Macmillan 1987] 39a-44b.

Pieris, Aloysius, *Theologie der Befreiung in Asien. Christentum im Kontext der Armut und der Religionen* [Theologie der Dritten Welt, Bd. 9] Freiburg i.Br. 1986.

Ramstedt, G. J., *Studies in Korean Etymology*, Helsinki 1949.

Sartre, Jean-Paul, "Orphée Noir", *Les temps modernes* [Paris 1948] 577-606.

Schmidt, Wilhelm, *Der Ursprung der Gottesidee* [12 Bde] Münster 1912~1955.

Schröder, Dominik, "Zur Struktur des Schamanismus. Mit besonderer Berücksichtigung des Lamaischen Gurtums", *Anthropos* 50 [Fribourg/Suisse 1955] 848-81.

Schwager, Raymund, *Brauchen wir einen Sündenbock?*, München 1978.

Smith, Wilfred Cantwell, *Towards a World Theology. Faith and the Comparative History of Religion*, Philadelphia: The Westminster Press 1981.

Thiel, Josef Franz, *Religionsethnologie. Grundbegriffe der Religionen schriftloser Völker* [Collectanea Instituti Anthropos 33] Berlin: Dietrich Reimer 1984.

Tillich, Paul, "The Problem of Theological Method", *Journal of Religion* 27 [1947].

Underwood, Horace-Grant, *The Religion of East Asia*, New York 1910.

Wach, Joachim, *Religionssoziologie*, Tübingen 1951.

Yim, Suk-jai, "Introduction au Mouïsme. La Religion populaire Coréenne", *Social Compass* 25 [Louvain 1978].

문헌:『제2차 바티칸 공의회 문헌』한국천주교중앙협의회 1969.

보도: MBC TV,「한국 문화의 원류를 찾아서 — 풍수지리사상」1993.8.26.

『종교신문』1991년 1월 23일자.

녹음: 무녀 C「조상거리 공수」부천 원미동 1985년 10월 17일.

무녀 U「대감거리 덕담」서울 삼각산 1984년 3월 7일.